# 女性法律智慧

NÜXING FALÜ ZHIHUI

郭丽萍 孙彩虹 ◎ 主　编
李　芳 陈丽敏 李　墨 ◎ 副主编

编　者
（按拼音排序）
陈丽敏 党　辉 李　芳 刘斌贝
刘　娜 王　芳 张丽丽

东北师范大学出版社
NORTHEAST NORMAL UNIVERSITY PRESS
长　春

图书在版编目（CIP）数据

女性法律智慧/郭丽萍，孙彩虹主编. —长春：东北师范大学出版社，2022.1
ISBN 978-7-5681-8600-1

Ⅰ.①女… Ⅱ.①郭… ②孙… Ⅲ.①女性—法律—中国—高等教育—教材 Ⅳ.①D920.4

中国版本图书馆CIP数据核字（2022）第016688号

□责任编辑：万英瑞　　□封面设计：迟兴成
□责任校对：石　斌　　□责任印制：许　冰

东北师范大学出版社出版发行
长春净月经济开发区金宝街118号（邮政编码：130117）
电话：0431—84568023
网址：http：//www.nenup.com
东北师范大学音像出版社制版
河北亿源印刷有限公司印装
石家庄市栾城区霍家屯裕翔街165号未来科技城3区9号B
（电话：0311—85978120）
2022年1月第1版　2022年1月第1次印刷
幅面尺寸：170mm×240mm　印张：12.5　字数：242千

定价：38.00元

前　言

"法治兴则国兴，法治强则国强"，全面依法治国是坚持和发展中国特色社会主义的本质要求和重要保障。法律是国之重器，法治是治国理政的基本方式，全面推进依法治国，不仅要有完备、严密且符合公平正义、自由平等等价值理念的"良法"，还必须要有以人民为中心、科学有效地将"良法"付诸实施的"善治"。人民是依法治国的主体和力量源泉。传播法治文化，推动全体人民学习法治知识、树立法治意识，提高运用法治思维和法治方式的能力，弘扬法治精神，培育坚定法治信仰，提升全民法治素养，是"善治"的重要条件，是建设法治国家、法治政府、法治社会的重要保障，也是推进国家治理体系和治理能力现代化，提升治国理政水平的必然要求。

女性是推动经济社会发展、创造文明的重要力量。在全面依法治国的进程中，女性既是参与者、受益者，也是重要的组织者、推动者和实践者。随着妇女解放事业的发展，女性获得了独立的人格和社会地位的提升，越来越多的女性不断完善自我，在获得自身发展的同时，广泛参与到政治、经济、文化、生活等各领域中，施展自己的才华，充分彰显巾帼力量。在女性群体中普及法律知识、传播法治文化、开展女性法治培训、鼓励女性参与法律实践、推动女性自主学习，以增强女性法治意识、培养女性法治思维、提高女性法治能力、提升女性综合法治素养、维护女性合法权益，使广大女性成为法律的坚定支持者和执行者、法治精神的优秀传播者、依法治国的有力推动者，是进一步推进男女平等基本国策落实的需要，是构建和谐社会的需要，是推进全面依法治国的需要，也是有力促进国家和社会发展建设的需要。

河北女子职业技术学院是河北省唯一一所女性高等院校，是女性教育示范高校，长期致力于女性教育发展事业。学院始建于1948年，隶属于河北省妇联，是经河北省人民政府批准、教育部备案的公办全日制普通高等职业院校，是全国第一所省级妇女干部学校，是全国"三八"红旗集体、国家职业院校数字校园建设实验校、国家级优秀成人继续教育院校、教育部"1+X"证书制度试点院校、河北省学校劳动教育教学指导委员会主任单位和秘书长单位、河北省省级文明校园、河北省"双高"计划项目建设单位、河北省重点建设的女性教育示范校、河北省创新创业教育改革示范高校、河北省优质校建设单位、河北省职业院校省级师资培训单位。学院紧密贴合京津冀经济社会发展需要，立足现代服务业，现开设学前教育类、护理类、财务会计类、电子商务类、乘务类、电子信息类、服装设计类、艺术设计类八大专业群30余个专业；现有全日制专科在校生1.1万余人，成人继续教育在籍生1万余人；拥有学前教育专业、服装专业国家级实训基地，省财政支持的经管VBSE跨专业综合实训中心。学院是河北省家政职教集团、学前教育职教集团牵头单位，河北省会计信息技能大赛、养老服务技能大赛和服装设计与模特大赛竞赛基地，河北省女性法制教育基地、女性创业培训基地等。长期以来，学院按照"培养女性、教育女性、发展女性"办学宗旨，围绕中心、服务大局，在培养人才、传承文化、服务社会、助力脱贫、学院管理等方面走出了一条现代女性特色教育之路，形成了普通学历教育、成人学历教育、职业技能培训、妇女干部岗位培训、国际交流与中外合作等多元化发展的办学格局。风雨建校七十余载，学院始终聚焦女性发展，高度关注女性群体自身所迸发出的强大的知识、文化、技能及情感需求，以女性发展为中心，充分挖掘和调动女性的自身潜能，帮助广大女性树立正确的社会性别意识，传授其就业技能，增强其职业发展能力，提升其综合素养，用温润、饱满、持续不断的关注和支持，帮助女性学习成长。在这一过程中形成了一套独特的教育方式和途径，为女性的成长成才贡献了力量。

本书基于女校教育、培训的长期实践，结合最新法律规定，以女性成长的重要阶段为脉络，立足女性学业成长、劳动就业、自主创业、婚姻家庭等领域，面向在校女大学生和社会女性，传播法律知识，培养法治思维，介绍维权方法，弘扬法治精神。本书既有法律基础知识的阐述，又有实践案例的分析解读、法律方法技巧的介绍，还有对基于性别而进行的法律问题的探讨，意在帮助女性在人生中各重要阶段，从法律的角度做好心理上的准备、知识上的储备、方法上的积淀、经验上的积累，从而助力男女平等基本国策的落实、男女两性的和谐发展，为推动全面依法治国贡献力量。本书由郭丽萍、孙彩虹担任主编，负责制订本书的编写计划、编写目标和提纲，并负责统稿；李芳、陈丽敏、李墨担任副主编，协助审稿；刘娜负责编写第一章，陈丽敏负责编写第二章，党辉负责编写第三章，李芳负责编写第四章，张丽丽和王芳负责编写第五章，刘斌贝负责编写第六章。

由于编者水平所限，书中难免存在不足和疏漏之处，敬请读者批评指正，以期今后进一步修正。

本书编写组
2021年8月

目 录

第一章　女性法律智慧——学业成长篇 …………………………………… 001

 第一节　基本法律知识 ………………………………………………… 001

 第二节　文化教育权利 ………………………………………………… 015

 第三节　常见校园法律问题 …………………………………………… 020

第二章　女性法律智慧——职场就业篇 …………………………………… 030

 第一节　劳动就业基础法律知识 ……………………………………… 030

 第二节　女性特殊劳动保护 …………………………………………… 061

 第三节　女性就业中的问题与探讨 …………………………………… 063

第三章　女性法律智慧——自主创业篇 …………………………………… 074

 第一节　女性创业及法律风险概述 …………………………………… 074

 第二节　女性创业初期相关法律问题 ………………………………… 082

 第三节　女性创业经营中的法律问题分析 …………………………… 086

第四章　女性法律智慧——婚姻家庭篇 …………………………………… 093

 第一节　女性在婚恋中的相关法律问题 ……………………………… 093

 第二节　女性在家庭关系中的相关法律问题 ………………………… 106

 第三节　女性在婚姻家庭中的人身保护 ……………………………… 114

第五章　女性法律智慧——财产保护篇 …………………………………… 124

 第一节　财产权概述 …………………………………………………… 124

 第二节　财产权的主要内容 …………………………………………… 130

 第三节　女性财产保护中的典型问题 ………………………………… 150

第六章　女性法律智慧——维权方法篇 …………… 161

第一节　女性维权的非诉讼途径 …………… 161
第二节　女性维权的诉讼途径 …………… 170
第三节　法律援助与司法救助 …………… 184

参考文献 …………… 190

第一章 女性法律智慧
——学业成长篇

本章导言

建设法治中国离不开每个公民的参与和推动。在全面依法治国，建设社会法治国家的进程中，女性同样肩负着重要的责任。因此，女性要努力学习法律知识，培养法治意识，提高法治素养，尊重和维护法律的权威，依法行使自己的权利与履行相应的义务，努力做个尊法、学法、守法、用法的好公民。

第一节 基本法律知识

法律是维护国家稳定和各项事业蓬勃发展的最强有力的武器，也是捍卫人民群众合法权益的有力工具，同时法律还是保护手段，女性学习法律知识，可以运用法律武器维护自己的合法权益。

一、什么是法律

（一）法律的概念

1. 法律的概念

法律是由国家创制和实施的行为规范。国家主要有两种创制法律规范的方式：一是国家机关在法定的职权范围内依照法律程序，制定、修改、废止规范性法律文件的活动；二是国家机关赋予某些既存社会规范以法律效力，或者赋予先前的判例以法律效力的活动。法律不但由国家制定和认可，而且由其强制力保证实施。也就是说，法律具有国家强制性，既表现为国家对合法行为的肯定和保护，又表现为国家对违法行为的否定和制裁。国家强制力并不是保证法律实施的唯一力量，法律意识、道德观念、价值观念、纪律观念等在保证法律实施中也发挥着重要作用。

法律由一定的社会物质生活条件所决定。作为上层建筑的重要组成部分，法律不是凭空出现的，而是产生于特定社会物质生活条件基础之上。社会物质生活条件是指与人类生存相关的物质资料生产方式、地理环境和人口因素等。其中，物质资料的生产方式既是决定社会面貌、性质和发展的根本因素，又是决定法律本质、内容和发展方向的根本因素。物质资料的生产方式包括生产力与生产关系两个方面，对法律产生决定性影响。在阶级社会中，有什么样的生产关系，就有什么性质和内容的法律。同时，生产力的发展水平也制约着法律的发展程度。如在生产力水平较低的封建社会，不可能有网络安全信息法，也不可能有完备的现代企业法律制度。

法律是统治阶级意志的体现。法律所体现的统治阶级意志具有整体性，不是统治阶级内部个别人的意志，也不是统治者个人意志的简单相加。法律所体现的统治阶级意志，并不是统治阶级意志的全部，而仅仅是上升为国家意志的那部分。此外，除了法律，统治阶级的意志还体现在国家政策、统治阶级的道德、最高统治者的言论等形式中。

综上所述，法律是由国家制定或认可，以权利义务为主要内容，由国家强制力保证实施的社会行为规范及其相应的规范性文件的总称。法律作为一种特殊的社会规范，是人类社会发展的产物。

2. 法律的历史发展

法律是随着私有制、阶级和国家的产生而产生的，也将随着私有制、阶级和国家的消亡而消亡。在法律的历史发展中，共有四种类型的法律，即奴隶制法律、封建制法律、资本主义法律和社会主义法律，前三者都是建立在私有制经济基础上的剥削阶级类型法律，社会主义法律是人类历史上唯一以公有制为基础的法律制度。

3. 法律的特征

第一，法律是调整人的行为的社会规范。法律规范是一种抽象的、概括的规定，它的对象是一般的人而不是具体的人，它是反复适用的而不是仅适用一次的。

第二，法律是由国家制定、认可，并具有普遍约束力的社会规范。这一特征表明了法律与其他行为规范的区别，也说明法律具有权威性。法律由国家制定或认可，这是从法律作为一个整体来说的，实际上，法律是由各种不同层次或类别的国家机关或专门组织（如立法机关、行政机关、中央机关、地方机关等）制定或认可的，因而就有了宪法、基本法律、行政法规、地方性法规等之分，它们的法律地位或法律效力是不同的。

第三，法律是规定权利和义务的社会规范。法律上的权利是指一定的主体（个人或者组织）具有自己可以这样行为或要求其他人做某种行为的资格和能力；义务是指一定的主体必须这样行为或不这样行为所应负的责任。在我国社会主义社会中，公民的权利和义务是不可分的，没有无权利的义务，也没有不承担义务的权利。

第四，法律是由国家强制力保证实施的社会规范。法律以国家强制力保证实施，法律的强制性是由国家提供和保证的，与一般社会规范的强制性不同。国家强制力是以国家的强制机构（如军队、法庭、警察、监狱）为后盾，违反法律应承担具有强制性的法律上的责任。法律责任主要分为民事责任、行政责任和刑事责任。民事责任是指因违反民事法律、不履行相应的民事义务而需要承担的民事法律后果或基于法律的特别规定而应承担的民事法律责任。根据《中华人民共和国民法典》的规定，民事责任的承担方式有停止侵害，排除妨碍，消除危险，返还财产，恢复原状，修理、重作、更换，继承履行，赔偿损失，支付违约金，消除影响、恢复名誉，赔礼道歉。行政责任是指行政法律关系主体违反行政法律义务而构成行政违法所应承担的否定性法律后果。行政责任的承担方式包括行政处分和行政处罚。行政处分是国家行政机关依照行政隶属关系，对违反行政法的行政机关工作人员所实施的惩罚性措施，包括警告、记过、记大过、降级、撤职和开除。行政处罚是指由特定的行政机关对违反行政法的公民、法人或者其他组织所实施的行政制裁。其种类包括警告；罚款；没收违法所得，没收非法财物；责令停产停业；暂扣或者吊销许可证，暂扣或者吊销执照；行政拘留；法律、行政法规规定的其他行政处罚。刑事责任，是指根据刑事法律规定，因实施犯罪行为而应承担的法律后果。我国刑罚分为主刑和附加刑。主刑包括管制、拘役、有期徒刑、无期徒刑和死刑；附加刑包括罚金、剥夺政治权利和没收财产、驱逐出境。

4. 法律的作用

法律是社会治理的基本方式，其作用有很多，主要体现在以下四个方面：

一是明示作用。法律的明示作用主要是指法律以法律条文的形式明确告知人们，什么是可以做的，什么是不可以做的；哪些行为是合法的，哪些行为是违法的，以及违法将受到什么样的制裁。

二是矫正作用。法律矫正作用主要是通过法律的强制执行力来机械矫正。人们的社会行为中所出现的一些偏离了法律轨道的不法行为，使之回归到正常的法律轨道，如对一些触犯了法律的违法犯罪分子所进行的强制性的改造，使其违法行为得到了强制性矫正。

三是预防作用。法律预防作用是指人们可以根据法律规范的规定，事先估计到当事人双方将如何行为及行为的法律后果如何，也就是说，预测作用的对象是人们相互之间的行为，这里的人们应做广义理解。法律的预防作用主要是通过法律的明示作用和执法的效力，以及对违法行为进行惩治力度的大小来实现的。

四是最终作用。法律的最终作用是维护社会秩序，保障社会群众的人身安全与利益。最终作用比较明显地体现出一种社会性，一般包括以下五个方面：维护人类社会的基本生活条件;维护生产和交换条件;促进公共设施建设,组织社会化大生产;确认和执行技术规范;促进教育、科学和文化事业。

(二)学习法律的意义

法与每个人的生活有着密切关系。法是一种规范,也是一种规则。知道规则,才知道如何生活。知道法律,才知道哪些事可以做,哪些事不可以做。不可以做的事,做了会有什么后果;允许做的事情,要怎么做,比如结婚、离婚、继承、买卖、租赁等该怎样做。按照法律做事,才会受到法律的保护,不按照法律做事,就得不到法律保护,甚至会受到法律的制裁。

学好法律才能做到守法和用法,所以学法是基础。学习法律能使我们知法,就是能够了解和知道各种法律法规;懂法,就是深刻理解法律的内容和意义;守法,就是能够严格依照法律行使自己享有的权利和履行自己应尽的义务;尊法,就是会充分尊重他人的合法权利和自由;用法,就是积极寻求法律途径,解决遇到的纠纷和争议,并自觉地运用法律的武器维护自己的合法权利和利益,主动抵制破坏法律和秩序的行为,用法律的武器保护自己合法权益不受到侵害。

当今社会需要具备综合素质的人才,法律素质是现代公民必不可缺少的一种素质,现代法治社会要求每个社会成员都应该学法、知法、守法,依照法律从事生产和生活,一切活动必须纳入法制轨道。

高校大学生是祖国的未来,其法律素质的高低对于国家的长治久安、实现依法治国、建设社会主义法治国家具有非常重要的意义。一是当代的大学生作为未来社会主义市场经济的建设者,作为21世纪中国参与国际竞争的高素质人才,如果没有相应的法律知识,没有较强的法治观念和较高的法律素质,就无法适应未来经济和社会发展的需要;二是培养良好的法治观念和法律素质,有助于大学生树立社会主义公民意识,增强公民权利义务和当家作主的责任感,为将来投身社会主义建设事业,并在社会生活中带头学法、守法、用法,减少犯罪起到重要作用。因此,高校大学生不仅要了解法律知识,更要增强法治观念,提高法律素养,学习法律知识。

二、法律关系

法律关系是法律在调整人们行为的过程中形成的特殊的权利和义务体系。它以法律规范的存在为前提,以法律权利和法律义务为内容,以国家强制力为保障。法律关系由三个要素构成,即法律关系的主体、法律关系的客体和法律关系的内容。

(一)法律关系的主体

法律关系的主体是法律关系的参加者,依法享有权利和承担义务,即在法律关系中,一定权利的享有者和一定义务的承担者。

在我国，法律关系的主体包括以下几类：

1. 公民（自然人）

这里的公民，既包括中国公民，也包括在中国境内活动的外国人和无国籍人。自然人成为法律关系主体，要具备相应的权利能力和行为能力。

权利能力是指主体能够参与一定的法律关系，依法享有一定的权利和承担一定义务的资格。在民法上，自然人从出生时起到死亡时止，具有民事权利能力，依法享有民事权利，承担民事义务。自然人的民事权利能力一律平等。

行为能力是指法律关系主体能够通过自己的行为实际取得权利和履行义务的能力。在民法上，自然人的民事行为能力受到年龄和精神状态的影响，可以分为完全民事行为能力人、限制民事行为能力人、无民事行为能力人。

《中华人民共和国民法典》（简称《民法典》）规定，在我国，年满十八周岁以上的自然人为成年人，成年人为完全民事行为能力人，可以独立实施民事法律行为；十六周岁以上的未成年人，以自己的劳动收入为生活主要来源的，视为完全民事行为能力人。

八周岁以上十八周岁以下的未成年人为限制民事行为能力人，其实施民事法律行为由其法定代理人代理或者经其法定代理人同意、追认；但是，可以独立实施纯获利益的民事法律行为或者与其年龄、智力相适应的民事法律行为。不能完全辨认自己行为的成年人为限制民事行为能力人。

不满八周岁的未成年人为无民事行为能力人，由其法定代理人代理实施民事法律行为。不能辨认自己行为的成年人及不能辨认自己行为的八周岁以上的未成年人为无民事行为能力人。

2. 法人

法人是具有民事权利能力和民事行为能力，依法独立享有民事权利和承担民事义务的组织。法人的民事权利能力和民事行为能力，从法人成立时产生，到法人终止时消灭。法人分为三类，一是营利性法人，包括有限责任公司、股份有限公司和其他企业法人；二是非营利性法人，包括事业单位、社会团体、基金会、社会服务机构等；三是特别法人，包括机关法人、农村集体经济组织法人、城镇农村的合作经济组织法人、基层群众自治组织法人。

3. 非法人组织

非法人组织是不具有法人资格，但是能够依法以自己的名义从事民事活动的组织。主要包括个人独资企业、合伙企业、不具有法人资格的专业服务机构。

4. 国家

在特殊情况下，国家可以作为一个整体成为法律关系主体。例如，国家作为主权者是国际公法关系的主体，可以成为外贸关系中的债权人或债务人。在国内法上，国家作为法律关系主体的地位比较特殊，既不同于一般公民，也不同于法人。国家可以直接以自己的名义参与国内的法律关系（如发行国库券），但在多数情况下由国家机关或授权的组织作为代表参加法律关系。

（二）法律关系的客体

法律关系客体是指法律关系主体之间的权利和义务所指向的对象。它是构成法律关系的要素之一。

法律关系客体是一个历史的概念，随着社会历史的不断发展，其范围、形式、类型也在不断变化。法律关系的客体主要包括：

1. 物

法律意义上的物是指法律关系主体支配的、在生产上和生活上所需要的客观实体。它是存在于人体之外，能为人力所支配或控制，并能满足人类社会需要的有体物与无体物。

2. 行为

这种类客体一般情况下发生于债，具有一定的给付内容。比如说完成一定的工作等。

3. 精神产品

精神产品也称精神财富与非物质财富。精神产品是人通过某种物体（如书本、砖石、纸张、胶片、磁盘）或大脑记载下来并加以流传的思维成果。它不同于有体物，其价值和利益在于物中所承载的信息、知识、技术、标识（符号）和其他精神文化。同时它又不同于人的主观精神活动本身，是精神活动的物化、固定化。精神产品属于非物质财富，在我国也被称为"智力成果"。它包括作品、商标、发明、实用新型、外观设计等内容。

4. 人格利益

人格利益主要包括公民或组织的姓名或名称，公民的肖像、名誉、尊严，公民的人身、人格和身份等。

（三）法律关系的内容

法律关系的内容即法律关系主体享有的权利和承担的义务。权利是指根据法律规定允许权利人可以作为或不作为，或者要求他人为一定行为或不为一定行为，并由他人的法律义务作为保证的资格。义务是义务人依据法律要求和权利人要求为一定行为或不为一定行为，以满足权利的利益的约束。

三、公民基本权利与义务

人们在现实生活中，常遇到权利和义务问题，而权利和义务关系又是社会关系的核心部分。权利和义务依据的内容、种类不同，分类也不同，其中被法律规定或认可的，称为法律权利和法律义务。与此对应的，享有法律权利的主体称为权利人，承担法律义务的主体称为义务人。在我国，一是我国公民享有广泛的权利，同时承担相应的义务；二是公民的权利和义务是平等的，任何人不得享有法外特权;三是公民的权利和义务是统一的,不允许任何人只享受法律权利,不履行法律义务;四是任何公民都是享有权利和履行义务的统一体,并把自己依法履行义务作为他人依法享受权利的实现条件。

(一)公民的基本权利

公民的基本权利是公民享有的主要权利,一般由宪法加以规定。根据我国宪法规定,我国公民享有的基本权利包括平等权、政治权利、人身权利、财产权利、社会经济权利、宗教信仰及文化权利等。《中华人民共和国妇女权益保障法》(简称《妇女权益保障法》)第二条规定:妇女在政治的、经济的、文化的、社会的和家庭的生活等各方面享有同男子平等的权利。此项法律的规定和保障,为有效地维护女性公民的基本权利发挥起了重大作用。

1. 政治权利

政治权利是公民参与国家政治活动的权利和自由的统称。它的行使主要表现为公民参与国家、社会组织与管理的活动。政治权利主要包括选举权利、表达权、民主管理权和监督权。

选举权利。即选举权与被选举权,是指人们参加创设或组织国家权力机关、代表机关所必需的选举权和被选举权。《中华人民共和国宪法》(简称《宪法》)三十四条规定:中华人民共和国年满十八周岁的公民,不分民族、种族、性别、职业、家庭出身、宗教信仰、教育程度、财产状况、居住期限,都有选举权和被选举权;但是依照法律被剥夺政治权利的人除外。也就是说,在我国,享有选举权和被选举权要具备三个条件:一是具有我国国籍,是我国的公民;二是年龄要满十八周岁;三是没有被剥夺政治权利。剥夺政治权是指根据刑法规定,剥夺犯罪分子在一定期限内参加国家管理和政治活动权利的刑罚。犯罪分子被剥夺的政治权利包括:担任国家机关职务的权利;担任国有公司、企业、事业单位和人民团体领导职务的权利;选举权和被选举权;言论、出版、集会、结社、游行、示威自由的权利。

表达权。《宪法》第三十五条规定:中华人民共和国公民有言论、出版、集会、结社、游行、示威的自由。即公民可以通过上述方式表达自己对国家公共生活的看法、观点和意见。这里需要提醒的是,尽管公民有表达的自由,但这种自由并不是绝对的,自由权利的行使是有边界的,它受到法律必要的约束。我国《宪法》第五十一条规定:中华人民共和国公民在行使自由和权利的时候,不得损害国家的、社会的、集体的利益和其他公民的合法的自由和权利。以言论自由为例,公民言论自由,但不得利用言论自由煽动和颠覆国家政权,危害公共安全和社会秩序;不得对他人进行侮辱和诽谤;不得侵犯他人隐私;不得宣扬淫秽,教唆犯罪;不得利用言论自由干预正常的司法活动;不得泄露国家秘密等,否则将承担相应的法律责任。《中华人民共和国刑法》第二百四十六条规定:以暴力或者其他方法公然侮辱他人或者捏造事实诽谤他人,情节严重的,处三年以下有期徒刑、拘役、管制或者剥夺政治权利。所以，公民在享有权利的同时，一定不要滥用权力，超越法律规定行使权利和自由，就必然要破坏法律秩序，损害国家的、集体的和其他公民的合法权利。

民主管理权。即公民根据宪法法律规定，管理国家事务、经济和文化事业及社会事务的权利。人民参与管理的途径和方式很多，既可以直接参加管理，如参加选举、参与基层民主自治、参加各类社会组织管理、参加职工大会、通过公平竞争择优录取到国家机关、企事业单位工作等；也可以间接参与管理，比如通过选举权选出人民代表，参与国家事务、经济和文化事业、社会事务的管理。

监督权。即公民依据宪法法律规定监督国家机关及其工作人员活动的权利。《宪法》第四十一条规定：中华人民共和国公民对于任何国家机关和国家工作人员，有提出批评和建议的权利；对于任何国家机关和国家工作人员的违法失职行为，有向有关国家机关提出申诉、控告或者检举的权利，但是不得捏造或者歪曲事实进行诬告陷害。批评、建议、申诉、检举、控告是宪法法律赋予公民对国家机关和国家工作人员的一种监督权，是公民参政权中不可缺少的一项内容，也是国家监督体系中一项最有活力的监督。人们通过行使监督权，以保证各级国家机关及其工作人员依法行使权力、全心全意为人民服务。当然，监督权的行使，同样要符合法律规定，符合立法意图和精神，在行使监督权时，要实事求是，不得捏造或歪曲事实，如果捏造事实诬告陷害他人，意图使他人受刑事追究，情节严重的则构成诬告陷害罪。

■ 知识链接 ■————————————————

中国妇女政治地位显著提高

1. 中国重视保障妇女与男子平等的政治权利。新中国成立之初就从法律上规定了男女享有平等的选举权、被选举权和管理国家事务的权利。改革开放40多年来，中国特色社会主义民主政治不断完善，为妇女参政提供了新机遇、拓展了新渠道。党的十八大以来，在习近平新时代中国特色社会主义思想指引下，在推进国家治理体系和治理能力现代化进程中，妇女参与国家和社会事务管理的水平全面提升，在民主政治建设中的作用日益增强。

2. 中国共产党作为执政党，一贯重视培养选拔女干部、发展女党员。20世纪90年代以来，历次党代会报告都明确要求重视培养选拔女干部。党的十九大报告强调，要统筹做好培养选拔女干部、少数民族干部和党外干部工作。通过召开专题会议、制定政策文件、明确目标要求等措施，持续加大培养力度，不断提高女干部和女党员比例。2017年，全国党政机关女干部人数从改革开放初期的42.2万增加至190.6万，占干部总数的26.5%。2017年，中央机关及其直属机构新录用公务员中女性比例达到52.4%；地方新录用公务员中女性比例达到44%。2018年全国事业单位领导班子成员中，女性比例为22.2%，比2015年提高1.6个百分点。2018年，女党员占党员总数的27.2%，比1956年提高16.7

个百分点。党代会代表中的女性比例逐步提升，党的十九大代表中的女性占比24.2%，比1956年党的八大提高14.9个百分点。

3. 人大代表和政协委员中女性比例逐步提升。重视发挥妇女在人民代表大会、人民政治协商会议中的作用，是中国的一贯主张。选举法明确规定，全国人民代表大会和地方各级人民代表大会应当有适当数量的妇女代表，并逐步提高妇女代表的比例。《中国妇女发展纲要（2011—2020年）》《国家人权行动计划（2016—2020年）》要求，逐步提高女性在各级人大代表、政协委员中的比例。第十三届全国人民代表大会女代表比例达到24.9%，比1954年第一届提高12.9个百分点。政协第十三届全国委员会女委员比例达到20.4%，比1949年第一届提高14.3个百分点。

4. 妇女参与基层民主管理更加广泛。积极推动基层民主建设进程，适时制定修订中国共产党农村基层组织工作条例、居民委员会组织法、村民委员会组织法等法律法规，推动村规民约、居民公约修订完善，为妇女广泛参与基层民主管理提供了坚实的制度保障。20世纪80年代以来，村民自治制度的建立发展为农村妇女参与基层民主管理提供了重要保障和条件。2017年，村委会成员中女性比例为23.1%，比2000年提高7.4个百分点。妇女在居委会中的人数比例始终保持较高水平，2017年居委会成员中女性比例为49.7%，居委会主任中女性比例为39.9%。妇女参与企业民主管理比例稳步提升，2017年，工会女会员占比38.3%，企业职工董事和职工监事中女性比例分别为39.7%和41.6%。

5. 妇女和妇女组织在民主政治建设中的作用越来越大。妇女参与国家和社会事务管理的途径更加多元，渠道更加畅通。人大女代表、政协女委员认真履职，为国家经济社会发展和妇女事业建言献策。各级党政机关女干部立足岗位，为贯彻落实男女平等基本国策、促进妇女发展恪尽职守。广大妇女民主参与意识不断提高，利用各类平台对国家和社会事务提出建议、表达诉求。妇联组织积极履行代表妇女参与国家和社会事务管理的职责，参与有关法律法规和政策的制定，参与协商民主，参与社会治理和公共服务。党的十八大以来，妇联改革使一大批有热心、有专长、有影响力的妇女骨干进入各级妇联特别是基层妇联工作队伍，乡、村两级妇联执委达到770多万，在基层治理中发挥了重要作用。

——节选自《平等　发展　共享：新中国70年妇女事业的发展与进步》
中华人民共和国国务院新闻办公室2019年9月

中华人民共和国成立70多年来，我国妇女政治地位显著提高，但女性政治权利保障中也存在问题，如社会政治参与方面，参与社会管理和决策的程度不高，原因有两个，一是女性的参政意识相对淡薄，二是女性社会事务参与度和参与意愿低于男性。今后应抓紧教育培养女性参政意识、规划妇女干部工作规划落实，促进妇女参政议政，使妇女政治地位再提高。

2. 人身权利

人身权利，是指公民的人身不受非法侵犯的权利，是公民参加国家政治、经济与社会生活的基础，是公民权利的重要内容。《民法典》第一百一十条规定：自然人享有生命权、身体权、健康权、姓名权、肖像权、名誉权、荣誉权、隐私权、婚姻自主权等权利。

生命健康权，即维持生命存在的权利。《民法典》第一千零二条规定：自然人享有生命权。自然人的生命安全和生命尊严受法律保护。任何组织和个人不得侵害他人的生命权。所以，生命权是人最基本、最原始的权利，具有神圣性与不可转让性，不可非法剥夺，享有生命权是人享有其他各项权利的前提。健康权是在公民享有生命权的前提下，确保自身肉体健全和精神健全、不受任何伤害的权利。《民法典》第一千零四条规定：自然人享有健康权。自然人的身心健康受法律保护。任何组织或者个人不得侵害他人的健康权。

人身自由权，即公民的人身自由不受非法搜查、拘禁、逮捕等行为侵犯的权利。人身自由是人们一切行动和生活的前提条件，包括人的身体不受拘束、人的行动自由、人身自由不受非法限制和剥夺等。《民法典》第一千零一十一条规定：以非法拘禁等方式剥夺、限制他人的行动自由，或者非法搜查他人身体的，受害人有权依法请求行为人承担民事责任。

人格尊严权，即与人身有密切联系的名誉、姓名、肖像等不容侵犯的权利。人格尊严是人之为人所应当享有的地位、待遇或尊重的总和，集中表现为人的自尊心和自爱心。人格尊严的基本内容有姓名权、肖像权、名誉权、荣誉权、隐私权。《民法典》第九百九十条规定：人格权是民事主体享有的生命权、身体权、健康权、姓名权、名称权、肖像权、名誉权、荣誉权、隐私权等权利。除前款规定的人格权外，自然人享有基于人身自由、人格尊严产生的其他人格权益。

■ 知识链接 ■--------------------------------

《民法典》|"人格权编"之亮点解读

1. 姓名权、名称权的扩张保护

明确对具有一定社会知名度，被他人使用足以造成公众混淆的笔名、艺名、网名等，参照《民法典》适用姓名权和名称权保护的有关规定。

2. 利用信息技术手段伪造等方式侵害他人肖像权或声音权益

当前，随着人工智能技术的发展，像 AI 换脸等技术逐渐走入大众视野，在应用和商业方面，很多换脸软件游走在灰色地带，甚至引发法律风险。这些信息技术手段容易遭到不当利用，使他人肖像权或声音权益受到侵害。此次《民法典》明确规定，不论是否出于营利目的，均不得利用信息技术手段伪造他人肖像、声音，不仅向公众昭告了法律的边界，也回应了 AI 技术伦理学的基本诉求。

——来源：遵义民政

住宅安全权，也称住宅不受侵犯权。即公民居住、生活、休息的场所不受非法侵入或搜查的权利。这里的住宅既包括固定居住的住宅，又包括临时性的住所。

通信自由权，是指公民通过书信、电报、传真、电话及其他通信手段，根据自己的意愿进行通信，不受他人干涉的自由。

3. 财产权利

财产权利，是指公民、法人或其他组织通过劳动或其他合法方式取得财产和占有、使用、收益、处分财产的权利。对公民个人而言，财产权是公民权利的重要内容，是公民在社会生活中获得自由与实现经济利益的必要途径。财产权主要包括私有财产权、继承权。

私有财产权。《宪法》规定，公民的合法的私有财产不受侵犯。公民一切具有财产价值的权利，不管是生活资料或者生产资料，不管是物权、债权还是知识产权，都应当受到保护。公民在其财产权受到侵犯时，有权要求侵权行为人对其停止侵害、返还财产、排除妨害、恢复原状、赔偿损失，或依法向人民法院提起诉讼。

继承权。继承权是指继承人依法取得被继承人遗产的资格。在我国，继承人有的是法律明确规定的，有的是被继承人通过订立合法有效的遗嘱或遗赠指定的，有的是通过被继承人与他人签订的遗赠抚养协议指定的。

4. 社会经济权利

社会经济权利，是指公民要求国家根据社会经济的发展状况，积极采取措施，从而干预社会经济生活，加强社会建设，提供社会服务，以促进公民的自由和幸福，保障公民过上健康而有尊严的生活的权利。社会经济权利主要包括劳动权、休息权、社会保障权、物质帮助权。

劳动权，是指一切有劳动能力的公民有获得劳动的机会、适当的劳动条件和报酬的权利。劳动权是公民赖以生存的基础，是行使其他权利的物质上的保障，它包括平等就业和选择职业的权利、取得劳动报酬的权利、休息休假的权利、获得劳动安全卫生的权利、提请劳动争议处理的权利等。

休息权，是指劳动者在付出一定的劳动以后所享有的休息和休养的权利，是劳动权存在和发展的基础。休息权和劳动权两者是密切联系的，休息权是提高劳动效率、保障劳动者的生活和身体健康所必需的。

社会保障权，是指公民享有国家提供维持有尊严的生活的权利，如养老保险。

物质帮助权，是指公民在法定条件下获得国家物质帮助的权利。国家发展为公民享受这些权利所需要的社会保险、社会救济和医疗卫生事业等。

> **知识链接**
>
> ### 加强劳动保护激励女职工岗位建功
>
> 中国高度重视从制度上保障女职工劳动保护各项权利。从1988年颁布《女职工劳动保护规定》到2012年《女职工劳动保护特别规定》出台,女职工劳动保护程度不断提高。越来越多的企业重视女职工劳动保护。2017年落实女职工劳动保护的企业占比71.2%,比2002年提高35.2个百分点。截至2017年9月,全国共签订女职工权益保护专项集体合同136.6万份,覆盖女职工近8000万人;建立女职工休息哺乳室的基层企事业工会近30万个,覆盖女职工1849.4万人。编发《促进工作场所性别平等指导手册》,推动用人单位贯彻落实法律法规,维护女职工合法权益和特殊利益。各项劳动保护工作深入推进,为女职工参与经济社会发展创造了条件。各行各业女职工以高度的主人翁责任感和历史使命感,在国家经济发展和社会进步中发挥着越来越重要的作用。
>
> ——节选自《平等 发展 共享:新中国70年妇女事业的发展与进步》
> 中华人民共和国国务院新闻办公室2019年9月

5. 宗教信仰及文化权利

宗教信仰及文化权利,是指公民依法享有的与宗教信仰活动和文化生活相关联的自由和权利的总称,主要包括宗教信仰自由、文化教育权等。

宗教信仰自由,是指公民依据内心的信念,自愿地信仰宗教的自由,具体内容包括信仰宗教的自由、从事宗教活动的自由、举行或参加宗教仪式的自由等。公民既有信仰宗教的自由,也有不信仰宗教的自由;有信仰这种宗教的自由,也有信仰那种宗教的自由;在同一宗教里,有信仰这个教派的自由,也有信仰那个教派的自由;有过去信教而现在不信教的自由,也有过去不信教而现在信教的自由。

文化教育权,是公民在文化和教育领域享有的权利。文化权利有个人的文化权利和集体的文化权利之分。个人的文化权利,如由任何科学、文学或艺术作品所产生的精神上和物质上的利益受到保护的权利;集体的文化权利,如少数民族群众享有保留和发展其文化特性及其文化各种形式的权利。

公民依法保障宗教信仰和文化权利是创造和享受精神文化财富、推动精神文化发展不可或缺的条件。同时,公民行使宗教信仰和文化权利也必须受宪法法律约束。

(二)公民的基本义务

行使法律权利,必须伴随履行法律义务。我国除了在各个部门法中规定了公民的法律义务外,宪法还特别规定了公民的基本义务。具体包括:维护国家统一和全国各民族团结的义务;遵守宪法和法律,保守国家秘密、爱护公共财产、遵守劳动纪律、遵守公共秩序、尊重社会公德的义务;维护祖国安全、荣誉和利益的义务;保卫祖国、抵抗侵略和依法服兵役、参加民兵组织的义务;依法纳税的义务。

1. 维护国家统一和民族团结

维护国家统一是整个社会共同体存在和发展的基础,也是以宪法为核心的整个法律制度存在的基础。同时,国家统一也是公民实现法律权利与自由的前提。宪法和相关法律规定,禁止对任何民族的歧视和压迫,禁止破坏民族团结和制造民族分裂的行为;一切破坏民族团结和制造民族分裂的行为都将受到法律的追究。如我国《反分裂国家法》中明确规定,维护国家主权和领土完整是包括台湾同胞在内的全中国人民的共同义务。当代大学生应自觉同破坏国家统一、威胁国家公共安全的行为做坚决斗争。对于维护和促进民族团结,可以进行以下几方面的工作:尊重少数民族的风俗与文化习惯;参与或者帮助建设与发展不发达地区少数民族的政治经济文化事业;同一切危害民族团结的言论与行为做斗争;积极做有利于促进各民族文化交流的事。

2. 遵守宪法和法律

我国宪法规定了公民遵守宪法和法律的义务,包括:一是保守国家秘密。国家秘密是指涉及国家的安全与利益,尚未公开或不准公开的政治、经济、军事、公安、司法等秘密事项,以及应当保密的文件、资料等。违反我国保守国家秘密法的规定,故意或过失泄露国家秘密,构成犯罪的,按照刑法有关规定追究刑事责任;泄露国家秘密,不够刑事处罚的,可以酌情给予行政处分。二是爱护公共财产。公共财产是指全民所有财产和劳动群众集体所有财产。社会主义的公共财产神圣不可侵犯,禁止任何组织或者个人用任何手段侵占或者破坏国家和集体的财产。三是遵守劳动纪律。劳动者在从事社会生产和工作时,必须遵守和执行劳动规则及其工作程序,维护劳动秩序。四是遵守公共秩序。公共秩序包括社会秩序、生产秩序、教学科研秩序等。每位公民必须维护公共秩序,并同一切违反公共秩序的行为做斗争。五是尊重社会公德。就是要尊重在社会交往和公共生活中应当遵守的道德标准和法律标准。

3. 维护祖国安全、荣誉和利益

祖国安全是指国家的领土完整和主权不受侵犯,国家政权不受威胁。祖国安全是国家政权稳定和公民依法行使权利与自由的根本保障。维护祖国荣誉是指国家的声誉和尊严不受损害,对有辱祖国荣誉、损害祖国利益的行为应给予法律制裁。祖国利益通常分为对外和对内两个方面。对外主要是指民族的政治、经济、文化等方面的权利和利益;对内主要是指公共利益。公民在享受宪法法律规定的权利与自由的同时,必须自觉地维护祖国利益,正确处理国家、集体与个人利益之间的相互关系,不得有危害祖国安全、荣誉和利益的行为,并同损害祖国利益的行为做斗争。我国国家安全法规定,公民、一切国家机关和武装力量、各政党和各人民团体、企业事业组织和其他社会组织,都有维护国家安全的责任和义务。

4. 依法服兵役的义务

我国公民都有义务依法服兵役。我国实行义务兵与志愿兵相结合、民兵与预备役相结合的兵役制度。我国兵役法规定，每年12月31日以前年满18周岁的男性公民，都应当按照兵役机关的安排在当年进行初次兵役登记。但是，我国兵役法对服兵役的主体也做了限制性规定：如依法被剥夺政治权利的人没有服兵役的资格；应征公民被羁押，正在受侦查、起诉、审判的或者被判处徒刑、拘役、管制正在服刑的，不征集；应征公民是维持家庭生活的唯一劳动力或者正在全日制学校就学的学生，可以缓征。对于有服兵役义务的公民拒绝、逃避兵役登记的，应征公民拒绝、逃避征集的，预备役人员拒绝、逃避军事训练和执行军事勤务，经责令限期改正后仍逾期不改的，由基层人民政府强制其履行服兵役的义务。

5. 依法纳税的义务

在现代社会中，税收是国家财政收入的主要来源，纳税是公民应该履行的基本义务。根据我国个人所得税法的规定，在中国境内有住所，或者无住所而在境内居住满一年的个人，从中国境内和境外取得的所得，依法缴纳个人所得税。公民自觉纳税是爱国行为，偷税是违法的、可耻的行为。纳税人有自觉纳税的义务，也要有监督税务机关的执法行为、关心国家对税收的使用、维护自己的合法权益的意识。

案例分享

小伙逃避服兵役，遭多部门联合惩戒

张某，男，2000年2月15日生，经过体检政审合格入伍至武警某队。入伍后，该男子未能按照入伍前的走访调查表态来要求自己，因怕苦怕累，逃避服兵役，多次向部队领导提出不想在部队服役。部队领导对其多次劝说无效后，当地武装部干部和家长到部队对其做思想工作，经反复教育无效后，部队对其做出除名处理。

把服兵役当成"儿戏"的张某因此受到了一系列惩处。根据《中华人民共和国兵役法》《山东省征兵工作若干规定》等相关规定，当地信用管理部门将张某信用等级直接判为C级，对其进行严格的联合惩戒；教育、人社、公安等相关部门单位分别对其做出三年内取消参加高考资格，不出具经商证明，不办理营业执照，不录用为合同制工人，不录用为公务员或者参照公务员法管理的工作人员，不划分宅基地，不办理出境手续，在全市各镇街园区、各机关、企事业单位进行通报批评等联合惩戒措施。

【分析与提示】根据《中华人民共和国宪法》第五十五条规定：保卫祖国、抵抗侵略是中华人民共和国每一位公民的神圣职责。依照法律服兵役和参加民兵组织是中华人民共和国公民的光荣义务。《中华人民共和国兵役法》第三条第一

款规定：中华人民共和国公民，不分民族、种族、职业、家庭出身、宗教信仰和教育程度，都有义务依照本法的规定服兵役。所以此案例中，拒绝服兵役，既是对法律的亵渎，也是对青春、对人生的极端不负责任。对拒绝服兵役者的严厉处罚是对法律尊严的捍卫。

第二节　文化教育权利

一、文化教育权利的内涵

《宪法》第四十六条第一款规定：中华人民共和国公民有受教育的权利和义务。文化教育权是公民根据宪法的规定，在教育和文化领域享有的权利和自由。包括两个方面的内容：

（一）公民受教育的权利

受教育权是指公民接受文化、科学、品德等方面教育训练的权利。公民有进行科研，文艺创作和其他文化活动的自由。为了充分保障公民享有这一权利，中华人民共和国成立以来，我国建立了一套适合我国国情的教育制度，具体包括：学龄前教育；全日制各级各类学校教育；职工教育；特种教育；电视广播、函授教育等。此外，还实行高等学校的自学考试，从而使公民受教育的权利获得了进一步保证。从教育的形式来讲，有学校教育、社会教育、自学形式等。

女性教育是女性参与社会发展的重要条件，《中华人民共和国妇女权益保障法》从国家保障妇女享有与男性平等的文化教育权，学校和有关部门负责保障妇女受教育权，保障适龄女性儿童、少年接受义务教育和扫除妇女文盲、半文盲和妇女的职业教育与技术培训等方面做了规定。

女性文化教育权利是指女性在文化和受教育方面所享有的权利。对女性教育权利的强调要求在入学、升学、毕业分配、授予学位、派出、派留学等方面保护女性的权益；在参加文化活动，享受科学进步及其应用所产生的利益等方面，同样尊重女性，给女性提供更多的平台和机会。

（二）公民受教育的义务

受教育也是公民的一项义务。为了促进社会的进步、人民生活的改善，每个公民都有接受文化、科学、品德、体育等方面的教育训练的义务，这也是宪法规定的公民基本义务之一。

公民受教育，发展教育事业，提高全民族文化科学水平，并不是公民个人的私事，而是有关社会发展、国家前途、民族命运的大事。因此，法律规定受教育义务是对公民的约束和要求，带有强制性。中国公民的受教育义务包括：适龄儿童初等教育；成年劳动者接受适当形式的教育和培训；接受劳动就业训练等义务。

二、文化教育权利实现的方式与途径

文化教育权，既是权利又是义务，公民达到一定的年龄有可以在国家和社会提供的各种教学机构中学习的权利，也有在一定条件下依法接受各种形式教育的义务。文化教育的形式有很多种类，具体包括：学校教育、社会成人教育、自主学习等。

（一）学校教育

学校教育是与社会教育相对的概念。它专门指受教育者在各类学校内所接受的各种教育活动。一般按水平可分为初等教育、中等教育和高等教育。

1. 初等教育

在我国，初等教育是社会主义现代化建设的重要基础。中国小学现行学制一般6年，少数地方5年。小学的任务是为国家培养新生后代，为他们以后接受中等教育打下良好的基础。

2. 中等教育

我国中等教育普通中学学制6年（初中3年，高中3年），对学生实行全面的普通文化科学知识技能教育。中等教育职业学校招收初中毕业生，按国家需要实施农、工、交通、技术、卫生、财贸等专业技术教育；技工学校培养技术工人。

法条链接

《中华人民共和国义务教育法》（节选）

第二条 国家实行九年义务教育制度。

义务教育是国家统一实施的所有适龄儿童、少年必须接受的教育，是国家必须予以保障的公益性事业。

实施义务教育，不收学费、杂费。

国家建立义务教育经费保障机制，保证义务教育制度实施。

第四条 凡具有中华人民共和国国籍的适龄儿童、少年，不分性别、民族、种族、家庭财产状况、宗教信仰等，依法享有平等接受义务教育的权利，并履行接受义务教育的义务。

---

3. 高等教育

普通高等教育指主要招收高中毕业生进行全日制学习的专业教育。普通教育是和成人教育相对应的概念，普通教育的对象主要是处于成长阶段的青少年，采取全日制教学形式。

普通高等教育属于统招,包括普通全日制专科、普通全日制本科(普通全日制统招的四年制、五年制的本科和通过统招专升本考试录取的二年制本科)、普通全日制第二学士学位、普通全日制统招硕士学位研究生(学术型硕士和专业硕士)、非全日制统招硕士学位研究生(学术型硕士和专业硕士)、普通全日制博士学位研究生。

> **法条链接**
>
> 《中华人民共和国高等教育法》(节选)
>
> **第九条** 公民依法享有接受高等教育的权利。
>
> 国家采取措施,帮助少数民族学生和经济困难的学生接受高等教育。
>
> 高等学校必须招收符合国家规定的录取标准的残疾学生入学,不得因其残疾而拒绝招收。

(二)社会成人教育

随着社会的发展与进步,对劳动者素质要求越来越高。因此,女性的职业教育与技术培训是其在就业和劳动中获得竞争优势的重要基础,加强女性职业教育与培训就显得尤其重要。各级政府要进一步畅通职业教育与培训的途径,使女性可以充分利用这些机会和平台,成就更好的自己。

第一,发挥成人学历教育优势。现代社会,人们提升文化知识水平的途径丰富多样。自学考试、职业院校的扩招、成人函授教育等,都为女性的知识拓展、学历提升提供了良好的途径。女性应始终秉持终身学习的理念,通过多种途径不断丰富充实自己。

第二,进一步发展各类职业教育培训。就业是重大的民生问题。一方面,政府要加大力度开展职业培训,促进劳动力就业,提升就业质量和层次,例如,向城乡各类有就业要求和培训愿望的劳动者开展多种形式的就业技能培训;对农村转移就业劳动者和城镇登记失业人员,要重点开展初级技能培训,使其掌握就业的一技之长;对城乡未继续升学的应届初高中毕业生等新成长劳动力,要开展持续培训,提升其技能水平和就业能力。女性更要充分利用这些良好的契机,有针对性地加强自身的职业技术教育,提升职业素质和能力。

第三,发挥妇联组织女性实用技术培训平台培训功能。妇女培训是一项事关妇女素质提升、人才培养、农业农村全面发展的基础性工程。全国妇联始终高度重视女性实用技术培训,尤其是农村妇女培训工作,并将其作为一项重要的战略任务来抓,取得了可喜成绩,实现了新跨越。党的十九大提出了实施乡村振兴战略。党有号召,妇联有行动,全国妇联随即开展了"乡村振兴巾帼行动"。其中,全国妇联提出实施"农村妇女素质提升计划",动员农村妇女积极参加培训,促进妇女平等享有普惠性政策资源;加大网络教育培训工作力度,增强农村妇女网络学习意识；面向农村妇女骨干、基层妇联干部和返乡下乡创业女大学生、女农民工等群体，开展现代农业实用技术、电子商务、乡村旅游、手工制作等示范培训，帮助她们提高适应生产力发展和市场竞争的能力。

第四，高度重视职业岗位培训。随着社会发展和信息技术革命的推进，各岗位对劳动者素质的要求越来越高。从单位的角度看，更应注重内部员工的职业发展培训，从而使劳动者更适应事业发展的需要。在职在岗的女性，也应积极参与单位组织的各类职业培训，增强自己的职业竞争力。

（三）自主学习

女性可以通过自学，如运用不同的工具、书籍，在没有其他人的指导和教育的情形下，通过自学的方法习得一定的技能或知识。自学者可以根据自己实际情况和学习特点去学习自己感兴趣的东西，可以把精力都放到专门的一样学问上，学习效果可能比在校学习还要好。自学有很多好处：锻炼自己主动学习的习惯；可以自己控制学习时长和学习进度；可以自己定学习内容、难易程度，有利于更好地理解知识。

三、女性文化教育的成就与问题

（一）女性文化教育取得的成就

根据《平等　发展　共享：新中国70年妇女事业的发展与进步》中的数据显示，在坚持优先发展教育、持续实施教育惠民政策、缩小城乡教育差距、积极推进教育公平的历史进程中，妇女受教育状况不断改善，受教育水平大幅提升。

■ 知识链接 ■--------------------------------

女性受教育水平显著提升

扫除妇女文盲成果斐然。新中国成立之初，妇女文盲率远远高于男性。1949年第一次全国教育工作会议提出，要在全国范围内进行识字教育、扫除文盲。1956年中国发布《关于扫除文盲的决定》，再次明确扫盲工作目标。20世纪50年代开展的三次扫盲运动，帮助1600万名妇女脱盲。改革开放后，中国持续开展扫盲工作，到1993年累计扫除妇女文盲1.1亿。1995年以来，中国政府颁布实施三个周期的中国妇女发展纲要，始终把扫除妇女文盲、提高妇女识字率作为主要目标，把扫除农村妇女文盲作为重点。全国15岁及以上女性人口文盲率由新中国成立前的90%降至2017年的7.3%，实现历史巨变。

九年义务教育基本消除性别差距。在大力扫除妇女文盲的基础上，中国高度重视保障女童接受基础教育的权利和机会。制定出台《中华人民共和国义务教育法》等法律和政策，不断加大义务教育投入，重点向农村地区倾斜，通过设立中小学助学金、制定女童专项扶助政策、实施"春蕾计划"和"希望工程"等助学项目，大大增加了农村女童受教育的机会。党的十八大以来，大力推进城乡义务教育一体化发展，补齐农村义务教育短板，农村女童接受教育的机会更多。2017年，女童小学净入学率达到99.9%，与男童完全相同；普通小学和普通初中在校生中女生比例分别达到46.5%和46.4%，比1951年分别提高18.5和20.8个百分点。义务教育阶段基本实现男女平等。

妇女接受高中阶段和高等教育水平实现历史新高。中国高度重视教育发展，女性接受高中阶段和高等教育的机会不断增加。改革开放40多年来，大力普及高中阶段教育，加大中西部贫困地区扶持力度，实行家庭经济困难学生资助政策，女性接受高中阶段教育的机会显著增多。2017年，高中阶段教育毛入学率达到88.3%，高中阶段教育在校女生占在校生总数的47.7%，其中普通高中在校生中女生比例已达50.9%。1998年颁布《中华人民共和国高等教育法》，不断扩大高等教育规模，推行助学贷款制度，设立助学奖学金，为更多女性接受高等教育创造了条件。2017年，普通高等学校本专科在校女生占在校生总数的比例已达52.5%，比1978年提高28.4个百分点，比1949年提高32.7个百分点；女研究生占研究生总数的比例已达48.4%，比1985年提高29.8个百分点。

妇女接受职业教育和继续教育人数大幅增加。中国不断完善职业教育法律政策，逐步建立健全职业教育体系，妇女接受职业教育的机会不断增加。1996年《中华人民共和国职业教育法》颁布，提出国家采取措施帮助妇女接受职业教育。党的十八大以来，中国更加重视职业教育发展。2019年颁布《国家职业教育改革实施方案》和《高职扩招专项工作实施方案》，扩大高等职业教育招生规模，提升职业教育现代化水平，为妇女接受职业教育提供了新机遇。2017年，中等职业教育在校女生占在校生总数的42.9%。改革开放40多年来，继续教育得到长足发展，成为妇女获得知识、增长技能、提高素质的重要渠道，妇女参加高等学历继续教育的人数和比例逐年上升。2017年，全国成人本专科在校女生占在校生总数的58.8%，比1988年提高27.3个百分点；网络本专科在校女生占在校生总数的47.3%。此外，妇女还广泛参与各级各类非学历继续教育。

女童平等接受学前教育取得成效。新中国成立初期，在机关单位、工矿企业、街道、公社建立幼儿园。1992年国务院颁布实施《九十年代中国儿童发展规划纲要》，提出3—6岁幼儿入园率达到35%。从2011年开始，中国连续实施三期学前教育三年行动计划，解决入园难问题。《中国妇女发展纲要（2011—2020年）》提出，学前教育毛入学率达到70%，女童平等接受学前教育。2018年，中共中央、国务院印发《关于学前教育深化改革规范发展的若干意见》，要求推进学前教育普及普惠安全优质发展。2017年，3—6岁儿童毛入园率为79.6%，全国接受学前教育的幼儿达4600万，其中女童占比46.7%。

——《平等发展共享：新中国70年妇女事业的发展与进步》白皮书（全文）（2019年9月）

(二)女性文化教育存在的问题

近年来,我国党和各级政府越来越重视女性教育问题,女性教育水平也得到了一定提高,但女性教育中的一些老问题依然存在,且新问题又不断涌现。比如,落后地区女性的受教育状况有待改善;由于受传统因素的制约,女性承担了更多的家务劳动,来自家庭的制约较多,为女性参加继续教育和学习带来了障碍,许多女性迫于家庭的需要,往往放弃了许多自我提升、自我发展的机会。因此,树立正确的女性教育观,开辟多层次、多渠道的女性教育途径显得尤为重要。与此同时,依法保障女性教育,创造良好的社会环境,从而使女性受教育存在的问题得到切实改善或解决,依然任重而道远,需要全社会共同努力。

> **案例分享**
>
> **七一勋章获得者——张桂梅**
>
> 张桂梅,云南省丽江华坪女子高级中学党支部书记、校长,华坪县儿童福利院(华坪儿童之家)院长。
>
> 张桂梅把全部身心投入到边疆民族地区教育事业和儿童福利事业,创办了全国第一所全免费女子高中,帮助1800多名贫困山区孩子圆梦大学。她坚持用红色文化引领教育,培养学生不畏艰辛、吃苦耐劳的品格,引导学生铭记党恩、回报社会。她坚持每周开展1次理论学习、重温1次入党誓词的组织生活,发挥党员在学校各项工作中的先锋模范作用。她持续12年家访超过1600户,行程11万余公里,为学校留住了学生,为学生留住了用知识改变命运的机会。她吃穿用非常简朴,对自己近乎"抠门",却把工资、奖金捐出来,用在教学和学生身上。她以坚忍执着的拼搏和无私奉献的大爱,诠释了共产党员的初心使命。
>
> ——人民网(中国共产党员新闻网)

第三节 常见校园法律问题

校园就是个小社会。在校园学习生活期间,学生之间难免会发生各类纠纷,也会出现一些伤害事件。故学生在校期间,学校应加强法治教育,引导学生树立法治意识,注重法治思维能力的提升,并学会运用法律手段正确解决学习、生活中的法律问题,从而真正做到知法、守法,切实维护自身合法权益。

一、校园伤害法律问题

校园伤害事故根据不同的分类标准，可以进行不同分类。根据校园伤害中责任主体的不同，校园伤害事故可以大致划分为学校责任事故、学生及其监护人责任事故、第三人责任事故三种类型。

(一) 学校责任事故

学校责任事故，是指由学校的管理不当或由学校方面原因所引起的事故。

根据《学生伤害事故处理办法》规定，有下列情形之一的，学校应当依法承担相应的责任：（一）学校的校舍、场地、其他公共设施，以及学校提供给学生使用的学具、教育教学和生活设施、设备不符合国家规定的标准，或者有明显不安全因素的；（二）学校的安全保卫、消防、设施设备管理等安全管理制度有明显疏漏，或者管理混乱，存在重大安全隐患，而未及时采取措施的；（三）学校向学生提供的药品、食品、饮用水等不符合国家或者行业的有关标准、要求的；（四）学校组织学生参加教育教学活动或者校外活动，未对学生进行相应的安全教育，并未在可预见的范围内采取必要的安全措施的；（五）学校知道教师或者其他工作人员患有不适宜担任教育教学工作的疾病，但未采取必要措施的；（六）学校违反有关规定，组织或者安排未成年学生从事不宜未成年人参加的劳动、体育运动或者其他活动的；（七）学生有特异体质或者特定疾病，不宜参加某种教育教学活动，学校知道或者应当知道，但未予以必要的注意的；（八）学生在校期间突发疾病或者受到伤害，学校发现，但未根据实际情况及时采取相应措施，导致不良后果加重的；（九）学校教师或者其他工作人员体罚或者变相体罚学生，或者在履行职责过程中违反工作要求、操作规程、职业道德或者其他有关规定的；（十）学校教师或者其他工作人员在负有组织、管理未成年学生的职责期间，发现学生行为具有危险性，但未进行必要的管理、告诫或者制止的；（十一）对未成年学生擅自离校等与学生人身安全直接相关的信息，学校发现或者知道，但未及时告知未成年学生的监护人，导致未成年学生因脱离监护人的保护而发生伤害的；（十二）学校有未依法履行职责的其他情形的。

发生校园伤害事故，学校负有责任，情节严重的，教育行政部门应当根据有关规定，对直接负责的主管人员和其他直接责任人员，分别给予相应的行政处分；有关人员的行为触犯刑事法律的，应当移送司法机关追究刑事责任。

(二) 学生及其监护人责任事故

学生及其监护人责任事故，是指校园伤害事故的发生，学校没过错，而是由于学生自己的过失或过错，或者是由于其监护人没尽到监护责任而造成的伤害，应当由监护人承担法律责任的事故。根据《学生伤害事故处理办法》第十条规定，学生或者未成年学生监护人由于过错，有下列情形之一，造成学生伤害事故，应当依法承担相应责任：（一）学生违反法律法规的规定，违反社会公共行为准则、学校的规章制度或者纪律，实施按其年龄和认知能力应当知道具有危险或者可能危及他人的行为的；（二）学生行为具有危险性，学校、教师已经告诫、纠正，但学生不听劝阻、拒不改正的；（三）学生或者其监护人知道学生有特异体质，或者患有特定疾病，但未告知学校的；（四）未成年学生的身体状况、行为、情绪等有异常情况，监护人知道或者已被学校告知，但未履行相应监护职责的；（五）学生或者未成年学生监护人有其他过错的。

法条链接

校园里的侵权责任

第一千一百九十九条 无民事行为能力人在幼儿园、学校或者其他教育机构学习、生活期间受到人身损害的，幼儿园、学校或者其他教育机构应当承担侵权责任；但是，能够证明尽到教育、管理职责的，不承担侵权责任。

第一千二百条 限制民事行为能力人在学校或者其他教育机构学习、生活期间受到人身损害，学校或者其他教育机构未尽到教育、管理职责的，应当承担侵权责任。

第一千二百零一条 无民事行为能力人或者限制民事行为能力人在幼儿园、学校或者其他教育机构学习、生活期间，受到幼儿园、学校或者其他教育机构以外的第三人人身损害的，由第三人承担侵权责任；幼儿园、学校或者其他教育机构未尽到管理职责的，承担相应的补充责任。幼儿园、学校或者其他教育机构承担补充责任后，可以向第三人追偿。

——《中华人民共和国民法典》

（三）第三人责任事故

第三人责任事故，是指校园伤害事故的发生，既不是由于学校的过错，也不是由于受害学生自身的过错行为所引起，应当由第三人承担法律责任的事故。根据《学生伤害事故处理办法》第十四条规定，因学校教师或其他工作人员与其职务无关的个人行为，或者因学生、教师及其他个人故意实施的违法犯罪行为，造成学生人身伤害的，由致害人承担相应的责任。

在校园伤害事故中，因第三人原因造成学生的人身伤害案件较多，尤其以发生在学生之间的伤害案例最为常见。学生违反学校纪律，对造成学生伤害事故负有责任的，学校可以给予相应的处分。如果造成他人人身损害的，应当进行损害赔偿（无民事行为能力人、限制民事行为能力人造成他人损害的，由监护人承担责任）。如果触犯刑事法律，构成犯罪的，应承担相应的刑事责任。

> **法条链接**
>
> 侵权损害赔偿范围
>
> **第一千一百七十九条** 侵害他人造成人身损害的，应当赔偿医疗费、护理费、交通费、营养费、住院伙食补助费等为治疗和康复支出的合理费用，以及因误工减少的收入。造成残疾的，还应当赔偿辅助器具费和残疾赔偿金；造成死亡的，还应当赔偿丧葬费和死亡赔偿金。
>
> ——《中华人民共和国民法典》

知识链接

刑事责任年龄

刑事责任年龄是指刑事法律规定行为人应当负刑事责任的年龄。那么我国关于刑事责任年龄是如何确定的呢？根据我国《中华人民共和国刑法》（简称《刑法》）规定，已满十六周岁的人犯罪，应当负刑事责任；已满十四周岁不满十六周岁的人，犯故意杀人、故意伤害致人重伤或者死亡、强奸、抢劫、贩卖毒品、放火、爆炸、投放危险物质罪的，应当负刑事责任。已满十二周岁不满十四周岁的人，犯故意杀人、故意伤害罪，致人死亡或者以特别残忍手段致人重伤造成严重残疾，情节恶劣，经最高人民检察院核准追诉的，应当负刑事责任。

对依法追究刑事责任的不满十八周岁的人，应当从轻或者减轻处罚。

因不满十六周岁不予刑事处罚的，责令其父母或者其他监护人加以管教；在必要的时候，依法进行专门矫治教育。

已满七十五周岁的人故意犯罪的，可以从轻或者减轻处罚；过失犯罪的，应当从轻或者减轻处罚。

二、社会兼职法律问题

社会经济的发展，为大学生社会兼职创造了机会。越来越多的大学生在课余时间选择走出校门从事社会兼职活动。社会兼职不仅能为大学生增加收入，减轻家庭的经济负担，还能使大学生在兼职过程中寻找自我价值感，积累实践经验，提升社会活动能力。但是，大学生社会兼职又存在诸多风险，为大学生的人身、财产安全带来了隐患。

（一）社会兼职常见问题

实践中，大学生社会兼职常见的问题有以下几类。

1. 陷入兼职诈骗陷阱，"白费力气丢钱财"

大学生获取兼职的途径具有多样性，这一方面为大学生提供了更多的信息渠道，另一方面鱼龙混杂的信息也给学生掉入诈骗陷阱带了潜在隐患。比如，收费陷阱，有的用人单位往往以高收入、低要求等条件吸引求职者，以收取押金等名义获得钱财，而并未打算让求职者前来应聘；虚假信息陷阱，有的大学生通过网络招聘获取信息，在对方提出不合理要求时，才发现网络信息是虚假的；传销陷阱，宣传者往往利用求职者快速赚钱的心理，许以高回报率的诱惑，吸引求职者加盟，获得资金后"消失"；刷单陷阱，诈骗者以单独一单的报酬作为诱惑，然后要求接连大额刷单，在兼职者连续刷完几个大单后"失踪"。

2. 遭遇"黑中介"

有的大学生通过所谓的"中介"找兼职工作，在按要求交付中介费后，中介公司提供一些没有实质意义的信息。大学生既不能通过此类中介找到合适的兼职工作，所支付的中介费也无法收回。

3. 劳动报酬没有保障

在兼职的过程中，与"老板"由于报酬问题发生纠纷是最为常见的事情。这类纠纷的主要表现形式有：(1) 付出劳动后，"老板"不支付报酬；(2) "老板"少于约定数额支付报酬；(3) 付出劳动比预计要多，获取的报酬没有增加。

4. 兼职过程中遭受人身伤害

兼职过程中遭受人身伤害的主要表现有：(1) 由于工作需要，早出晚归，在路上遭遇抢劫、性侵害等；(2) 遭遇职场性骚扰；(3) 在职场上没有得到相应的劳动保护或因工作原因遭受意外伤害等。

在遇到上述问题时，不同的大学生处理的方式也不一样，有的选择了忍气吞声，自认"倒霉"，有的则采取打架、伤害等偏激的方式解决问题，而真正能采取法律手段解决问题、维护权益的人却很少。

（二）社会兼职相关问题产生的原因

上述社会兼职问题的产生，既有大学生自身的原因，也有社会环境的原因。第一，大学生缺乏法律常识和基本的维权能力，无法通过法律的手段维权；第二，大学生自身缺乏安全防范意识和法治意识；第三，社会对于大学生兼职缺乏有效的指导和监督。

（三）兼职中预防纠纷和伤害的相关建议

1. 学习法律知识，树立法治意识

法律知识是法治思维和能力提升的前提，大学生只有学习必要的法律知识才能逐渐养成法治思维、提升应用法律解决问题的能力。

2. 仔细甄别兼职机会、兼职机构和兼职信息

社会上的兼职信息种类繁多，真假难辨。大学生在寻找中介机构、兼职机构时，要通过正规的渠道，予以确认；对于兼职信息，要分析其是否真实可信，是否符合法律规定，以免害人害己。

3. 外出兼职要注意自身安全防范

时间的选择上，尽量选在白天；在地理位置的选择上，尽可能选择自己熟悉的环境或者比较繁华的环境；外出时尽量结伴而行。

4. 兼职前尽量签订书面的合同

大学生兼职过程中产生劳动报酬的纠纷，往往由于缺乏依据而维权艰难，其中一个重要原因就是大学生缺乏合同意识，关于工作时间、劳动报酬等的约定仅限于口头，从而在产生纠纷后缺乏证据而无法维权。"白纸黑字"的合同是维权的重要依据，大学生在兼职中一定要树立合同意识，学会用法律保护自己的合法利益。

5. 树立证据意识，保留相关证据

除了合同以外，同事的证人证言、工资条、录音录像、微信聊天记录、短信等相关材料都可以成为证据。大学生在兼职过程中，要树立证据意识，及时保存证据。

6. 加强对大学生兼职的指导

学校要加强对大学生兼职的指导，一是加强反诈骗的宣传；二是引导学生树立正确的择业观；三是要向学生传播基本的求职和就业技巧，从而使学生掌握基本的维权技能和方法，有效地维护自身合法权益。

【案例分享】

兼职刷单，遭遇"杀猪盘"

某高校大学生小王在微博上看到熟人转发的兼职信息，称通过兼职刷单可以有不菲的收入，刷一单可按照一定的比例来支付佣金。她便添加了对方QQ。受害人小王："他（对方）发给了我一个链接，让我点进去提交订单，他让我先不付款，直接在支付宝上把钱打给他。前两单他确实返了钱。"尝到甜头后，小王继续在对方的要求下刷单，这次比之前任何单笔所要付的款都多，且数量也多，在对方承诺的高佣金下，最终小王通过刷单累计支付给对方7000多元。受害人小王："第三单他让我做完20单，然后才能结算，我陆续完成后，联系他返佣金时，他就不回复了。"发现对方一直不回复信息，小王这才发现上了当，而和小王的遭遇一样，该校大学生小周也通过网上刷单的方式，被骗取了两万一千多元。

【分析与提示】刷单本身就是一个违法行为。根据《中华人民共和国消费者权益保护法》（简称《消费者权益保护法》）第二十条第一款规定："经营者向消费者提供有关商品或者服务的质量、性能、用途、有效期限等信息，应当真实、全面，不得作虚假或者引人误解的宣传"。《中华人民共和国反不正当竞争法》第二十条规定，经营者违反本法第八条规定对其商品作虚假或者引人误解的商业宣

传，或者通过组织虚假交易等方式帮助其他经营者进行虚假或者引人误解的商业宣传，由监督检查部门责令停止违法行为，处二十万元以上一百万元以下的罚款；情节严重的，处一百万元以上二百万元以下的罚款，可以吊销营业执照。《中华人民共和国电子商务法》（简称《电子商务法》）第十七条规定，电子商务经营者应当全面、真实、准确、及时地披露商品或者服务信息，保障消费者的知情权和选择权。电子商务经营者不得以虚构交易、编造用户评价等方式进行虚假或者引人误解的商业宣传，欺骗、误导消费者。无论从哪个角度、目的，刷单本身不是一个合法的行为。刷单行为严重的，符合犯罪构成要求的，还可能构成非法经营罪、破坏生产经营罪。因此，大学生首先要正确认知"刷单"行为的性质，树立法律意识，不做违法行为的参与者、推动者。此外，现在利用"刷单"诱惑实施诈骗的也非常多，大学生一定要提高警惕，避免陷入刷单"杀猪盘"。

如果遭遇刷单骗局，可以进行如下操作，尽量挽回损失。第一，如果是通过支付宝或者微信扫码支付的话，那一定要及时联系客服说明情况，看有没有机会进行拦截、冻结。当然这个需要客服配合，还有时间的及时性，主要是和诈骗分子抢时间。第二，通过网银直接转账到陌生账号的，要拨打110电话进行报警，说明情况。然后看公安机关是否能够进行止付对方银行卡。这一步操作必须要快，必须要有明确的银行账号，还要有公安机关的反诈中心响应，才能进行。第三，如果以上两步都行不通的话，那就要看一下钱是付给谁，付给哪个机构，哪个网店，哪个公司。然后查询该公司的电话，然后对自己诈骗的这个事情进行沟通，让对方试图拦截或者退款。如果对方是公司，且不受理的话，可以进行工商举报和投诉。第四，进行以上情况的同时，要收集好证据，这样才会有机会配合警方进行立案侦查，把被骗的钱追回来。

综上所述，大学生在兼职工作过程中，要提高警惕，增强自身的安全和防骗意识，要树立正确的兼职观念，确保兼职工作的真实性、可靠性，增强自身的法律意识，从而确保自身在兼职工作过程中的安全。

三、实习期的法律问题

在就业难的背景下，不少高校都会在大学生就业前，安排学生进行实习，以确保其能够快速适应岗位工作要求，同时积累工作经验。但是，大学生在实习期间与实习单位的利益冲突问题频繁出现，导致其合法权益受到了侵害，不利于大学生的心理健康。

近些年，教育行政部门及相关部门不断发文，规范大学生实习期的管理，如《职业学校学生实习管理规定》《关于加强和规范普通本科高校实习管理工作的意见》。但是高校大学生实习过程中的各类纠纷依然层出不穷。健全与完善相关法律法规制度，努力构建大学生实习合法权益体系，是当前保证大学生实习期间合法权益不受损害，关系到千万大学毕业生自身切身权益的问题。

（一）实习生合法权益受到侵犯的原因

大学生实习期间合法权益受实习单位侵害的问题时有发生，对其原因进行分析，主要体现在以下三个方面：

一是大学生自身的原因。大学生本身缺乏社会经验，对于自身的合法权益缺乏保护意识，这也是导致其权益受侵的主要原因。当前，多数大学生对于劳动法和劳动合同法等相关法律法规的内容缺乏了解，导致在实习过程中，没有能够与实习单位签订相应的实习协议或者劳动合同，导致在权益受到侵害时，无法通过法律武器来进行维权。同时，大学生在实习期间，处于弱势群体，自身权益受侵时，对于实习单位的法律过错责任难以有效举证，加上烦琐的维权流程，使不少大学生不得不放弃维权。

二是法律层面的原因。当前，我国尚未形成规范统一的大学生实习就业管理制度，缺乏对在校实习生合法身份的法律认证，也没有就其所应该具备的合法权益进行明确，不完善的法律制度是实习生合法权益遭受侵害的一个非常重要的客观原因。劳动法方面，现行《中华人民共和国劳动法》《中华人民共和国劳动合同法》等法律法规都没有明确将实习尤其是顶岗实习劳动关系纳入其调整范围。至少从目前来看，劳动法没有将实习生聘用规定纳入全体劳动者聘用范畴中，实习生与实习单位的劳动关系并不属于劳动法的适用范围。而在教育法方面，《中华人民共和国教育法》《中华人民共和国高等教育法》《中华人民共和国职业教育法》等相关法律也没有就高校实习生劳动权益保护问题做出明确而具体的规定。而《职业学校学生顶岗实习管理规定（试行）》中，面对的对象仅仅是中职和高职院校的学生，目前还没有适用本科院校学生顶岗实习的管理规定。其内容也仅仅强调实习活动的组织、管理和安全等，对实习生劳动权益保护方面的相关规定多为一般性条款，缺少可操作性。另外，其适用对象是中等和高等职业学校实习生，至于实习院校与实习单位的关系、实习学生与实习院校及实习单位的关系如何理顺，到目前为止基本无法可依、无规可循。除此之外，在立法层面，我国并没有单独存在的能够保障大学生实习期间合法权益的法律法规，具备广泛适用性的《中华人民共和国劳动法》《中华人民共和国劳动合同法》等是普通劳动者的合法权益，在面对大学实习生这一特殊群体时同样欠缺针对性和适用性，在这种情况下，大学生实习期间出现权益受侵问题时，难以通过相应的法律法规来维护自身的合法权益。

三是就业环境的原因。导致大学生实习期间合法权益受侵的环境原因主要是高校和政府监管的缺失，无法为实习生的依法维权提供保障。由于大学生缺乏社会经验，用人单位主观上缺乏保障学生权益的主动性和积极性，甚至可能为了自身利益而侵犯学生权益，这就需要由学校承担起帮助学生、维护其权益的责任。

但某些学校出于种种原因，缺少主动维护实习生权益的主动性和积极性，导致学生在受到侵犯之后难以有效维权。

（二）实习生实习期合法权益保护的建议

1. 明确大学生实习期间的法律身份

大学生的实习，有的是由学校统一联系实习单位安排顶岗实践，有的是学生通过自身资源自主寻找实习单位。在实习过程中，大学生所承担的责任也不尽相同。一般情况下，由学校统一联系顶岗实习，单位会安排相应的实习指导教师对学生的实习工作进行指导，而学生则以学习者的身份开展实习，在单位承担的义务和责任相对较小。而由学生自主寻找的实习单位，往往以就业入职为目标，用人单位往往以员工的标准来安排学生的工作任务，学生承担的义务和责任相对较多。在校大学生实习期间能否以劳动者的身份适用各劳动法律的相关规定，享受相应的权利和待遇，争议已久。为了更好地保护大学生在实习期间的权益，明确大学生的身份，对于减少纠纷，维护学生的合法权益具有重要的意义。

2. 学校加强对学生的教育、管理和引导

针对实习生存在社会经验不足和维权意识薄弱的问题，学校应通过教育手段提高实习生的法律和维权意识。例如，可以通过"实习经验分享会"的形式，让已经完成实习任务的高年级学生为即将进入实习阶段的低年级学生现身说法，分享实习的相关经验。还可以开设实习指导课程，提高学生对用人单位的识别能力，降低自身权益受到侵犯的可能性。加强普法宣传，开展关于《中华人民共和国民法典》《中华人民共和国劳动法》等方面的讲座，提高学生对法律的认识，让学生具备更强的权益意识。此外，学校还可以成立专门的管理部门，负责学生实习管理工作。需要与实习单位定期联络交换信息，增加和学生之间的沟通，多方面了解学生在实习过程中的情况。在学生进入实习岗位之前，管理部门应进行集体意识的教育。除此之外，学校可以专门成立维权部门，在学生权益受到侵犯后与用人单位进行沟通，了解实际情况，并帮助学生维护权益，解决矛盾纠纷。学校也可以安排实习期间专门的校内和校外指导教师，对学生实习情况进行跟踪，做到实时监控，把可能发生的意外情况消灭在萌芽状态。

3. 明确用人单位相关的规章制度

在相应的法律法规中，明确要求用人单位必须与实习大学生签订实习协议，在协议中对双方的权利义务进行明确，确保实习活动的顺利实施。在这种情况下，大学生与用人单位签订的实习协议受法律保护，一旦两者出现矛盾纠纷，可以对照有关法律条款进行解决。为了将实习协议制度的作用最大限度地发挥出来，政府部门可以结合不同区域的实际情况，制定规范的实习协议模板，提供给用人单位作为参考。签订三方协议，高校也应该积极参与进来，做好相应的监管和审批工作，尽量签订高校、用人单位和实习生三方协议。除了学校与用人单位签订实习协议外，还应鼓励和支持用人单位在学生实习之前，与每个学生签订相关实习工作协议，并由学校或第三方机构对实习生和用人单位双方的履约情况进行协调和监督。用人单位应明确学生的实习条件、时间、薪酬福利等，保证学生的正当权益。由于实习生刚刚进入工作岗位，经验不足，故用人单位在安排顶岗实习前，还要对学生进行专门的培训。另外，用人单位还应对实习生给予应有的关心和照顾，让学生有一个好的起点。

4. 加强政府监督管理

政府有关部门应尽快推动落实相关立法，通过有效途径，让实习生劳动权益纳入《中华人民共和国劳动法》及相关法律法规的保护范畴，明确实习生的权益和法律地位，加强对实习生权益的保护。

5. 相关部门设置大学生实习公益法律援助

一是将大学生在实习期间产生的各种实习纠纷纳入《劳动争议调解仲裁法》中，确保大学实习生能够依照相应的实习协议，向政府有关部门投诉或者申诉，也可以向仲裁机关申请仲裁；二是建立相应的调解制度，确保第三方能够参与实习生和用人单位之间的纠纷中，通过调解的方式帮助大学生解决侵权纠纷。

第二章　女性法律智慧
——职场就业篇

> **本章导言**

职场就业，是女性参与社会劳动、实现经济独立、获得长远发展、提升社会地位的重要保证，也是女性发挥智慧、绽放女性力量，贡献社会的重要途径。学习职业就业的相关法律知识，既是女性维护自身职场合法权益的需要，也是提升女性职场法治意识、规范职场行为的需要，它对于促进职场就业公平、维护职场法治秩序具有重要的意义。因此，学习法律知识、掌握法律方法、正确运用法律手段，是每一个职场女性都必须做好的功课。

本章主要介绍劳动法、劳动合同法、社会保险法等相关法律知识，并对职场中女性就业心理、就业歧视、性骚扰等问题进行研究探讨，为女性正确认知职场法律规则，合理、科学、有效地运用法律维护职场合法权益，警惕就业陷阱，提升维权主动权提供帮助。

第一节　劳动就业基础法律知识

一、劳动法与劳动关系

（一）劳动法及其调整对象

劳动法是调整劳动关系及与劳动关系密切联系的其他社会关系的法律规范的总和。

劳动法的调整对象有劳动关系及与劳动关系密切联系的其他社会关系，例如，劳动管理关系、劳动保险关系、劳动争议处理关系、劳动监察关系，这里我们主要论述劳动关系。

（二）劳动关系

1. 劳动关系的概念

广义的劳动关系是指人们在从事劳动过程中形成的社会关系。

狭义的劳动关系是指劳动者与用人单位依法签订劳动合同,而在劳动者与用人单位之间产生的法律关系,即劳动者接受用人单位的管理,从事用人单位安排的工作,成为用人单位的成员;用人单位招用劳动者成为其成员,劳动者在用人单位的管理下,提供由用人单位支付报酬的劳动而产生相应的权利与义务关系。

2. 劳动关系的特征

(1) 劳动关系的主体具有特定性。劳动关系主体的一方是劳动者,另一方是用人单位。

(2) 劳动关系的内容具有较强的法定性。劳动合同涉及财产和人身关系,劳动者在签订劳动合同后,隶属于用人单位,受到用人单位的管理。劳动合同内容,法律规定了较多的强制性规范,当事人签订劳动合同不得违反强制性规定,否则可能导致合同或相关条款无效。

(3) 劳动者在签订合同和履行劳动合同时的地位有所不同。劳动者与用人单位在签订劳动合同时,应遵循平等、自愿、协商一致的原则,双方法律地位平等;一旦双方签订了劳动合同,在履行劳动合同的过程中,用人单位和劳动者就具有了支配与被支配、管理与被管理的从属关系。

二、劳动合同法律知识

(一) 劳动合同

1.《中华人民共和国劳动合同法》的适用范围

《中华人民共和国劳动合同法》(简称《劳动合同法》)是为了完善劳动合同制度,明确劳动合同双方当事人的权利和义务,保护劳动者的合法权益,构建和发展和谐稳定的劳动关系。本法由第十届全国人民代表大会常务委员会第二十八次会议于 2007 年 6 月 29 日修订通过,自 2008 年 1 月 1 日起施行。《全国人民代表大会常务委员会关于修改〈中华人民共和国劳动合同法〉的决定》已由中华人民共和国第十一届全国人民代表大会常务委员会第三十次会议于 2012 年 12 月 28 日通过,自 2013 年 7 月 1 日起施行。中华人民共和国境内的企业、个体经济组织、民办非企业单位等组织(以下称用人单位)与劳动者建立劳动关系,订立、履行、变更、解除或者终止劳动合同,适用《劳动合同法》。依法成立的会计师事务所、律师事务所等合伙组织和基金会,也属于《劳动合同法》规定的用人单位。

国家机关、事业单位、社会团体和与其建立劳动关系的劳动者,订立、履行、变更、解除或者终止劳动合同,应依照《劳动合同法》执行。

2. 劳动合同的概念与分类

(1) 劳动合同的概念

劳动合同是劳动者和用人单位之间依法确立劳动关系,明确双方权利义务的协议。

(2) 劳动合同种类

按照不同的标准,劳动合同有不同的分类:

按照劳动合同产生的方式来划分,劳动合同可分为录用合同、聘用合同、借调合同。

按照劳动者主体人数的不同来划分,劳动合同可分为个人劳动合同和集体劳动合同。

按照生产资料所有制性质的不同,劳动合同可划分为全民所有制单位劳动合同、集体所有制单位劳动合同、个体单位劳动合同、私营企业劳动合同和外商投资企业劳动合同等。

按照劳动合同期限的不同,劳动合同可以划分为固定期限劳动合同、无固定期限劳动合同和以完成一定工作任务为期限的劳动合同。固定期限劳动合同是指用人单位与劳动者约定合同终止时间的劳动合同,这是最常用的劳动合同。无固定期限劳动合同是指用人单位与劳动者没有约定确定终止时间的劳动合同。以完成一定工作任务为期限的劳动合同没有固定期限,是以完成一定工作任务为期限的劳动合同,是指用人单位与劳动者约定以某项工作的完成为合同期限的劳动合同。

(二) 劳动合同的订立

1. 劳动合同订立的概念和原则

劳动合同的订立是指劳动者和用人单位经过相互选择与平等协商,就劳动合同的各项条款达成一致意见,并以书面形式明确规定双方权利、义务的内容,从而确立劳动关系的法律行为。

订立劳动合同,应当遵循合法、公平、平等自愿、协商一致、诚实信用的原则。

2. 劳动合同订立的主体

(1) 劳动者与用人单位是劳动合同的主体

订立劳动合同,劳动者必须具有劳动权利能力和劳动行为能力。劳动权利能力是指依法享有劳动权利和承担劳动义务的资格或能力。劳动行为能力是指以自己的行为依法行使劳动权利和履行劳动义务的能力。只有同时具有劳动权利能力和劳动行为能力的劳动者,才能充当劳动法律关系的主体。根据《中华人民共和国劳动法》的规定,禁止用人单位招用未满16周岁的未成年人。文艺、体育和特种工艺单位招用未满16周岁的未成年人,必须依照国家有关规定,履行审批手续,并保障其享有接受义务教育的权利。

用人单位是指具有用人权利能力和用人行为能力,运用劳动力组织生产劳动,且向劳动者支付工资等劳动报酬的单位。用人单位设立的分支机构,依法取得营业执照或者登记证书的,可以作为用人单位与劳动者订立劳动合同;未依法取得营业执照或者登记证书的,受用人单位委托可以与劳动者订立劳动合同。

（2）劳动合同订立主体的义务

订立劳动合同的过程中，合同双方当事人都需要履行相应的义务。

根据《中华人民共和国劳动合同法》规定，用人单位招用劳动者时，应当如实告知劳动者工作内容、工作条件、工作地点、职业危害、安全生产状况、劳动报酬，以及劳动者要求了解的其他情况。

用人单位有权了解劳动者与劳动合同直接相关的基本情况，劳动者应当如实说明。

■ 知识链接 ■--------------------------------

用人单位扣押身份证、收取押金＝违法

在现实社会中，某些用人单位抵押劳动者的身份证，或向新招用员工收取押金的行为屡见不鲜。这种行为严重地侵害了劳动者的合法权益。根据《中华人民共和国劳动合同法》规定，用人单位招用劳动者，不得扣押劳动者的居民身份证和其他证件，不得要求劳动者提供担保或者以其他名义向劳动者收取财物。如果用人单位违反规定，扣押劳动者居民身份证等证件，由劳动行政部门责令限期退还劳动者本人，并依照有关法律规定给予处罚；以担保或者其他名义向劳动者收取财物的，由劳动行政部门责令限期退还劳动者本人，并以每人 500 元以上 2000 元以下的标准处以罚款；给劳动者造成损害的，应当承担赔偿责任。

3. 劳动关系建立的时间

劳动关系是劳动法律领域一个基本的概念，明确劳动关系建立的时间，是界定用人单位和劳动者之间权利义务关系的重要标志。根据《中华人民共和国劳动合同法》规定，用人单位自用工之日起即与劳动者建立劳动关系，用人单位与劳动者在用工前订立劳动合同的，劳动关系自用工之日起建立。因此，用人单位开始实际用工，是劳动关系建立的标志。用人单位应当建立职工名册备查，职工名册应当包括劳动者姓名、性别、居民身份证号码、户籍地址及现住址、联系方式、用工形式、用工起始时间、劳动合同期限等内容。

■ 案例分享 ■

这笔工资该发吗？

2019 年 6 月 10 日，大学生王某与甲公司签订劳动合同，双方约定一个月后，即 7 月 10 日王某正式上岗。王某按约定于 7 月 10 日上岗工作，后双方因工资问题发生分歧，王某于 2019 年 10 月提出辞职，并要求甲公司补发 2019 年 6 月 10 日至 7 月 10 日的工资，双方由此发生争议。甲公司是否应支付王某 6 月 10 日至 7 月 10 日的工资呢？

【分析与提示】上述案例中，尽管王某与甲公司签订劳动合同的时间为 2019 年

6月10日，但实际用工时间是7月10日，劳动关系自用工之日起建立，因此，工资从7月10日开始发放。在职场中，劳动合同是确立劳动关系、明确用人单位和劳动者双方权利义务关系的重要依据，但劳动关系的确立，要以实际用工时间为标志。签订了劳动合同，但没有实际上班，劳动关系未建立；未签订劳动合同，但已实际上班，劳动关系建立，劳动合同当事人可以主张相应的权利。

4. 劳动合同的形式

（1）书面形式

建立劳动关系，应当订立书面劳动合同。已建立劳动关系，未同时订立书面劳动合同的，应当自用工之日起1个月内订立书面劳动合同。

实际上，有的用人单位和劳动者虽已建立劳动关系，但迟迟未能订立书面劳动合同，这不利于劳动关系的法律保护。为此，《劳动合同法》及其实施条例区分不同情况进行规范：

自用工之日起1个月内，经用人单位书面通知后，劳动者不与用人单位订立书面劳动合同的，用人单位应当书面通知劳动者终止劳动关系，无须向劳动者支付经济补偿，但是应当依法向劳动者支付其实际工作时间的劳动报酬。

用人单位自用工之日起超过1个月不满1年未与劳动者订立书面劳动合同的，应当向劳动者每月支付2倍的工资，并与劳动者补订书面劳动合同；劳动者不与用人单位订立书面劳动合同的，用人单位应当书面通知劳动者终止劳动关系，并支付经济补偿。用人单位向劳动者每月支付2倍工资的起算时间为用工之日起满1个月的次日，截止时间为补订书面劳动合同的前一日。

用人单位自用工之日起满1年未与劳动者订立书面劳动合同的，自用工之日起满1个月的次日至满1年的前一日应当向劳动者每月支付2倍的工资，并视为自用工之日起满1年的当日已经与劳动者订立无固定期限劳动合同，应当立即与劳动者补订书面劳动合同。

用人单位违反《劳动合同法》规定不与劳动者订立无固定期限劳动合同的，自应当订立无固定期限劳动合同之日起向劳动者每月支付2倍的工资。

案例分享

双倍工资是否该支付？

李女士2020年8月进入甲公司工作，公司按月支付工资，至年底公司尚未与李女士签订劳动合同。李女士于2020年底提出与公司解除劳动关系，并要求公司支付解除劳动关系经济补偿金、2020年8月至12月未签订书面劳动合同期间的两倍工资。

【分析与提示】公司与李女士之间存在劳动关系。本案中，公司未按规定与劳动者签订书面劳动合同，应当向李女士支付未签订书面劳动合同期间的两倍工资,两倍工资的起算时间为用工之日起满1个月的次日,即2020年9月,因此,对于李女士要求支付2020年9月至12月的两倍工资的请求应予以支持,而2020年8月的两倍工资不予以支持。此外,还应按规定向李女士支付相应的经济补偿金。

(2) 口头形式

非全日制用工双方当事人可以订立口头协议。

非全日制用工,是指以小时计酬为主,劳动者在同一用人单位一般平均每日工作时间不超过4小时,每周工作时间累计不超过24小时的用工形式。从事非全日制用工的劳动者可以与一个或者一个以上用人单位订立劳动合同;但是,后订立的劳动合同不得影响先订立的劳动合同的履行。非全日制用工双方当事人不得约定试用期。非全日制用工双方当事人任何一方都可以随时通知对方终止用工。终止用工,用人单位不向劳动者支付经济补偿。用人单位可以按小时、日或周为单位结算工资,但非全日制用工劳动报酬结算支付周期最长不得超过15日。

5. 劳动合同的效力

(1) 劳动合同的生效与持有

劳动合同生效的要件:主体资格合法;合同内容合法;当事人意思表示真实;合同订立的形式合法。劳动合同由用人单位与劳动者协商一致,并经用人单位与劳动者在劳动合同文本上签字或者盖章生效。劳动合同文本由用人单位和劳动者各执一份。

(2) 无效劳动合同

无效劳动合同是指由用人单位和劳动者签订成立,而国家不予承认其法律效力的劳动合同。劳动合同虽然已经成立,但因违反了平等自愿、协商一致、诚实信用、公平等原则和法律、行政法规的强制性规定,可使其全部或者部分条款归于无效。

下列劳动合同无效或者部分无效:以欺诈、胁迫的手段或者乘人之危,使对方在违背真实意思的情况下订立或者变更劳动合同的;用人单位免除自己的法定责任、排除劳动者权利的;违反法律、行政法规强制性规定的。

对劳动合同的无效或者部分无效有争议的,由劳动争议仲裁机构或者人民法院确认。

(3) 无效劳动合同的法律后果

无效劳动合同,从订立时起就没有法律约束力。劳动合同部分无效,不影响其他部分效力的,其他部分仍然有效。

劳动合同被确认无效,劳动者已付出劳动的,用人单位应当向劳动者支付劳动报酬。

劳动报酬的数额，参照本单位相同或者相近岗位劳动者的劳动报酬确定。劳动合同被确认无效，给对方造成损害的，有过错的一方应当承担赔偿责任。

案例分享

伪造的学历证书，终吞"苦果"

某公司招聘一名高级业务经理，王女士凭借伪造的名牌大学毕业证书及其他与岗位要求相关的资料，骗得公司的信任，签订了为期三年的劳动合同。半年后，公司发现王女士伪造学历证书及其他资料的事实，提出劳动合同无效，要求王女士退还公司所发工资，并支付经济赔偿。王女士认为公司违反《劳动合同法》规定，擅自解除劳动合同，应承担违约责任。试分析该案件应如何处理。

【分析与提示】根据《劳动合同法》规定，订立劳动合同时，用人单位有权了解劳动者与劳动合同直接相关的基本情况，劳动者应当如实说明。王女士伪造名牌大学毕业证书及其他与岗位要求相关的资料骗取公司与其签订劳动合同，属于劳动合同法律制度规定的用欺诈手段使对方在违背真实意思的情况下订立劳动合同的情形，应为无效劳动合同。无效劳动合同从订立时起就没有法律效力。但对王女士付出的劳动，公司应当参照本单位相同或相近岗位劳动者的劳动报酬支付工资。如果能证明王女士的欺诈行为给公司造成了损害，公司可以要求王女士承担赔偿责任。

（三）劳动合同内容

1. 劳动合同必备条款

劳动合同必备条款是指劳动合同必须具备的内容，是法律强制规定劳动合同必须有的条款，它也是直接关系劳动者切身利益的主要内容。劳动合同应当具备以下条款：

（1）用人单位的名称、住所和法定代表人或者主要负责人

用人单位的名称是指用人单位注册登记时所登记的名称，是代表用人单位的符号。用人单位的住所是用人单位发生法律关系的中心区域。用人单位有两个以上办事机构的，以主要办事机构所在地为住所。具有法人资格的用人单位，要注明单位的法定代表人；不具有法人资格的用人单位，必须在劳动合同中写明该单位的主要负责人。

（2）劳动者的姓名、住址和居民身份证或者其他有效身份证件号码

劳动者的姓名以户籍登记、身份证上所载为准。劳动者的住址以其户籍所在的居住地为住址，其经常居住地与户籍所在地不一致的，以经常居住地为住址。

（3）劳动合同期限

劳动合同分为固定期限劳动合同、无固定期限劳动合同和以完成一定工作任

务为期限的劳动合同。

固定期限劳动合同是双方明确约定合同终止时间的劳动合同。劳动合同期限届满，劳动关系即告终止，如果双方协商一致，还可以续订劳动合同。

以完成一定工作任务为期限的劳动合同是双方约定以某项工作的完成为合同期限的劳动合同。一般出现以下几种情况时，用人单位与劳动者可以签订以完成一定工作任务为期限的劳动合同：

第一，以完成单项工作任务为期限的劳动合同。

第二，以项目承包方式完成承包任务的劳动合同。

第三，因季节原因用工的劳动合同。

第四，其他双方约定的以完成一定工作任务为期限的劳动合同。

无固定期限劳动合同是双方约定无确定终止时间的劳动合同。只要没有出现法定解除情形或者双方协商一致解除的，双方当事人就要继续履行劳动合同。具有下列情形之一的，应当订立无固定期限劳动合同：

第一，劳动者在该用人单位连续工作满10年的。

连续工作满10年的起始时间，应当自用人单位用工之日起计算，包括《劳动合同法》施行前的工作年限。劳动者非因本人原因从原用人单位被安排到新用人单位工作的，劳动者在原用人单位的工作年限合并计算为新用人单位的工作年限。原用人单位已经向劳动者支付经济补偿的，新用人单位在依法解除、终止劳动合同计算支付经济补偿的工作年限时，不再计算劳动者在原用人单位的工作年限。

第二，用人单位初次实行劳动合同制度或者国有企业改制重新订立劳动合同时，劳动者在该用人单位连续工作满10年且距法定退休年龄不足10年的。

第三，连续订立2次固定期限劳动合同，且劳动者没有下述情形，续订劳动合同的：严重违反用人单位的规章制度的；严重失职，营私舞弊，给用人单位造成重大损害的；劳动者同时与其他用人单位建立劳动关系，对完成本单位的工作任务造成严重影响，或者经用人单位提出，拒不改正的；劳动者以欺诈、胁迫的手段或者乘人之危，使用人单位在违背真实意思的情况下订立或者变更劳动合同，致使劳动合同无效的；被依法追究刑事责任的；劳动者患病或者非因工负伤，在规定的医疗期满后不能从事原工作，也不能从事由用人单位另行安排的工作的；劳动者不能胜任工作，经过培训或者调整工作岗位，仍不能胜任工作的。连续订立固定期限劳动合同的次数，应当自《劳动合同法》2008年1月1日施行后续订固定期限劳动合同时开始计算。

另外，用人单位自用工之日起满1年不与劳动者订立书面劳动合同的，视为用人单位自用工之日起满1年的当日已经与劳动者订立无固定期限劳动合同。

（4）工作内容和工作地点

工作内容包括劳动者从事劳动的工种、岗位和劳动定额、产品质量标准的要求等。这是劳动者判断自己是否胜任该工作、是否愿意从事该工作的关键信息。工作地点是劳动者可能从事工作的具体地理位置。

(5) 工作时间和休息休假

工作时间通常是指劳动者在一昼夜或一周内从事生产或工作的时间，是劳动者每天应工作的时数或每周应工作的天数。目前我国实行的工时制度主要有标准工时制、不定时工作制和综合计算工时制三种类型。

标准工时制，也称标准工作日，是指法律统一规定的劳动者从事工作或劳动的时间。国家实行劳动者每日工作8小时、每周工作40小时的标准工时制度。

不定时工作制，也称无定时工作制、不定时工作日，是指没有固定工作时间限制的工作制度，主要适用于一些因工作性质或工作条件不受标准工作时间限制的工作岗位。

综合计算工时制，也称综合计算工作日，是指用人单位根据生产和工作的特点，分别以周、月、季、年等为周期，综合计算劳动者工作时间，但其平均日工作时间和平均周工作时间仍与法定标准工作时间基本相同的一种工时形式。

休息是指劳动者在任职期间，在国家规定的法定工作时间以外，无须履行劳动义务而自行支配的时间，包括工作日内的间歇时间、工作日之间的休息时间和公休假日（即周休息日，是职工工作满一个工作周以后的休息时间）。

休假是指劳动者无须履行劳动义务且一般有工资保障的法定休息时间。常见的有法定假日、年休假、探亲假、婚丧假等。

法定假日，是指由法律统一规定的用以开展纪念、庆祝活动的休息时间，包括元旦、春节、清明节、劳动节、端午节、中秋节、国庆节等。

年休假，是指职工工作满一定年限，每年可享有的保留工作岗位、带薪连续休息的时间。

探亲假，是指与父母或配偶分居两地的职工，每年享有的与父母或配偶团聚的假期。探亲假期分为以下几种：探望配偶，每年给予一方探亲假一次，30天。未婚员工探望父母，每年给假一次，20天，也可根据实际情况，2年给假一次，45天。已婚员工探望父母，每4年给假一次，20天。另外，根据实际需要给予路程假。上述假期均包括公休假日和法定假日在内。凡实行休假制度的职工（例如，学校的教职工），应该在休假期间探亲；如果休假期较短，可由本单位适当安排，补足其探亲假的天数。

婚丧假，职工本人结婚或职工的直系亲属（父母、配偶和子女）死亡时，可以根据具体情况，由本单位行政领导批准，酌情给予一至三天的婚丧假。职工死亡的直系亲属在外地，需要职工本人去外地料理丧事的，企业应该根据路程远近，另外给予职工路程假。

第二章 女性法律智慧——职场就业篇

> ■ 法条链接 ■
>
> **《职工带薪年休假条例》（节选）**
>
> **第二条** 机关、团体、企业、事业单位、民办非企业单位、有雇工的个体工商户等单位的职工连续工作1年以上的，享受带薪年休假（以下简称"年休假"）。单位应当保证职工享受年休假。职工在年休假期间享受与正常工作期间相同的工资收入。
>
> **第三条** 职工累计工作已满1年不满10年的，年休假5天；已满10年不满20年的，年休假10天；已满20年的，年休假15天。
>
> 国家法定休假日、休息日不计入年休假的假期。
>
> **第四条** 职工有下列情形之一的，不享受当年的年休假：
>
> （一）职工依法享受寒暑假，其休假天数多于年休假天数的；
>
> （二）职工请事假累计20天以上且单位按照规定不扣工资的；
>
> （三）累计工作满1年不满10年的职工，请病假累计2个月以上的；
>
> （四）累计工作满10年不满20年的职工，请病假累计3个月以上的；
>
> （五）累计工作满20年以上的职工，请病假累计4个月以上的。
>
> **第五条** 单位根据生产、工作的具体情况，并考虑职工本人意愿，统筹安排职工年休假。
>
> 年休假在1个年度内可以集中安排，也可以分段安排，一般不跨年度安排。单位因生产、工作特点确有必要跨年度安排职工年休假的，可以跨1个年度安排。

（6）劳动报酬

劳动报酬主要是指用人单位根据劳动者劳动的数量和质量，以货币形式支付给劳动者的工资。

根据国家有关规定，工资应当以法定货币形式支付，不得以实物及有价证券替代。工资必须在用人单位与劳动者约定的日期支付。如遇节假日或休息日，则应提前在最近的工作日支付。工资至少每月支付一次，实行周、日、小时工资制的可按周、日、小时支付工资。对完成一次性临时劳动或某项具体工作的劳动者，用人单位应按有关协议或合同规定在其完成劳动任务后支付工资。

此外，用人单位在劳动者完成劳动定额或规定的工作任务后，根据实际需要安排劳动者在法定标准工作时间以外工作的，应当按照下列标准支付高于劳动者正常工作时间工资的工资报酬：

用人单位依法安排劳动者在日标准工作时间以外延长工作时间的，按照不低于劳动合同规定的劳动者本人小时工资标准的150%支付劳动者工资；用人单位依法安排劳动者在休息日工作，而又不能安排补休的，按照不低于劳动合同规定的劳动者本人日或小时工资标准的200%支付劳动者工资；用人单位依法安排劳动者在法定休假节日工作的,按照不低于劳动合同规定的劳动者本人日或小时工资标准的300%支付劳动者工资。

实行计件工资的劳动者,在完成计件定额任务后,由用人单位安排延长工作时间的,根据上述原则,分别按照不低于其本人法定工作时间计件单价的150%、200%、300%支付其工资。

用人单位安排加班不支付加班费的,由劳动行政部门责令限期支付加班费;逾期不支付的,责令用人单位按应付金额50%以上100%以下的标准向劳动者加付赔偿金。

■ 知识链接 ■

最低工资制度

国家实行最低工资保障制度,用人单位支付劳动者的工资不得低于当地最低工资标准。

最低工资标准是指劳动者在法定工作时间或依法签订的劳动合同约定的工作时间内提供了正常劳动的前提下,用人单位依法应支付的最低劳动报酬。最低工资的具体标准由省、自治区、直辖市人民政府规定,报国务院备案。

用人单位低于当地最低工资标准支付劳动者工资的,由劳动行政部门责令用人单位限期支付差额部分;逾期不支付的,责令用人单位按应付金额50%以上100%以下的标准向劳动者加付赔偿金。

因劳动者本人原因给用人单位造成经济损失的,用人单位可按照劳动合同的约定要求其赔偿经济损失。经济损失的赔偿,可从劳动者本人的工资中扣除。但每月扣除的部分不得超过劳动者当月工资的20%,若扣除后的剩余工资部分低于当地月最低工资标准,则按最低工资标准支付。

案例分享

李美的赔偿

工人李美在加工一批零件时因疏忽致使所加工产品全部报废,给工厂造成经济损失6000元,工厂要求李美按照劳动合同的约定赔偿经济损失,从其每月工资中扣除,已知李美每月工资收入3000元,当地月最低工资标准1600元。请问:工厂可以从李美每月工资中扣除的最高限额为多少元?

【分析与提示】因为3000×20%=600(元);3000-600=2400(元),高于当地月最低工资标准1600元,所以该工厂每月最多可以从李美的工资中扣除600元。

(7)社会保险

社会保险包括基本养老保险、基本医疗保险、失业保险、工伤保险、生育保险等。参加社会保险、缴纳社会保险费是用人单位与劳动者的法定义务。

(8) 劳动保护、劳动条件和职业危害防护

劳动保护是指用人单位保护劳动者在工作过程中不受伤害的具体措施。劳动条件是指用人单位为劳动者提供正常工作所必需的条件,包括劳动场所和劳动工具。职业危害防护是用人单位对工作过程中可能产生的影响劳动者身体健康的危害的防护措施。

(9) 法律、法规规定应当纳入劳动合同的其他事项

必备条款是劳动合同必须具备的内容,用人单位提供的劳动合同文本未载明《劳动合同法》规定的劳动合同必备条款或者用人单位未将劳动合同文本交付劳动者的,由劳动行政部门责令改正;给劳动者造成损害的,应当承担赔偿责任。

2. 劳动合同约定条款

除劳动合同必备条款外,用人单位与劳动者还可以在劳动合同中约定试用期、培训、保守秘密、补充保险和福利待遇等其他事项。但约定事项不能违反法律、行政法规的强制性规定,否则该约定无效。

(1) 试用期

试用期是指用人单位和劳动者双方为相互了解、确定对方是否符合自己的招聘条件或求职意愿而约定的考察期间。

试用期期限:根据《劳动合同法》的规定,劳动合同期限3个月以上不满1年的,试用期不得超过1个月;劳动合同期限1年以上不满3年的,试用期不得超过2个月;3年以上固定期限和无固定期限的劳动合同,试用期不得超过6个月。这里的1年以上包括1年,3年以上包括3年。

同一用人单位与同一劳动者只能约定一次试用期。以完成一定工作任务为期限的劳动合同或者劳动合同期限不满3个月的,不得约定试用期。试用期包含在劳动合同期限内。劳动合同仅约定试用期的,试用期不成立,该期限为劳动合同期限。

试用期工资:劳动者在试用期的工资不得低于本单位相同岗位最低档工资或者劳动合同约定工资的80%,并不得低于用人单位所在地的最低工资标准。劳动合同约定工资,是指该劳动者与用人单位订立的劳动合同中约定的劳动者试用期满后的工资。

(2) 服务期

服务期是指劳动者因享受用人单位给予的特殊待遇而做出的劳动者为用人单位服务的最短服务期限。《劳动合同法》规定,用人单位为劳动者提供专项培训费用,对其进行专业技术培训的,可以与该劳动者订立协议,约定服务期。

用人单位与劳动者约定服务期的,不影响按照正常的工资调整机制提高劳动者在服务期期间的劳动报酬。

劳动合同期满,但是用人单位与劳动者约定的服务期尚未到期的,劳动合同

应当续延至服务期满;双方另有约定的,从其约定。

劳动者违反服务期约定的,应当按照约定向用人单位支付违约金。违约金的数额不得超过用人单位提供的培训费用。用人单位要求劳动者支付的违约金不得超过服务期尚未履行部分所应分摊的培训费用。

培训费用包括用人单位为了对劳动者进行专业技术培训而支付的有凭证的培训费用、培训期间的差旅费用,以及因培训产生的用于该劳动者的其他直接费用。

法条链接

《劳动合同法》第二十二条规定,用人单位对劳动者进行专业技术培训,支付了培训费,约定了服务期,劳动者违反服务期约定的,应当按照不高于尚未履行期间分摊的培训费支付违约金。

这里的专业技术培训,指的是用人单位的职业培训,对劳动者进行的是专业技术培训,包括专业知识和职业技能。培训的目的是用人单位为提高劳动者素质、能力、工作绩效等而实施的有计划、有系统的培养和训练活动,改善和提高劳动者的知识、技能、工作方法、工作态度,以及工作的价值观等。例如,甲公司从国外引进一条生产线、一个项目,必须有能够操作的人,为此,把劳动者乙某送到国外去培训,培训结束后乙某从事该项目和生产线的操作,那么这个培训就属于本条规定所指的培训。劳动法规定,用人单位应当建立职业培训制度,按照国家规定提取和使用职业培训经费,根据本单位实际,有计划地对劳动者进行职业培训。

一般而言,只有劳动者在服务期内提出与用人单位解除劳动关系时,用人单位才可以要求其支付违约金。不过,为了防止可能出现规避赔偿责任的情况,如果劳动者因下列违纪等重大过错行为而被用人单位解除劳动关系的,用人单位仍有权要求其支付违约金:

第一,劳动者严重违反用人单位的规章制度的。

第二,劳动者严重失职,营私舞弊,给用人单位造成重大损害的。

第三,劳动者同时与其他用人单位建立劳动关系,对完成本单位的工作任务造成严重影响,或者经用人单位提出,拒不改正的。

第四,劳动者以欺诈、胁迫的手段或者乘人之危,使用人单位在违背真实意思的情况下订立或者变更劳动合同的。

第五,劳动者被依法追究刑事责任的。

用人单位与劳动者约定了服务期,劳动者依照下述情形的规定解除劳动合同的,不属于违反服务期的约定,用人单位不得要求劳动者支付违约金:

第一,用人单位未按照劳动合同约定提供劳动保护或者劳动条件的。

第二,用人单位未及时足额支付劳动报酬的。

第三,用人单位未依法为劳动者缴纳社会保险费的。

第四,用人单位的规章制度违反法律、法规的规定,损害劳动者权益的。

第五,用人单位以欺诈、胁迫的手段或者乘人之危,使劳动者在违背真实意思的情况下订立或者变更劳动合同致使劳动合同无效的。

第六,用人单位在劳动合同中免除自己的法定责任、排除劳动者权利的。

第七,用人单位违反法律、行政法规强制性规定的。

第八,法律、行政法规规定劳动者可以解除劳动合同的其他情形。

案例分享

张某的违约金

甲公司为员工张某支付培训费10000元,约定服务期5年。3年后,张某以劳动合同期满为由,不肯与公司续签合同。公司要求其支付违约金。分析张某是否应支付违约金。

【分析与提示】根据劳动合同法中的规定,劳动合同期满,但是用人单位与劳动者约定的服务期尚未到期的,劳动合同应当续延至服务期满。张某违反服务期约定,应支付违约金。公司为其支付的培训费为1万元,约定的服务期为5年,每年分摊的费用为10000÷5=2000(元)。因已履行劳动合同3年,张某应支付违约金10000-2000×3=4000(元)。

(3) 保守商业秘密和竞业限制

《劳动合同法》规定,对负有保密义务的劳动者,用人单位可以在劳动合同或者保密协议中与劳动者约定竞业限制条款,并约定在解除或者终止劳动合同后,在竞业限制期限内按月给予劳动者经济补偿。劳动者违反竞业限制约定的,应当按照约定向用人单位支付违约金。

知识链接

商业秘密是指不为公众所知悉,能为权利人带来经济利益,具有实用性并经权利人采取保密措施的技术信息和经营信息,包括非专利技术和经营信息两部分。用人单位与劳动者可以在劳动合同中约定保守用人单位的商业秘密和与知识产权相关的保密事项。

竞业限制,又称竞业禁止,是对与权利人有特定关系的义务人的特定竞争行为的禁止。在用人单位和劳动者之间的劳动关系解除或终止后,限制劳动者一定时期的择业权,对因此约定给劳动者造成的损害,用人单位给予劳动者相应的经济补偿。竞业限制的人员限于用人单位的高级管理人员、高级技术人员和其他负有保密义务的人员,而不是所有的劳动者。竞业限制的范围、地域、期限由用人单位与劳动者约定,但不得违反法律、法规的规定。在解除或者终止劳动合同后,竞业限制人员到与本单位生产或者经营同类产品、从事同类业务的有竞争关系的其他用人单位工作，或者自己开业生产或者经营同类产品、从事同类业务的竞业限制期限，不得超过2年。

▎知识链接▎

针对司法实践中出现的关于竞业限制和经济补偿的各种争议，最高人民法院进行了相应的解释。

第一，当事人在劳动合同或者保密协议中约定了竞业限制，但未约定解除或者终止劳动合同后给予劳动者经济补偿，劳动者履行了竞业限制义务，要求用人单位按照劳动者在劳动合同解除或者终止前12个月平均工资的30%按月支付经济补偿的，人民法院应予支持。前述规定的月平均工资的30%于劳动合同履行地最低工资标准的，按照劳动合同履行地最低工资标准支付。

第二，当事人在劳动合同或者保密协议中约定了竞业限制和经济补偿，当事人解除劳动合同时，除另有约定外，用人单位要求劳动者履行竞业限制义务，或者劳动者履行了竞业限制义务后要求用人单位支付经济补偿的，人民法院应予支持。

第三，当事人在劳动合同或者保密协议中约定了竞业限制和经济补偿，劳动合同解除或者终止后，因用人单位的原因导致3个月未支付经济补偿，劳动者请求解除竞业限制约定的，人民法院应予支持。

第四，在竞业限制期限内，用人单位请求解除竞业限制协议的，人民法院应予支持。在解除竞业限制协议时，劳动者请求用人单位额外支付劳动者3个月的竞业限制经济补偿的，人民法院应予支持。

第五，劳动者违反竞业限制约定，向用人单位支付违约金后，用人单位要求劳动者按照约定继续履行竞业限制义务的，人民法院应予支持。

——《最高人民法院关于审理劳动争议案件适用法律问题的解释（一）》

（四）劳动合同的履行和变更

1. 劳动合同的履行

劳动合同的履行是指劳动合同生效后，当事人双方按照劳动合同的约定，完成各自承担的义务和实现各自享受的权利，使当事人双方订立合同的目的得以实现的法律行为。用人单位与劳动者应当按照劳动合同的约定，全面履行各自的义务。

（1）用人单位的义务

用人单位不得强迫或者变相强迫劳动者加班，应当严格执行劳动定额标准。劳动者拒绝用人单位管理人员违章指挥、强令冒险作业的，不视为违反劳动合同。劳动者对危害生命安全和身体健康的劳动条件，有权对用人单位提出批评、检举和控告。用人单位安排加班的，应当按照国家有关规定向劳动者支付加班费。

第二章 女性法律智慧——职场就业篇

用人单位应当按照劳动合同约定和国家规定，向劳动者及时足额支付劳动报酬。

■ 知识链接 ■----------------------------

用人单位拖欠或者未足额支付劳动报酬的，劳动者可以依法向当地人民法院申请支付令，人民法院应当依法发出支付令。用人单位未按照劳动合同的约定或者国家规定及时足额支付劳动者劳动报酬的，由劳动行政部门责令限期支付，逾期不支付的，责令用人单位按应付金额50%以上100%以下的标准向劳动者加付赔偿金。

用人单位应当依法建立和完善劳动规章制度，保障劳动者享有劳动权利、履行劳动义务。劳动规章制度是用人单位制订的组织劳动过程和进行劳动管理的规则和制度的总称。主要包括劳动合同管理、工资管理、社会保险福利待遇、工时休假、职工奖惩，以及其他劳动管理规定。合法有效的劳动规章制度是劳动合同的组成部分，对用人单位和劳动者均具有法律约束力。

用人单位应当将直接涉及劳动者切身利益的规章制度和重大事项决定公示，或者告知劳动者。如果用人单位的规章制度未经公示或者未对劳动者告知，该规章制度对劳动者不生效。公示或告知可以采用张贴通告、员工手册送达、会议精神传达等方式。

用人单位直接涉及劳动者切身利益的规章制度违反法律、法规规定的，由劳动行政部门责令改正，给予警告；给劳动者造成损害的，应当承担赔偿责任。

（2）劳动者的义务

《中华人民共和国劳动法》规定劳动者的义务有：完成劳动任务；提高职业技能；执行劳动安全卫生规程；遵守劳动纪律和职业道德。

具体来看，首先，劳动者有完成劳动任务的义务。劳动既是公民的光荣职责，也是公民的义务，特别是在劳动者与用人单位之间一旦建立起劳动关系，完成劳动任务就是义不容辞的义务。其次，劳动者有遵守劳动纪律的义务。如果没有劳动纪律，就不会有正常的生产秩序。劳动者必须遵守劳动纪律。劳动纪律包括各种规程和规章制度及服从管理、听从指挥等。再次，劳动者有执行劳动安全卫生规程的义务：从某种意义上讲，遵守劳动纪律亦包括了这一内容。但鉴于劳动安全的重要性，有必要单独列出，作为劳动者必须遵守的一项义务。劳动安全卫生规程指在劳动过程中保护劳动者生命安全和身体健康的制度。除此之外，劳动者还要履行法律、法规规定的其他义务：如忠实履行劳动合同的义务，为用人单位保守商业秘密的义务，发生事故后接受检查，以及向有关劳动争议处理机关举证等义务。

2. 劳动合同的变更

劳动合同的变更是指劳动合同依法订立后，在合同尚未履行或者尚未履行完毕之前，经用人单位和劳动者双方当事人协商同意后，对劳动合同内容做部分修改、补充或者删减的法律行为。

用人单位与劳动者协商一致，可以变更劳动合同约定的内容。变更劳动合同，应当采用书面形式。变更后的劳动合同文本由用人单位和劳动者各执一份。

变更劳动合同未采用书面形式，但已经实际履行了口头变更的劳动合同超过1个月，且变更后的劳动合同内容不违反法律、行政法规、国家政策及公序良备，当事人以未采用书面形式为由主张劳动合同变更无效的，人民法院不予支持。

劳动合同依法订立后，即具有法律的约束力，用人单位和劳动者都应当严格按合同约定履行，任何一方都不得随意修改、变更合同的内容。但是，劳动合同又是双方当事人合意的结果，所以根据客观条件的改变及当事人需求的变化，在不违反法律强制性规定的情况下，用人单位和劳动者经协商一致，可以变更劳动合同约定的内容。

变更劳动合同，需要注意以下几点：（1）劳动合同的变更一般情况下需要双方协商一致，达成合意；（2）用人单位变更名称、法定代表人、主要负责人或者投资人等事项，不影响劳动合同的履行；（3）用人单位发生合并或者分立等情况，原劳动合同继续有效，劳动合同由承继其权利和义务的用人单位继续履行；（4）变更劳动合同，应当采用书面的形式，变更后的劳动合同文本应当由用人单位、劳动者各执一份。

用人单位变更名称、法定代表人、主要负责人或者投资人等事项，不影响劳动合同的履行。用人单位发生合并或者分立等情况，原劳动合同继续有效，劳动合同由承继其权利和义务的用人单位继续履行。

▎知识链接▎

当事人未采用书面形式，但实际履行了口头变更的劳动合同，如何认定？

尽管《劳动合同法》明确规定变更劳动合同，应采用书面形式，但在实践中，仍存在劳动合同双方当事人口头约定变更劳动合同的情形。对于当事人未采用书面形式变更合同，但实际履行了口头变更的劳动合同，该如何认定呢？《最高人民法院关于审理劳动争议案件适用法律问题的解释（一）》[法释（2020）26号]对此进行了明确规定：用人单位与劳动者协商一致变更劳动合同，虽未采用书面形式，但已经实际履行了口头变更的劳动合同超过一个月，变更后的劳动合同内容不违反法律、行政法规且不违背公序良俗，当事人以未采用书面形式为由主张劳动合同变更无效的，人民法院不予支持。

（五）劳动合同的解除和终止

1. 劳动合同的解除

劳动合同解除是指在劳动合同订立后，劳动合同期限届满之前，由双方协商提前结束劳动关系，或因出现法定的情形，一方单方面通知对方结束劳动关系的法律行为。

（1）协商解除

协商解除，是指劳动合同订立后，双方当事人因某种原因，在完全自愿的基础上协商一致，提前终止劳动合同，结束劳动关系。《劳动合同法》规定，用人单位与劳动者协商一致，可以解除劳动合同。由用人单位提出解除劳动合同而与劳动者协商一致的，必须依法向劳动者支付经济补偿；由劳动者主动辞职而与用人单位协商一致解除劳动合同的，用人单位不需向劳动者支付经济补偿。

（2）法定解除

法定解除是指在出现国家法律、法规或劳动合同规定的可以解除劳动合同的情形时，不需双方当事人协商一致，一方当事人即可决定解除劳动合同，劳动合同效力可以自然终止或由单方提前终止。在这种情况下，主动解除劳动合同的一方一般负有主动通知对方的义务。法定解除又可分为劳动者的单方解除和用人单位的单方解除。

（3）劳动者可单方面解除劳动合同的情形

第一，劳动者提前通知解除劳动合同的情形。

劳动者提前30日以书面形式通知用人单位解除劳动合同；劳动者在试用期内提前3日通知用人单位解除劳动合同。

在这两种情形下，劳动者不能获得经济补偿。如果劳动者没有履行通知程序，则属于违法解除，因此对用人单位造成损失的，劳动者应对用人单位的损失承担赔偿责任。

第二，劳动者可随时通知解除劳动合同的情形。

用人单位未按照劳动合同约定提供劳动保护或者劳动条件的；用人单位未及时足额支付劳动报酬的；用人单位未依法为劳动者缴纳社会保险费的；用人单位的规章制度违反法律、法规的规定，损害劳动者权益的；用人单位以欺诈、胁迫的手段或者乘人之危，使劳动者在违背真实意思的情况下订立或者变更劳动合同致使劳动合同无效的；用人单位在劳动合同中免除自己的法定责任、排除劳动者权利的；用人单位在劳动合同中免除自己的法定责任、排除劳动者权利的；用人单位违反法律、行政法规强制性规定的；法律、行政法规规定劳动者可以解除劳动合同的其他情形。

用人单位有上述情形的，劳动者可随时通知用人单位解除劳动合同。用人单位需向劳动者支付经济补偿。

第三，劳动者不需事先告知用人单位即可解除劳动合同的情形。

用人单位以暴力、威胁或者非法限制人身自由的手段强迫劳动者劳动的；用人单位违章指挥、强令冒险作业危及劳动者人身安全的。用人单位有上述两种情形的，劳动者可以立即解除劳动合同，不需事先告知用人单位，用人单位需向劳动者支付经济补偿。

（4）用人单位可单方面解除劳动合同的情形

第一，因劳动者过错解除劳动合同的情形（随时通知解除）。

劳动者在试用期间被证明不符合录用条件的；劳动者严重违反用人单位的规章制度的；劳动者严重失职，营私舞弊，给用人单位造成重大损害的；劳动者同时与其他用人单位建立劳动关系，对完成本单位的工作任务造成严重影响，或者经用人单位提出，拒不改正的；劳动者以欺诈、胁迫的手段或者乘人之危，使用人单位在违背真实意思的情况下订立或者变更劳动合同致使劳动合同无效的；劳动者被依法追究刑事责任的。

在上述情形下，用人单位可随时通知劳动者解除劳动关系，不需向劳动者支付经济补偿。

第二，无过失性辞退的情形（预告解除）。

无过失性辞退，是指由于劳动者非过失性原因和客观情况的需要而导致劳动合同无法履行时，用人单位可以在提前通知劳动者或者额外支付劳动者1个月工资后，单方解除劳动合同。其主要情形有以下几点：

劳动者患病或者非因工负伤，在规定的医疗期满后不能从事原工作，也不能从事由用人单位另行安排的工作的；劳动者不能胜任工作，经过培训或者调整工作岗位，仍不能胜任工作的；劳动合同订立时所依据的客观情况发生重大变化，致使劳动合同无法履行，经用人单位与劳动者协商，未能就变更劳动合同内容达成协议的。

在上述情形下，用人单位应提前30日以书面形式通知劳动者本人或者额外支付劳动者1个月工资后，可以解除劳动合同。用人单位选择额外支付劳动者1个月工资解除劳动合同的，其额外支付的工资应当按照该劳动者上1个月的工资标准确定。用人单位还应当向劳动者支付经济补偿。

第三，经济性裁员的情形（裁员解除）。

经济性裁员是指用人单位由于经营不善等经济性原因，解雇多个劳动者。根据《劳动合同法》的规定，用人单位有下列情形之一，需要裁减人员20人以上或者裁减不足20人但占企业职工总数10%以上的，用人单位应提前30日向工会或者全体职工说明情况，所取工会或者职工的意见后，裁减人员方案经向劳动行政部门报告，可以裁减人员。

依照《企业破产法》规定进行重整的；生产经营发生严重困难的；企业转产、重大技术革新或者经营方式调整，经变更劳动合同后，仍需裁减人员的；其他因劳动合同订立时所依据的客观经济情况发生重大变化，致使劳动合同无法履行的。

在上述情形下解除劳动合同，用人单位应当向劳动者支付经济补偿。

裁减人员时，应当优先留用下列人员：与本单位订立较长期限的固定期限劳动合同的;与本单位订立无固定期限劳动合同的;家庭无其他就业人员,有需要扶养的老人或者未成年人的。

用人单位裁减人员后,在 6 个月内重新招用人员的,应当通知被裁减的人员,并在同等条件下优先招用被裁减的人员。

2. 劳动合同的终止

劳动合同终止是指用人单位与劳动者之间的劳动关系因某种法律事实的出现而自动归于消灭,或导致劳动关系的继续履行成为不可能而不得不消灭的情形。劳动合同终止一般不涉及用人单位与劳动者的意思表示,只要法定事实出现,一般情况下都会导致双方劳动关系的消灭。劳动合同终止的情形:

(1) 劳动合同期满的。
(2) 劳动者开始依法享受基本养老保险待遇的。
(3) 劳动者达到法定退休年龄的。
(4) 劳动者死亡,或者被人民法院宣告死亡或者宣告失踪的。
(5) 用人单位被依法宣告破产的。
(6) 用人单位被吊销营业执照、责令关闭、撤销或者用人单位决定提前解散的。
(7) 法律、行政法规规定的其他情形。

用人单位与劳动者不得约定上述情形之外的其他劳动合同终止条件。

3. 对劳动合同解除和终止的限制性规定

一般劳动合同期满,劳动合同即终止,但也有例外。根据《劳动合同法》的规定,劳动者有下列情形之一的,用人单位既不得适用无过失性辞退或经济性裁员解除劳动合同的情形解除劳动合同,也不得终止劳动合同,劳动合同应当续延至相应的情形消失时终止:

(1) 从事接触职业病危害作业的劳动者未进行离岗前职业健康检查,或者疑似职业病病人在诊断或者医学观察期间的。
(2) 在本单位患职业病或者因工负伤并被确认丧失或者部分丧失劳动能力的。
(3) 患病或者非因工负伤,在规定的医疗期内的。
(4) 女职工在孕期、产期、哺乳期的。
(5) 在本单位连续工作满 15 年,且距法定退休年龄不足 5 年的。
(6) 法律、行政法规规定的其他情形。

上述第(2)项"丧失或者部分丧失劳动能力"劳动者的劳动合同的终止,按照国家有关工伤保险的规定执行。但若符合因劳动者过错解除劳动合同的情形,则不受上述限制性规定的影响。

4. 劳动合同解除和终止的经济补偿

劳动合同法律关系中的经济补偿是指按照劳动合同法律制度的规定,在劳动者无过错的情况下，用人单位与劳动者解除或者终止劳动合同时，应给予劳动者的经济上的补助，也称经济补偿金。

经济补偿金是法定的，主要是针对劳动关系的解除和终止，在劳动者无过错的情况下，用人单位应给予劳动者一定数额的经济上的补偿。经济补偿金的支付主体是用人单位。用人单位应当向劳动者支付经济补偿的情形：

（1）劳动者符合随时通知解除和不需事先通知即可解除劳动合同规定情形而解除劳动合同的。

（2）由用人单位提出解除劳动合同并与劳动者协商一致解除劳动合同的。

（3）用人单位符合提前30日以书面形式通知劳动者本人或者额外支付劳动者1个月工资后，可以解除劳动合同的规定情形而解除劳动合同的。

（4）用人单位符合可裁减人员规定而解除劳动合同的。

（5）除用人单位维持或者提高劳动合同约定条件续订劳动合同，劳动者不同意续订的情形外，劳动合同期满终止固定期限劳动合同的。

（6）用人单位被依法宣告破产或者被吊销营业执照、责令关闭、撤销或者用人单位决定提前解散而终止劳动合同的。

（7）以完成一定工作任务为期限的劳动合同因任务完成而终止的。

（8）法律、行政法规规定的其他情形。

经济补偿，根据劳动者在用人单位的工作年限和工资标准来计算具体金额，并以货币形式支付给劳动者。

经济补偿金的计算公式为：

经济补偿金＝劳动合同解除或者终止前劳动者在本单位的工作年限×每工作1年应得的经济补偿

简写为：经济补偿金＝工作年限×月工资

5. 劳动合同解除和终止的法律后果及双方义务

（1）劳动合同解除和终止后，用人单位和劳动者双方不再履行劳动合同，劳动关系消灭。劳动者应当按照双方约定，办理工作交接。

（2）劳动合同解除或终止的，用人单位应当在解除或者终止劳动合同时出具解除或者终止劳动合同的证明，并在15日内为劳动者办理档案和社会保险关系转移手续。用人单位出具的解除、终止劳动合同的证明，应当写明劳动合同期限、解除或者终止劳动合同的日期、工作岗位、在本单位的工作年限。用人单位对已经解除或者终止的劳动合同的文本，应至少保存2年备查。

用人单位未向劳动者出具解除或者终止劳动合同的书面证明，由劳动行政部门责令改正；给劳动者造成损害的，应当承担赔偿责任。

劳动者依法解除或者终止劳动合同，用人单位扣押劳动者档案或者其他物品的，由劳动行政部门责令限期退还劳动者本人，并以每人500元以上2000元以下的标准处以罚款；给劳动者造成损害的，应当承担赔偿责任。

(3) 用人单位应当在解除或者终止劳动合同时向劳动者支付经济补偿的, 在办结工作交接时支付。

解除或者终止劳动合同, 用人单位未依照《劳动合同法》的规定向劳动者支付经济补偿的, 由劳动行政部门责令限期支付经济补偿; 逾期不支付的, 责令用人单位按应付金额50%以上100%以下的标准向劳动者加付赔偿金。

(4) 用人单位违反规定解除或者终止劳动合同, 劳动者要求继续履行劳动合同的, 用人单位应当继续履行; 劳动者不要求继续履行劳动合同或者劳动合同已经不能继续履行的, 用人单位应当依照《劳动合同法》规定的经济补偿标准的2倍向劳动者支付赔偿金。用人单位支付了赔偿金的, 不再支付经济补偿。赔偿金的计算年限自用工之日起计算。

(5) 劳动者违反《劳动合同法》规定解除劳动合同, 给用人单位造成损失的, 应当承担赔偿责任。

三、社会保险法律知识

(一) 社会保险概述

1. 社会保险的概念

社会保险, 是指国家依法建立的, 由国家、用人单位和个人共同筹集资金、建立基金, 使个人在退休、患病、工伤（因工伤残或者患职业病）、失业、生育等情况下获得物质帮助和补偿的一种社会保障制度。

2. 我国社会保险法律制度的主要内容

《劳动法》规定, 国家发展社会保险, 建立社会保险制度, 设立社会保险基金。《中华人民共和国社会保险法》《工伤保险条例》《实施〈中华人民共和国社会保险法〉若干规定》等法律, 单行条例和规定, 构成了我国社会保险法律制度的主要内容。

3. 我国社会保险的主要项目

目前我国的社会保险项目主要有基本养老保险、基本医疗保险、工伤保险、失业保险和生育保险。

(二) 基本养老保险

1. 基本养老保险的概念

基本养老保险制度, 是指缴费达到法定期限并且个人达到法定退休年龄后, 国家和社会提供物质帮助以保障因年老而退出劳动领域者稳定、可靠的生活来源的社会保险制度。

2. 基本养老保险的覆盖范围

根据《中华人民共和国社会保险法》的规定, 基本养老保险制度由三个部分组成: 职工基本养老保险制度、新型农村社会养老保险制度（以下简称新农保）、城镇居民社会养老保险制度(以下简称城居保)。省、自治区、直辖市人民政府根据实际情况,可以将城镇居民社会养老保险和新型农村社会养老保险合并实施、国务院于2014年2月26日发布了《国务院关于建立统一的城乡居民基本养老保险制度的意见》(国发〔2014〕8号),决定将新农保和城居保两项制度合并实施,在全国范围内建立统一的城乡居民基本养老保险制度。年满16周岁(不含在校学生),非国家机关和事业单位工作人员及不属于职工基本养老保险制度覆盖范围的城乡居民,可以在户籍地参加城乡居民养老保险。本章除特别说明外,基本养老保险均指职工基本养老保险。

职工基本养老保险费的征缴范围:国有企业、城镇集体企业、外商投资企业、城镇私营企业和其他城镇企业及其职工,实行企业化管理的事业单位及其职工。这是基本养老保险的主体部分,基本养老保险费由用人单位和职工共同缴纳。

3. 职工基本养老保险基金的组成

基本养老保险基金由用人单位、个人缴费及政府补贴等组成。基本养老保险实行社会统筹与个人账户相结合,基本养老金由统筹养老金和个人账户养老金组成。

4. 职工基本养老保险费的缴纳

(1) 单位缴费

按照现行政策,自2019年5月1日起,降低城镇职工基本养老保险(包括企业和机关事业单位基本养老保险)单位缴费比例。各省、自治区、直辖市及新疆生产建设兵团养老保险单位缴费比例高于16%的,可降至16%;目前低于16%的,要研究提出过渡办法。

(2) 个人缴费

按照现行政策,职工个人按照本人缴费工资的8%缴费,计入个人账户。缴费工资,也称缴费工资基数,一般为职工本人上一年度月平均工资。月平均工资按照国家统计局规定列入工资总额统计的项目计算,包括工资、奖金、津贴、补贴等收入,不包括用人单位承担或者支付给员工的社会保险费、劳动保护费、福利费、用人单位与员工解除劳动关系时支付的一次性补偿及计划生育费用等其他不属于工资的费用。新招职工(包括研究生、大学生、大中专毕业生等)以起薪当月工资收入作为缴费工资基数;从第二年起,按上一年实发工资的月平均工资作为缴费工资基数。即:

个人养老账户月存储额=本人月缴费工资×8%

本人月平均工资低于当地职工月平均工资60%的,按当地职工月平均工资的60%作为缴费基数。本人月平均工资高于当地职工月平均工资300%的,按当地职工月平均工资的300%作为缴费基数,超过部分不计入缴费工资基数,也不计入养老金的基数。

各省应以本省城镇非私营单位就业人员平均工资和城镇私营单位就业人员平

均工资加权计算的全口径城镇单位就业人员平均工资,核定社保个人缴费基数上下限。

个人缴费不计征个人所得税,在计算个人所得税的应税收入时,应当扣除个人缴纳的养老保险费。

城镇个体工商户和灵活就业人员按照上述口径计算的本地全口径城镇单位就业人员平均工资核定社保个人缴费基数上下限,允许缴费人在60%至300%之间选择适当的缴费基数。缴费比例为20%,其中8%计入个人账户。

案例分享

某企业职工张某的月工资为9000元,上年度月平均工资为8000元。当地职工上年度月平均工资为2400元。计算该职工每月应缴纳的基本养老保险费。

【分析与提示】当地职工月平均工资的3倍为7200元(2400×3);张某个人每月应缴纳的基本养老保险费数额为7200×8%=576(元)。

5. 职工基本养老保险享受条件与待遇

(1) 职工基本养老保险享受条件

年龄条件:达到法定退休年龄。目前国家实行的法定的企业职工退休年龄是,男年满60周岁,女工人年满50周岁,女干部年满55周岁;从事井下、高温、高空、特别繁重体力劳动或其他有害身体健康工作的,退休年龄为男年满55周岁,女年满45周岁;因病或非因工致残,由医院证明并经劳动鉴定委员会确认完全丧失劳动能力的,退休年龄为男年满50周岁,女年满45周岁。

缴费条件:累计缴费满15年。参加职工基本养老保险的个人,达到法定退休年龄时累计缴费满15年的,按月领取基本养老金。

(2) 职工基本养老保险待遇

职工基本养老金。对符合基本养老保险享受条件的人员,国家按月支付基本养老金。

丧葬补助金和遗属抚恤金。参加基本养老保险的个人,因病或者非因工死亡的,其遗属可以领取丧葬补助金和抚恤金,所需资金从基本养老保险基金中支付。但如果个人死亡同时符合领取基本养老保险丧葬补助金、工伤保险丧葬补助金和失业保险丧葬补助金条件的,其遗属只能选择领取其中的一项。

病残津贴。参加基本养老保险的个人,在未达到法定退休年龄时因病或者非因工致残完全丧失劳动能力的,可以领取病残津贴,所需资金从基本养老保险基金中支付。

(三)基本医疗保险

1. 基本医疗保险的概念

基本医疗保险制度,是指按照国家规定缴纳一定比例的医疗保险费,参保人因患病和意外伤害而就医诊疗，由医疗保险基金支付其一定医疗费用的社会保险制度。

2. 基本医疗保险的覆盖范围

（1）职工基本医疗保险

职工应当参加职工基本医疗保险，由用人单位和职工按照国家规定共同缴纳基本医疗保险费。职工基本医疗保险费的征缴范围：国有企业、城镇集体企业、外商投资企业、城镇私营企业和其他城镇企业及其职工，国家机关及其工作人员，事业单位及其职工。民办非企业单位及其职工，社会团体及其专职人员。

（2）城乡居民基本医疗保险

城乡居民基本医疗保险制度覆盖范围包括现有城镇居民基本医疗保险制度和新型农村合作医疗所有应参保（合）人员，即覆盖除职工基本医疗保险应参保人员以外的其他所有城乡居民，统一保障待遇。

3. 全面推进生育保险和职工基本医疗保险合并实施

根据国务院办公厅 2019 年 3 月 25 日发布的《国务院办公厅关于全面推进生育保险和职工基本医疗保险合并实施的意见》，推进两项保险合并实施，统一参保登记，即参加职工基本医疗保险的在职职工同步参加生育保险。

4. 职工基本医疗保险费的缴纳

基本医疗保险与基本养老保险一样采用"统账结合"模式，即分别设立社会统筹基金和个人账户基金，基本医疗保险基金由统筹基金和个人账户构成。

用人单位缴费：由统筹地区统一确定适合当地经济发展水平的基本医疗保险单位缴费率，一般为职工工资总额的 6% 左右。用人单位缴纳的基本医疗保险费分为两部分，一部分用于建立统筹基金，另一部分划入个人账户。

基本医疗保险个人账户的资金来源：个人缴费和用人单位缴费。个人缴费部分由统筹地区统一确定适合当地职工负担水平的基本医疗保险个人缴费率，一般为本人工资收入的 2%。用人单位缴费的划入部分由统筹地区根据个人医疗账户的支付范围和职工年龄等因素确定用人单位所缴医疗保险费划入个人医疗账户的具体比例，一般为 30% 左右。

个人跨统筹地区就业的，其基本医疗保险关系随本人转移，缴费年限累计计算。

5. 职工基本医疗费用的结算

参保人员符合基本医疗保险药品目录、诊疗项目、医疗服务设施标准及急诊、抢救的医疗费用，按照国家规定从基本医疗保险基金中支付。参保人员医疗费用中应当由基本医疗保险基金支付的部分，由社会保险经办机构与医疗机构、药品经营单位直接结算。目前各地对职工基本医疗保险费用结算的方式并不一致。要享受基本医疗保险待遇一般要符合以下条件：

（1）参保人员必须到基本医疗保险的定点医疗机构就医、购药或到定点零售药店购买药品。

（2）参保人员在看病就医过程中所发生的医疗费用必须符合基本医疗保险药品目录、诊疗项目、医疗服务设施标准的范围和给付标准。参保人员符合基本医疗保险支付范围的医疗费用中，在社会医疗统筹基金起付标准以上与最高支付限额以下的费用部分，由社会医疗统筹基金按一定比例支付。起付标准，又称起付线，一般为当地职工年平均工资的10%左右。最高支付限额，又称封顶线，一般为当地职工年平均工资的6倍左右。支付比例一般为90%。参保人员符合基本医疗保险支付范围的医疗费用中，在社会医疗统筹基金起付标准以下的费用，由个人账户资金支付或个人自付；在社会医疗统筹基金起付线以上至封顶线以下的费用，个人也要承担一定比例，一般为10%，可由个人账户支付也可自付。参保人员在封顶线以上的医疗费用部分，可以通过单位补充医疗保险或参加商业保险等途径解决。

6. 医疗期

医疗期是指企业职工因患病或非工负伤停止工作，治病休息，但不得解除劳动合同的期限。

企业职工因患病或非因工负伤，需要停止工作，进行医疗时，根据本人实际参加工作年限和在本单位工作年限，给予3个月到24个月的医疗期：

（1）实际工作年限10年以下的，在本单位工作年限5年以下的为3个月；5年以上的为6个月。

（2）实际工作年限10年以上的，在本单位工作年限5年以下的为6个月；5年以上10年以下的为9个月；10年以上15年以下的为12个月；15年以上20年以下的为18个月；20年以上的为24个月。

医疗期的计算方法：医疗期3个月的按6个月内累计病休时间计算；6个月的按12个月内累计病休时间计算；9个月的按15个月内累计病休时间计算；12个月的按18个月内累计病休时间计算；18个月的按24个月内累计病休时间计算；24个月的按30个月内累计病休时间计算。即医疗期的计算从病休第一天开始，累计计算。

医疗期内的待遇：企业职工在医疗期内，其病假工资、疾病救济费和医疗待遇按照有关规定执行。病假工资或疾病救济费可以低于当地最低工资标准支付，但最低不能低于最低工资标准的80%。医疗期内，除劳动者有以下情形外，用人单位不得解除或终止劳动合同：在试用期间被证明不符合录用条件的；严重违反用人单位的规章制度的；严重失职，营私舞弊，给用人单位造成重大损害的；劳动者同时与其他用人单位建立劳动关系，对完成本单位的工作任务造成严重影响或者经用人单位提出，拒不改正的；以欺诈，胁迫的手段或者乘人之危，使用人单位在违背真实意思的情况下订立或者变更劳动合同致使劳动合同无效的；被依法追究刑事责任的。如医疗期内遇合同期满，则合同必须续延至医疗期满，职工在此期间仍然享受医疗期内待遇。

对医疗期满尚未痊愈者，或者医疗期满后，不能从事原工作，也不能从事用人单位另行安排的工作，被解除劳动合同的，用人单位需按经济补偿规定给予其经济补偿。

(四) 工伤保险

1. 工伤保险的概念

工伤保险，是指劳动者在职业工作中或规定的特殊情况下遭遇意外伤害或职业病，导致暂时或永久丧失劳动能力及死亡时，劳动者或其遗属能够从国家和社会获得物质帮助的社会保险制度。

2. 工伤保险费的缴纳和工伤保险基金

（1）工伤保险费的缴纳

职工应当参加工伤保险，由用人单位缴纳工伤保险费，职工不缴纳工伤保险费。

用人单位应当按照本单位职工工资总额，根据社会保险经办机构确定的费率按时足额缴纳工伤保险费。用人单位缴纳工伤保险费的数额为本单位职工工资总额乘单位缴费费率之积。工资总额是指用人单位直接支付给本单位全部职工的劳动报酬总额。

（2）工伤保险基金

工伤保险基金是由用人单位缴纳的工伤保险费、工伤保险基金的利息和依法纳入工伤保险基金的其他资金构成。

工伤保险基金存入社会保障基金财政专户，用于《工伤保险条例》规定的工伤保险待遇，劳动能力鉴定，工伤预防的宣传、培训等费用，以及法律、法规规定的用于工伤保险的其他费用的支付。

任何单位或者个人不得将工伤保险基金用于投资运营、兴建或者改建办公场所、发放奖金，或者挪作其他用途。

3. 工伤认定与劳动能力鉴定

（1）工伤认定

职工有下列情形之一的，应当认定为工伤：

在工作时间和工作场所内，因工作原因受到事故伤害的；工作时间前后在工作场所内，从事与工作有关的预备性或收尾性工作受到事故伤害的；在工作时间和工作场所内，因履行工作职责受到暴力等意外伤害的；患职业病的；因工外出期间，由于工作原因受到伤害或者发生事故下落不明的；在上下班途中，受到非本人主要责任的交通事故或者城市轨道交通、客运轮渡、火车事故伤害的；法律、行政法规规定应当认定为工伤的其他情形。

职工有下列情形之一的，视同工伤：

在工作时间和工作岗位，突发疾病死亡或者在48小时内经抢救无效死亡的；

在抢险救灾等维护国家利益、公共利益活动中受到伤害的；原在军队服役，因战、因公负伤致残，已取得革命伤残军人证，到用人单位后旧伤复发的。

职工因下列情形之一导致本人在工作中伤亡的，不认定为工伤：故意犯罪；醉酒或者吸毒；自残或者自杀。

（2）劳动能力鉴定

职工发生工伤，经治疗伤情相对稳定后存在残疾，影响劳动能力的，应当进行劳动能力鉴定。劳动能力鉴定是指劳动功能障碍程度和生活自理障碍程度的等级鉴定。

劳动功能障碍分为十个伤残等级，最重的为一级，最轻的为十级。生活自理障碍分为三个等级：生活完全不能自理、生活大部分不能自理和生活部分不能自理。劳动能力鉴定标准由国务院社会保险行政部门会同国务院卫生行政部门等部门制定。自劳动能力鉴定结论做出之日起1年后，工伤职工或者其直系亲属、所在单位或者经办机构认为伤残情况发生变化的，可以申请劳动能力复查鉴定。

4. 工伤保险待遇

职工因工作原因受到事故伤害或者患职业病，且经工伤认定的，享受工伤保险待遇；其中，经劳动能力鉴定丧失劳动能力的，享受伤残待遇。

（1）工伤医疗待遇

职工因工作遭受事故伤害或者患职业病进行治疗，享受工伤医疗待遇。包括：

治疗工伤的医疗费用（诊疗费、药费、住院费）。职工治疗工伤应当在签订服务协议的医疗机构就医，情况紧急时可以先到就近的医疗机构急救。治疗工伤所需费用符合工伤保险诊疗项目目录、工伤保险药品目录、工伤保险住院服务标准的，从工伤保险基金支付。

住院伙食补助费、交通食宿费。职工住院治疗工伤的伙食补助费，以及经医疗机构出具证明，报经办机构同意，工伤职工到统筹地区以外就医所需的交通费用、食宿费用按标准从工伤保险基金支付。

康复性治疗费。工伤职工到签订服务协议的医疗机构进行工伤康复的费用，符合规定的，从工伤保险基金支付。

停工留薪期工资福利待遇。职工因工作遭受事故伤害或者患职业病需要暂停工作接受工伤医疗的，在停工留薪期内，原工资福利待遇不变，由所在单位按月支付。停工留薪期一般不超过12个月。伤情严重或者情况特殊，经设区的市级劳动能力鉴定委员会确认，可以适当延长，但延长不得超过12个月。工伤职工评定伤残等级后，停止享受停工留薪期待遇，按照规定享受伤残待遇。工伤职工在停工留薪期满后仍需治疗的，继续享受工伤医疗待遇。生活不能自理的工伤职工在停工留薪期需要护理的，由所在单位负责。

但工伤职工治疗非因工伤引发的疾病，不享受工伤医疗待遇，按照基本医疗保险办法处理。

(2) 辅助器具装配

工伤职工因日常生活或者就业需要，经劳动能力鉴定委员会确认，可以安装假肢、矫形器、假眼、假牙和配置轮椅等辅助器具，所需费用按照国家规定的标准从工伤保险基金支付。

(3) 伤残待遇

经劳动能力鉴定委员会鉴定，评定伤残等级的工伤职工，享受伤残待遇，其包括：

生活护理费。工伤职工已经评定伤残等级并经劳动能力鉴定委员会确认需要生活护理的，从工伤保险基金按月支付生活护理费。

一次性伤残补助金。职工因工致残被鉴定为一级至十级伤残的，从工伤保险基金按伤残等级支付一次性伤残补助金。

伤残津贴。职工因工致残被鉴定为一级至四级伤残的，保留劳动关系，退出工作岗位，从工伤保险基金中按月支付伤残津贴，伤残津贴实际金额低于当地最低工资标准的，由工伤保险基金补足差额。职工因工致残被鉴定为五级、六级伤残的，保留与用人单位的劳动关系，由用人单位安排适当工作。难以安排工作的，由用人单位按月发给伤残津贴。伤残津贴实际金额低于当地最低工资标准的，由用人单位补足差额。

一次性工伤医疗补助金和一次性伤残就业补助金。五级、六级伤残，经工伤职工本人提出，可以与用人单位解除或者终止劳动关系；七级至十级伤残，劳动、聘用合同期满终止，或者职工本人提出解除劳动、聘用合同的，由工伤保险基金支付一次性工伤医疗补助金，由用人单位支付一次性伤残就业补助金。一次性工伤医疗补助金和一次性伤残就业补助金的具体标准由省、自治区、直辖市人民政府规定。

(4) 工亡待遇

职工因工死亡，或者伤残职工在停工留薪期内因工伤导致死亡的，其直系亲属按照规定可从工伤保险基金领取丧葬补助金、供养亲属抚恤金和一次性工亡补助金。

丧葬补助金，为6个月的统筹地区上年度职工月平均工资。

供养亲属抚恤金，按照职工本人工资的一定比例发给由因工死亡职工生前提供主要生活来源、无劳动能力的亲属。供养亲属的具体范围由国务院社会保险行政部门规定。

一次性工亡补助金，标准为上一年度全国城镇居民人均可支配收入的20倍。一至四级伤残职工在停工留薪期满后死亡的，其直系亲属可以享受丧葬补助金、供养亲属抚恤金待遇，不享受一次性工亡补助金待遇。

5. 工伤保险待遇支付

（1）因工伤发生的下列费用，按照国家规定从工伤保险基金中支付

治疗工伤的医疗费用和康复费用；住院伙食补助费；到统筹地区以外就医的交通食宿费；安装配置伤残辅助器具所需费用；生活不能自理的，经劳动能力鉴定委员会确认的生活护理费；一次性伤残补助金和一级至四级伤残职工按月领取的伤残津贴；终止或者解除劳动合同时，应当享受的一次性医疗补助金；因工死亡的，其遗属领取的丧葬补助金、供养亲属抚恤金和因工死亡补助金；劳动能力鉴定费。

（2）因工伤发生的下列费用，按照国家规定由用人单位支付

治疗工伤期间的工资福利；五级、六级伤残职工按月领取的伤残津贴；终止或者解除劳动合同时，应当享受的一次性伤残就业补助金。

■ 知识链接 ■--------------------------------

工伤保险待遇特别规定

工伤保险中所称的本人工资，是指工伤职工因工作遭受事故伤害或者患职业病前12个月平均月缴费工资。本人工资高于统筹地区职工平均工资300%的，按照统筹地区职工平均工资的300%计算；本人工资低于统筹地区职工平均工资60%的，按照统筹地区职工平均工资的60%计算。

工伤职工有下列情形之一的，停止享受工伤保险待遇：

① 丧失享受待遇条件的。

② 拒不接受劳动能力鉴定的。

③ 拒绝治疗的。

工伤职工符合领取基本养老金条件的，停发伤残津贴，享受基本养老保险待遇。基本养老保险待遇低于伤残津贴的，由工伤保险基金补足差额。

职工所在用人单位未依法缴纳工伤保险费，发生工伤事故的，由用人单位支付工伤保险待遇。用人单位不支付的，从工伤保险基金中先行支付，由用人单位偿还。用人单位不偿还的，社会保险经办机构可以追偿。

由于第三人的原因造成工伤，第三人不支付工伤医疗费用或者无法确定第三人的，由工伤保险基金先行支付。工伤保险基金先行支付后，有权向第三人追偿。

职工（包括非全日制从业人员）在两个或者两个以上用人单位同时就业的，各用人单位应当分别为职工缴纳工伤保险费。职工发生工伤，由职工受到伤害时工作的单位依法承担工伤保险责任。

（五）失业保险

1. 失业保险的概念

失业是指处于法定劳动年龄阶段的劳动者，有劳动能力和劳动愿望，但没有

劳动岗位的一种状态。失业保险是指国家通过立法强制实行的，由社会集中建立基金，保障因失业而暂时中断生活来源的劳动者的基本生活，并通过职业培训、职业介绍等措施促进其再就业的社会保险制度。

2. 失业保险费的缴纳

职工应当参加失业保险，由用人单位和职工按照国家规定共同缴纳失业保险费。失业保险费的征缴范围：国有企业、城镇集体企业、外商投资企业、城镇私营企业和其他城镇企业（统称城镇企业）及其职工，事业单位及其职工。

根据《失业保险条例》的规定，城镇企业事业单位按照本单位工资总额的2％缴纳失业保险费，职工按照本人工资的1％缴纳失业保险费。为减轻企业负担，促进扩大就业，人力资源社会保障部、财政部数次发文降低失业保险费率，将用人单位和职工失业保险缴费比例总和从3％阶段性降至1％，个人费率不得超过单位费率。

职工跨统筹地区就业的，其失业保险关系随本人转移，缴费年限累计计算。

3. 失业保险的待遇

（1）失业保险待遇的享受条件

失业人员符合下列条件的，可以申请领取失业保险金并享受其他失业保险待遇：

失业前用人单位和本人已经缴纳失业保险费满1年的。

非因本人意愿中断就业的。包括以下情形：终止劳动合同的；被用人单位解除劳动合同的；被用人单位开除、除名和辞退的；用人单位以暴力、威胁或者非法限制人身自由的手段强迫劳动者劳动，劳动者解除劳动合同的；用人单位未按照劳动合同约定支付劳动报酬或者提供劳动条件，劳动者解除劳动合同的；法律、行政法规另有规定的。

已经进行失业登记，并有求职要求的。

（2）失业保险金的领取期限

用人单位应当及时为失业人员出具终止或者解除劳动关系的证明，将失业人员的名单自终止或者解除劳动关系之日起7日内报受理其失业保险业务的经办机构备案，并按要求提供终止或解除劳动合同证明等有关材料。失业人员到公共就业服务机构或社会保险经办机构申领失业保险金，受理其申请的机构都应一并办理失业登记和失业保险金发放。失业保险金自办理失业登记之日起计算。

失业人员失业前用人单位和本人累计缴费满1年不足5年的，领取失业保险金的期限最长为12个月；累计缴费满5年不足10年的，领取失业保险金的期限最长为18个月；累计缴费10年以上的，领取失业保险金的期限最长为24个月。重新就业后，再次失业的，缴费时间重新计算，领取失业保险金的期限与前次失业应当领取而尚未领取的失业保险金的期限合并计算，最长不超过24个月。

(3) 失业保险金的发放标准

失业保险金的发放标准，不得低于城市居民最低生活保障标准。一般也不高于当地最低工资标准，具体数额由省、自治区、直辖市人民政府确定。

第二节　女性特殊劳动保护

一、女职工劳动保护特别规定发展历程

《女职工劳动保护特别规定》是为了减少和解决女职工在劳动中因生理特点造成的特殊困难，保护其健康，而根据劳动法制定的规定。

女职工劳动保护关系到全国几亿女职工的身心健康，做好女职工劳动保护工作，对于改善民生、构建社会主义和谐社会具有重要意义。党和国家高度重视女职工劳动保护工作。1988年，国务院发布了《女职工劳动保护规定》，该规定施行以来，对于减少和解决女职工在劳动中因生理特点造成的特殊困难、保护女职工健康，发挥了重要作用。随着我国经济社会的发展，《女职工劳动保护规定》中的一些内容已经无法适应新形势的需要，如女职工禁忌从事的劳动范围需要根据实际情况进行相应调整；对女职工的产假假期和产假待遇需要进一步规范；监督管理体制需要根据机构改革的变化进行相应调整等。这些问题都需要从制度层面加以解决，因此，《女职工劳动保护规定》急需调整和完善。2012年4月28日中华人民共和国国务院令（第619号）发布《女职工劳动保护特别规定》（以下简称《规定》），并自公布之日起施行。

二、女职工劳动保护特别规定

（一）适用范围

在我国境内的国家机关、企业、事业单位、社会团体、个体经济组织及其他社会组织等用人单位及其女职工，都适用女职工劳动保护特别规定。

（二）重点内容

用人单位应当加强女职工劳动保护，采取措施改善女职工劳动安全卫生条件，对女职工进行劳动安全卫生知识培训。此外，用人单位应当将本单位属于女职工禁忌从事的劳动范围的岗位书面告知女职工。国务院安全生产监督管理部门会同国务院人力资源社会保障行政部门、国务院卫生行政部门根据经济社会发展情况，对女职工禁忌从事的劳动范围进行调整；用人单位不得因女职工怀孕、生育、哺乳降低其工资、予以辞退、与其解除劳动或者聘用合同。

女职工在孕期不能适应原劳动的，用人单位应当根据医疗机构的证明，予以

减轻劳动量或者安排其他能够适应的劳动。对怀孕 7 个月以上的女职工，用人单位不得延长劳动时间或者安排夜班劳动，并应当在劳动时间内安排一定的休息时间。怀孕女职工在劳动时间内进行产前检查，所需时间计入劳动时间。

用人单位应遵循对女职工产假的规定。女职工生育享受 98 天产假，其中产前可以休假 15 天；难产的，增加产假 15 天；生育多胞胎的，每多生育 1 个婴儿，增加产假 15 天。女职工怀孕未满 4 个月流产的，享受 15 天产假；怀孕满 4 个月流产的，享受 42 天产假。

女职工产假期间的生育津贴的规定。对已经参加生育保险的，按照用人单位上年度职工月平均工资的标准由生育保险基金支付；对未参加生育保险的，按照女职工产假前工资的标准由用人单位支付。女职工生育或者流产的医疗费用，按照生育保险规定的项目和标准，对已经参加生育保险的，由生育保险基金支付；对未参加生育保险的，由用人单位支付。

用人单位应遵循对女职工哺乳期的规定。对哺乳未满 1 周岁婴儿的女职工，用人单位不得延长劳动时间或者安排夜班劳动。用人单位应当在每天的劳动时间内为哺乳期女职工安排 1 小时哺乳时间；女职工生育多胞胎的，每多哺乳 1 个婴儿每天增加 1 小时哺乳时间。女职工比较多的用人单位应当根据女职工的需要，建立女职工卫生室、孕妇休息室、哺乳室等设施，妥善解决女职工在生理卫生、哺乳方面的困难。

（三）监督部门

县级以上人民政府人力资源社会保障行政部门、安全生产监督管理部门按照各自职责负责对用人单位遵守本规定的情况进行监督检查。工会、妇女组织依法对用人单位遵守本规定的情况进行监督。

（四）法律责任

用人单位违反本条例规定的，由县级以上人民政府安全生产监督管理部门、卫生行政部门、人力资源社会保障行政部门按照本条例的职责分工，责令用人单位限期改正，按照受侵害女职工每人 1000 元以上 5000 元以下处以罚款，或者对直接负责的主管人员及其他直接责任人员依法给予处分。

用人单位违反本规定，侵害女职工合法权益，造成女职工损害的，依法给予赔偿；用人单位及其直接负责的主管人员和其他直接责任人员构成犯罪的，依法追究刑事责任。

三、女职工禁忌从事的劳动范围

为了减少和解决女职工在劳动中因生理特点造成的特殊困难，女职工特殊劳动保护规定给出了女职工禁忌从事的劳动范围，以达到保护女职工健康的目的。

（一）禁忌从事的劳动范围

具体范围：矿山井下作业；体力劳动强度分级标准中第四级体力劳动强度的

作业；每小时负重 6 次以上、每次负重超过 20 公斤的作业，或者间断负重、每次负重超过 25 公斤的作业。

（二）对女职工在月经期间禁忌从事的劳动范围

具体范围：冷水作业分级标准中规定的第二级、第三级、第四级冷水作业；低温作业分级标准中规定的第二级、第三级、第四级低温作业；体力劳动强度分级标准中规定的第三级、第四级体力劳动强度的作业。

（三）女职工在怀孕期间禁忌从事的劳动范围

具体范围：作业场所空气中铅及其化合物、汞及其化合物、苯、镉、铍、砷、氰化物、氮氧化物、一氧化碳、二硫化碳、氯、己内酰胺、氯丁二烯、氯乙烯、环氧乙烷、苯胺、甲醛等有毒物质浓度超过国家职业卫生标准的作业；从事抗癌药物、己烯雌酚生产，接触麻醉剂气体等易导致流产或者造成胎儿发育畸形的作业；非密封源放射性物质的操作，核事故与放射事故的应急处置；高处作业分级标准中规定的高处作业；冷水作业分级标准中规定的冷水作业；低温作业分级标准中规定的低温作业；高温作业分级标准中规定的第三级、第四级的作业；噪声作业分级标准中规定的第三级、第四级的作业；体力劳动强度分级标准中规定的第三级、第四级体力劳动强度的作业；在密闭空间、高压室作业或者潜水作业，伴有强烈振动的作业，或者需要频繁弯腰、攀高、下蹲的作业。

（四）女职工在哺乳期间禁忌从事的劳动范围

具体范围：怀孕期间禁忌从事的劳动范围的第一项、第九项；怀孕期间禁忌从事的劳动范围的第三项；作业场所空气中锰、氟、溴、甲醇、有机磷化合物、有机氯化合物等有毒化学物质的浓度超过国家职业卫生标准的作业。

以上这些禁忌从事的劳动范围充分体现了国家对女职工的特殊保护和健康保障。

第三节　女性就业中的问题与探讨

随着社会的进步，时代的发展，经济的快速飞越，人们就业和创业观念的转变，女性在现代社会的地位逐步提高，女性的身影在职场上越来越多。但是，由于众多因素影响，女性在职场中受到性别歧视、同工不同酬等不平等待遇时有发生，使女性的权益和权利得不到保障，在就业中处于步履维艰。

一、女性就业心理与职业选择

随着社会的进步，经济的发展和国家就业制度的不断改革与完善，日渐激烈的就业竞争，不仅对当代女性的知识技能提出了更高的要求，也对女性的求职和就业心理素质提出了新的挑战。特别是近年来就业结构化矛盾日益突出，就业难度日趋增大，给广大女性带来了巨大的心理压力。这些心理压力，以及由此引发的心理问题，是导致部分女性就业困难的原因之一。常见的就业心理问题主要体现为畏惧心理、矛盾心理、依赖心理、自傲心理、自卑心理、攀比心理、从众心理等方面，并以一些情绪问题的形式表现出来。这些就业心理常见问题，除了与当前整个社会就业环境有关之外，也与女性自身心理发展特点紧密相连。

（一）女性就业时常见心理障碍

1. 自卑心理

自卑，是常见的一种心理现象，表现为对自己的能力或地位评价过低，消极、有害的心理在女性择业中普遍存在。面对择业，部分女性普遍自己给自己设置了心理障碍。在面对激烈的竞争时，总觉得自己这不行，那不如别人，自卑心理使得自己缺乏竞争勇气，缺乏自信心，导致走进就业市场就心里发怵，参加招聘面试，就心里忐忑不安。一旦中途受到挫折，便会觉得自己确实不行。在激烈的择业竞争中，这种心理障碍是走向成功的障碍，必须加以克服。

2. 依赖心理

就业中，一些女性特别是刚刚毕业的女大学生平常养成了对学校和家长的依赖心理，面对职业选择时，容易产生依赖思想，因此错失了许多良机。依赖心理在就业中具体表现为两种倾向：一种是依赖大多数的从众心理。这部分人缺乏独立的见解，不会从自己的实际情况做出切合实际的选择，而是"人云亦云"，见别人都往大城市、大企业、大公司、事业机关挤，自己也跟着凑热闹。另一种是依赖政策、依赖他人的倾向。不主动选择，不积极竞争，而是觉得反正有家长兜底，坐等他人给自己落实就业，这种心态也是极其不可取的。

3. 自负心理

过高地估计个人能力，缺少自知之明。自负心理在女大学生身上反映突出。有的女大学生认为自己在择业中具备种种优势：学习成绩优秀，政治条件好，学校牌子亮，专业需求旺，求职门路广，因而盲目自信，择业时目标定得很高，到头来往往会由于对自己估计过高，而在择业中受挫。在求职就业时，要切记用人单位是不愿意接纳缺乏自知之明、自视清高的毕业生的。

面临就业困难的压力，女性应克服心理障碍，树立正确的认知和价值追求，这对女性获得职场成功、实现人生价值具有重要意义。

（二）女性克服就业心理障碍的措施

具备良好的心理素质、文化修养和道德情操，良好的分析判断能力和思维应变能力、人际交往能力，以及乐观积极进取的意识，是克服女性就业心理障碍的关键因素。

第二章 女性法律智慧——职场就业篇

1. 正确看待传统性别观念对女性就业的影响

"男尊女卑""男主外女主内"的传统性别观念,把养家的任务压在男性的肩膀上,外出就业挣钱理所当然地成了男性的单性别社会活动。除此之外,受"男强女弱"的性别偏见影响,不管作为个体的女性、女大学生多么优秀,就是不如男性。但是,在当今社会职场中女性也发挥了极其重要的作用,随着社会的发展进步,女性在众多行业中彰显了巾帼力量,例如,幼儿教育行业、护理行业、服务行业等,女性发挥了不可忽视的作用。两性的就业平等是平等就业领域中非常重要的方面,劳动既是女性的权利,也是女性的义务,随着女性越来越多地参与社会生活,妥善合理处理就业中的两性平等问题成为国家和社会广泛关注的话题。因此,作为女性更应该正确看待自己的能力和作用,消除传统性别观念,充分发挥女性在职场中的作用。

2. 正确做好职场定位和职业生涯规划

女大学生(或女性)自身较高的就业期望值或就业偏好是造成自身就业难的主观原因。部分女性对自己未来的职业充满一种"浪漫"和"不切实际"的幻想,多数女性把"国家机关""外资企业"作为自己理想的工作单位,把"一线"大中城市作为理想的就业地区;有的女大学生(或女性)还希望未来的工作单位有"出国"和"培训"等机会。面对这样的就业心理,女大学生(或女性)应该树立正确的自我认知,客观分析自身实际和面临的就业形势,立足自身专业、自身实际正确定位职业目标,并合理规划职业生涯,通过后天的奋斗与努力取得职业成功,合理实现"人职匹配"。

3. 重视自我实现,增强成就感和优势感

从马斯洛的需求理论分析,人最高层次的需求是自我价值的实现。因此,女性在通过职场努力获取自身薪资提高、职位提升、物质生活丰富的同时,讲求对社会的回报与贡献,满足自我实现的需要。作为女性,关键要正确对待自己,看到自己的优势所在,树立信心,勇于面对各种挑战,以获得同等的尊重。这里所说的同等,并不是说女性一定要承受男性那样的劳动强度,也不是说女性就得放弃家庭,与男性在社会上一争高低。成功的职业女性不仅体现在事业的贡献上,同时体现在营造和谐美满的家庭生活上。

4. 女性职业选择策略

根据"人职匹配"原则,女性在选择职业时可以遵循以下步骤进行:

(1)认识自我。女性在就业或择业时应清楚地了解、认识自己。认识自我就是对自己的兴趣、气质、性格、能力、身心素质、知识结构、家庭文化背景等进行全面、客观的评价,从而确定自己所适合的职业范围。

(2)了解职业。了解职业就是要分析职业内容、职业活动特点、职业环境、职业地位及经济收入等有关情况,从而找出欲从事的职业对从业者自己素质的具体要求。了解从业者自己所学的知识在不同工作岗位上所占的优势、机会和前途。

（3）人职匹配。将个人的主、客观条件与对自己有一定可能从事的社会职业及入职岗位相对照，从而选择适合自己的职业、岗位。根据对自身的评价和对职业的分析，确定自己适合从事的职业范围，这样选择职业可增加求职的针对性，减少盲目性。

需要注意的是，决定女性选择何种职业的因素是极为复杂的，加上人又有较强的可塑性，所以选择职业还要考虑社会环境、社会心理、就业政策等因素。

二、女性就业平等权问题与探讨

关于女性平等就业权，《中华人民共和国宪法》《中华人民共和国劳动法》《中华人民共和国就业促进法》《中华人民共和国妇女权益保障法》等均有规定，例如，2008年1月1日施行的《中华人民共和国就业促进法》第二十七条规定：国家保障妇女享有与男子平等的劳动权利。用人单位招用人员，除国家规定的不适合妇女的工种或者岗位外，不得以性别为由拒绝录用妇女或者提高对妇女的录用标准。用人单位录用女职工，不得在劳动合同中规定限制女职工结婚、生育的内容。

虽然，我国相关法律对女性就业提出了相应保护，但是，在当前的人才市场，用人单位对女性的就业歧视仍然可见。随着男女平等国策的推进、相关法律的实施，其实这种显性的就业歧视已经越来越少了，对女性的就业歧视，更多的是隐性歧视。

（一）我国女性就业歧视的表现类型

常见的女性就业歧视主要有以下几种。

1. 女性就业中职业性别歧视

在就业中，企业不愿意承担女性由于生育产生的人工成本、时间成本等负担，而且女性比例越大的企业，各类生育保障费用和成本支出越多。为了减少成本，企业自然不愿招纳女性。在下岗失业人群中，女性的比例高于男性，女性受到的挑战更加严峻，性别歧视几乎存在于女性就业的各个阶段及全过程。性别差异是职业性别歧视产生的根源，这种性别差异既包括生理差异，又包括社会差异。

2. 女性就业应聘歧视

长期以来，女性就业歧视及发展受限问题广泛存在，且近年二胎、三胎政策的执行使这一问题更加严峻，目前用人单位在招聘信息中隐匿性别歧视的内容，然而在实际操作中，用人单位仍在同等条件下对男性员工优先录用。某招聘网站基于128576份有效样本数据发布的《2017中国女性职场现状调查报告》显示，超过八成的女性认为在应聘时存在性别歧视,高学历女性群体在应聘时感受到应聘性别歧视的比例更高,在拥有硕士学历的女性中,有43%的女性认为就业中的性别歧视严重。

3. 女性就业薪酬歧视

薪酬差距是性别歧视最直观的表现之一。在不同的行业中,男女同工不同酬成为一种残酷的现实。一般而言,决定收入水平的关键性因素除了教育水平以外,应该就是一个人的能力。据研究表明,女大学生自律、勤奋、有韧性,女性就职、升迁、增资的机会并不比男性少。有专家认为女性自身也存在一些问题,除了提高自身学识和技能以外,勇敢地争取自己的权益也是女性现在需要突破的瓶颈。

4. 女性职务晋升歧视

女性职务晋升歧视指的是,与男性相比,女性就业人员能够得到的晋升机会更少。根据某招聘网站发布的《2017中国女性职场现状调查报告》中的数据,在近13万人的样本中,有超过八成女性认为在职务晋升中存在性别歧视,超过两成的女性认为职务晋升性别歧视现象严重。在普通员工岗位,女性占比46.3%,在基层管理岗位,女性占比21.2%,在中层管理岗位,女性占比21.4%,在高层管理岗位,女性占比5%。由此可知,女性劳动者多处于基层岗位,在高层管理岗位所占比例显著低于男性,我国女性受到就业晋升歧视的现象较严重。

(二)女性就业存在歧视的原因分析

1. 传统文化根深蒂固,女性承受家庭和工作多重压力

从奴隶社会时期开始,在封建礼教观念的束缚下,女性地位一直低于男性,传统社会观念和文化引导导致女性要听从男性的安排,三纲五常贯串整个封建社会。虽然中华人民共和国成立之后思想大解放,国家出台和运用各种法律手段保护女性,在女性地位极大提高的情况下依然存在着对女性的歧视与偏见,认为女性在体力、智力等各方面都不如男性。社会观念评价男性的标准可能是对社会所做出的贡献,而评价女性则是为家庭所做出的贡献,并且由于女性附有生育繁衍的使命,往往要在工作与家庭之间做抉择,甚至要放弃工作回归家庭,或者承受着巨大的压力来平衡工作与家庭之间的关系。

2. 社会经济发展不平衡,企业用女工成本高

在社会经济飞速发展的同时,女性就业歧视问题愈演愈烈。企业的逐利性,导致其在招聘员工时更青睐男性。首先,在企业基本设施上,女职员所需更多。而这无疑增加了企业成本,企业无形之中就会提高女性入职门槛,以减少女职工数量,降低用工成本。其次,女性职工会带来隐性成本。相比男性职工,女性职工要求工作稳定,减少出差次数,降低体力劳动强度,产假、哺乳假等都会给企业带来隐性成本。最后，女性职员的退休成本高。我国现行的退休制度女性退休年龄早于男性，导致了女性就业时间少于男性，但是女性的寿命普遍比男性寿命长，对于企业来说，女性在贡献率上低于男性，而福利成本则高于男性。

3. 现有法律规定空缺，相应配套制度亟须完善

我国现有保护女职工就业平等的法律中，"歧视"的概念缺乏准确界定，"隐性歧视"更是存在法律空白，法律是公民保护自身的利器，但是我国的法律对存在歧视的用人单位所应负的法律责任没有做出明确规定。法律需要相应执法部门的执行，才能将法律真正落到实处。我国相关法律没有明确规定由哪一级部门执行反歧视方面的法律，这就导致企业受不到相应的惩罚。政府缺乏相应的监管政策，对劳动力市场缺少有效的监管，特别是对中小型企业的监管，以及非正规就业行业的监管。这就导致女性就业遭到歧视时权益得不到保护，还随时处在失业的边缘。

4. 女性自身素质差异原因，难以胜任岗位要求

除了男性女性体力素质差异，导致女性在就业中处于劣势外，女性自身素质差异，职场适应性差，技能水平低，导致了难以胜任岗位的需要。社会对从业人员各方的要求越来越高，女性需坚持终身学习理论，不断提高自身素质和能力。

（三）解决女性就业歧视法律应对策略

为保障女性的平等就业权，我们将从法律方面提供以下相关建议。

1. 增强就业平等观念

平等权是每个人都应受到平等对待的权利，就业平等权是平等权应有的重要内涵。没有就业的平等权就很难保障女性的自主、自治和自立。为此在进行普法教育时需要采取适宜的方式方法在全社会进行平等意识，特别是就业平等权的宣传。尤其针对企事业，要消除歧视女性的用人观，树立企业不仅要实现追求利益的目的，同时要有承担社会责任的意识。

2. 加强女性的法律意识、维权意识教育

通过宣传教育，增强女性的法律意识和维权意识。女性在面对就业歧视时，不应选择沉默或者为了维持工作而示弱。当然基于生活的需要，让女性选择拒绝也是很困难的。这就需要国家采取更加积极的就业政策，并采取相应措施，提升女性的竞争能力，使女性有更多的就业选择空间和自由。

3. 完善相关法律法规

我国目前对女性就业歧视问题的相关立法，分散于《中华人民共和国宪法》《中华人民共和国劳动法》《中华人民共和国劳动合同法》《中华人民共和国就业促进法》等个别条文之中，而想要解决女性就业歧视问题，首先要实现法律的保障，加紧制定并出台《中华人民共和国反就业歧视法》是第一步，也是最重要的步骤之一。制定一部针对就业歧视的专门性法律才能有效解决目前我国反就业性别歧视法律制度中政出多门，立法混乱的情况，给女性就业者及基于年龄、宗教、血统、种族、肤色等条件划分的劳动者群体高效、有力的法律保障，我国相关机构也能更好地依据明确的法律指引对就业性别歧视进行规控。

4. 完善司法救济机制

在借鉴国外立法经验和结合我国国情的情况下，提出从限制仲裁前置条款范围、适用劳动争议案件规则、建立反女性就业歧视公益诉讼制度几个方面来完善我国女性就业歧视司法救济机制，为女性受害者提供有力的司法保障。

5. 加大劳动监察力度

经由劳动监察，由劳动监察部门给予女性工作人员遭受就业歧视以行政上的救济。通过劳动监察，可以比较快速地发现用人单位存在歧视女性工作人员的行为，避免被歧视人员因各种顾虑不敢用法律维护自己权益。目前我国劳动监察体制在实施中存在不少问题，为此需要从明确劳动监督的范围、保证劳动监察调查取证工作的顺利开展和惩罚的有效执行、提高违反就业歧视的处罚数额、提升劳动监察人员的职业素养等方面进行完善。

三、女性职场性骚扰问题与探讨

性骚扰一直是一个非常敏感的职场问题，甚至是社会问题，在《中华人民共和国民法典》出台以前，《中华人民共和国妇女权益保障法》第四十条规定了，禁止对妇女实施性骚扰。受害妇女有权向单位和有关机关投诉。《中华人民共和国治安管理处罚法》第四十二条第五项和第四十四条中规定，多次发送淫秽信息，干扰他人正常生活的，或者猥亵他人、在公共场所故意裸露身体的，应当受到治安管理处罚。《女职工劳动保护特别规定》第十一条规定，在劳动场所，用人单位应当预防和制止对女职工的性骚扰。然而，即便如此，2021年之前我国司法实践中性骚扰受害者维权仍然存在较大难度，因此，必须构建相关防治体系，从根本上遏制职场性骚扰问题的出现和蔓延，真正赋予性骚扰受害者有力的法律武器，让性骚扰维权有法可依，让责任落到实处。

（一）职场性骚扰的主要类型与表现

《中华人民共和国民法典》中关于性骚扰的定义是指违背他人意愿，以言语、文字、图像、肢体行为等方式对他人实施性骚扰的行为。性骚扰是以性欲为出发点的骚扰，以带有性暗示的言语或动作针对被骚扰对象，引起对方的不悦感或者是抗拒反应。狭义上的性骚扰指职场性骚扰，广义上的性骚扰包括公共环境中的性骚扰。

职场性骚扰，是发生在工作场所的，以动作、语言、文字、图片、电子信息等方式实施的，与性有关的、违背员工意愿的行为。

从职场性骚扰行为特征来看,其主要分为以下三种类型:

(1)交换型性骚扰。这是我们经常提及的典型性骚扰类型,它是指企业雇主或者由于工作关系而具有管理、领导权力的人,用性行为的方式,明示或者暗示女性员工,以作为其在工作方面的某种利益交换。也就是社会公众经常提到的"潜规则"。如果女性员工接受"潜规则",就会得到职务的晋升或者额外的薪水和福利待遇等。如果女性员工拒绝"潜规则",通常伴随其的将是工作上的不平等对待或是失去工作机会。交换型性骚扰是最常见,也是最直接的职场性骚扰类型。

(2)敌意工作环境性骚扰。这种性骚扰是指骚扰者违背女性员工意愿,刻意制造一个影响其工作状态的敌意环境,在该环境下,女性员工的自由、尊严等容易受到侵害,进而影响其工作状态。在敌意工作环境性骚扰中,骚扰行为人没有特定限制,可以是受害者同事,也可以是同事之外的第三人。

(3)性的徇私。性的徇私是指企业雇主要求女性员工答应提供与性相关的无理要求,从而会在工作或者待遇方面给予该下属优惠。这对于其他不接受该性相关无理要求的女性员工,构成了一种骚扰行为。性的徇私是交换性骚扰的衍生,会影响企业的和谐工作氛围。

职场性骚扰主要有以下特征:(1)利用职权或者职务之便产生的性骚扰。既可以是上下级之间,也可以是同级同事之间,甚至可以是顾客、客户与员工之间。既存在于办公场所,也存在于与工作有关的非办公场所。(2)与性有关。如,发送含有性意味的文字、视频、图像等,以提拔或者金钱进行性交换,反复凝视对方身体敏感部位等。(3)违背受害人意愿。表现为受害人直接说"不",借口推辞、转移话题等。

(二)我国关于性骚扰的法律规定及实践操作中存在的问题

《中华人民共和国妇女权益保障法》中,首次对性骚扰做出明确规定,而在此前出台的宪法、民法通则、刑法等法律中,虽然有相关保障公民人格尊严、性权利等的规定,但并未对性骚扰问题进行明确规定。《中华人民共和国妇女权益保障法》首次将性骚扰写入法律规范,虽然只是原则性的规定,但也是我国妇女权益立法的里程碑。它表明了我国政府对于性骚扰行为的态度,也为地方立法提供了重要依据。

《女职工劳动保护特别规定》第十一条进一步将"职场性骚扰"纳入了法律调整范畴,该规定明确了企业防止职场性骚扰的责任和义务,而且延伸了对于女职工的保障范围。《女职工劳动保护特别规定》第十一条规定:在劳动场所,用人单位应当预防和制止对女职工的性骚扰。第十五条规定:用人单位违反本规定,侵害女职工合法权益,造成女职工损害的,依法给予赔偿;用人单位及其直接负责的主管人员和其他直接责任人员构成犯罪的,依法追究刑事责任。虽然,

第二章　女性法律智慧——职场就业篇

性骚扰行为侵害了他人的性自主权，属于一般侵权行为，行为人应按照一般侵权行为规则直接承担侵权责任。但是在工作场所，行为人实施性骚扰行为，既侵害了他人的性自主权，也侵害了职场的劳动安全，破坏了劳动秩序，对劳动者的权利也构成了侵害。因此，在职场发生的性骚扰行为，在损害后果方面构成了对两个方面的侵害：一是受害人的性自主权受到侵害；二是受害人作为劳动者，在职场劳动中没有得到安全保护，性的利益受到不安全的职场秩序的侵害。所以在工作场所发生的性侵害，除了行为人要承担侵权责任以外，雇主也要承担特殊侵权责任。

《中华人民共和国民法典》第一千零一十条性骚扰的民事责任与单位预防义务：违背他人意愿，以言语、文字、图像、肢体行为等方式对他人实施性骚扰的，受害人有权依法请求行为人承担民事责任。由此，我们看到，不是只有肢体接触才算性骚扰，实施性骚扰行为除了肢体接触之外还有言语、文字、图像等方式。《民法典》对性骚扰的定义大于我们普遍观念中的"电车咸猪手"范围，发送带有性内容或者与性有关的语音、文字、图片、声像、电子信息等也有可能构成性骚扰。

依据《中华人民共和国民法典》的规定，违背他人意愿，以言语、文字、图像、肢体行为等方式对他人实施性骚扰的，受害人有权依法请求行为人承担民事责任，且性骚扰人还要承担治安处罚的责任。

如果被性骚扰了，该如何维权？在《中华人民共和国民法典》实施之前，性骚扰受害者维权的途径一般只有向所在单位投诉或向公安机关报案。然而，向单位投诉的途径在面对性骚扰实施者非本单位员工的情况时收效甚微。向公安机关报案一般需要将性骚扰实施者"现场抓包"，且公安机关对骚扰情节的严重程度也会有一定要求。更重要的是，这两种维权途径受害者都要面临将自己的受害经历"公之于众"的窘境。

机关、企业、学校等单位应当采取合理的预防、受理投诉、调查处置等措施，防止和制止利用职权、从属关系等实施性骚扰。

《中华人民共和国民法典》实施后，性骚扰受害者可以通过民事诉讼方式维护自己的合法权益，要求骚扰者承担民事赔偿责任。对于常见的职场性骚扰、校园性骚扰，受害人还可以依据《中华人民共和国民法典》第一千零一十条第二款规定，请求未采取合理预防处置措施的机关、企业、学校等单位承担赔偿责任。

作为用人单位或学校，采取相应措施可以避免承担因性骚扰导致的赔偿责任。例如，用人单位提供安全的工作环境，告知员工性骚扰的惩罚机制及救济程序机制，为调查提供必要的信息，为受害人提供相应的协助等，当用人单位未尽到采取合理措施的义务时，受害人有权追究单位民事责任。

(三)预防和制止女性职场性骚扰的建议

完善法律,逐步构建我国防止职场性骚扰的法律体系,可从根本上解决职场性骚扰问题。具体我们可以从以下方面进行女性职场性骚扰的法律体系构建和防范措施。

1. 完善相关法律体系设计

(1)强化顶层立法。加强顶层设计,自上而下进行立法设计,上位法为下位法的订立提供明确依据和判断标准。

(2)明确雇主责任。明确雇主责任,目的是提高雇主的违约成本,特别是在内部管理上付出的代价。例如,在司法实践中,在职场内部出现"交换型性骚扰"时,雇主需要承担无过错责任。这种规定的主要原因是"交换型性骚扰"的施暴主体通常为企业管理人员,在企业中拥有一定权力,包括雇主本身和企业的管理层等。该行为非常恶劣,其存在明显的权力压制现象,为了满足施暴者的个人私欲,受害者通常不敢直接拒绝,为了避免对当前工作甚至以后工作的负面影响,即使受害者想要维权,也十分困难,因此需要加重雇主责任。雇主及企业作为强势方,在证据获取方面存在天然优势,因此需要对雇主设置无过错责任。

(3)建立全方位治理体系。预防性骚扰的首要步骤就是建立风险管控长效机制,将其制度化。我们可以借鉴境内、境外已发布的指引性文件建立完善的防治体系。如全国总工会编制的《促进工作场所性别平等指导手册》,在不同程度上给出了性骚扰防治细节性指导。各大跨国企业制定的反性骚扰政策通常明文规定了事前、事中、事后的防治流程,主要涵盖企业文化及立场、定期沟通培训、设立申诉渠道、举报与投诉、惩处与救济、自身检讨与评估六大板块。

2. 完善配套制度建设

(1)尽快建立健全防治职场性骚扰规章制度

①明确职场性骚扰的界定,并明令禁止职场性骚扰行为;②明确单位内部防治职场性骚扰专门机构及其具体职责,以及投诉电话;③明确单位管理人员防治职场性骚扰的义务;④明确单位预防性骚扰的措施;⑤明确对性骚扰的投诉受理、调查取证、认定处理程序;⑥明确处罚措施;⑦防止打击报复;⑧对受害人实施救助。

(2)加强用人单位对员工进行相关教育培训。以公开方式发布相关规章制度,确保全体员工知悉职场性骚扰和防止性骚扰的相关法律知识,并对员工和管理层进行培训。

(3)要为劳动者创建安全、文明的工作环境。尽量避免设置独立或者私密性过强的办公空间,可以在办公场所合法、合规安装监控设备,避免在举办年会、员工培训、团建时出现低俗化现场。

(4)要构建企业内部的性骚扰调解制度。在企业设立职场性骚扰的调解机构。公司在职场性骚扰案件中的处罚要有力度及威慑性。

（5）探索建立企业黑名单制度。企业黑名单制度可以督促雇主主动关注职场性骚扰，投入更多的时间和精力防止职场性骚扰问题。如果企业进入了黑名单，则女性劳动者自然会产生防范心理，拒绝为该公司提供劳动。当然，这个黑名单是流动性的，如果企业在出现问题后进行了积极整改，就可以从黑名单中删除。

（四）女性自我安全防范建议

强化女性的自我救济能力、自主维权意识。讲解求助、自救方式，自主取证技巧。

1. 提高警惕。女性员工应对某些封闭的工作场所提高警惕，如厂房、卫生间、没有监控的办公室或走廊。

2. 拒绝沉默，坚持说"不"。这一条很关键，是明确态度、摆明立场的关键一步。遭到侵害时，女性应有意识地寻求脱身机会及外部帮助。如借口"这里空气不太好，我们去外面聊"，或者直接摆明立场"你这种言论已经涉嫌违法，请自重"，抑或立即回避、阻断对方进一步实施违法行为的可能。

3. 保留证据，提高取证意识。视听资料、电子数据、证人证言都可以。也可积极利用各种申诉渠道固定证据，即便受害人仅有单方陈述，由于相关部门的取证能力较个人强，一旦事件进入调查，会有更多证据浮出水面。

4. 及时处理。牢记紧急求助热线，保证能及时获得帮助。如职工维权热线12351、妇女维权热线12338，以便进一步向公安机关报案，向人民法院起诉。

第三章　女性法律智慧
——自主创业篇

本章导言

　　推进大众创业、万众创新，是发展的动力之源，也是富民之道、公平之计、强国之策。十九届五次全会提出，坚持创新在我国现代化建设全局中的核心地位，把科技自立自强作为国家发展的战略支撑，面向世界科技前沿、面向经济主战场、面向国家重大需求、面向人民生命健康，深入实施科教兴国战略、人才强国战略、创新驱动发展战略，完善国家创新体系，加快建设科技强国。要强化国家战略科技力量，提升企业技术创新能力，激发人才创新活力，完善科技创新体制、机制，提出把创业、创新与人、企业这几个关键要素紧密结合在一起，不仅突出要打造经济增长的引擎，而且突出要打造就业和社会发展的引擎，不仅突出精英创业，而且突出草根创业、实用性创新，体现了创业、创新、人和企业"四位一体"的创新发展总要求，揭示了创新创业理论的科学内涵和本质要求，为创新创业理论和实践研究开辟了崭新的天地。

　　近几年来，随着创业浪潮的兴起，参与创业活动的女性也越来越多了。她们自强自立，艰苦创业，在各行各业带领企业在市场经济的浪潮中迎难而上、奋力拼搏，已经成为推动经济发展的重要力量。本章将重点从女性创业及法律风险，女性创业初期法律问题的解读及女性创业经营中的法律问题几个方面介绍女性在自主创业中的法律问题。

第一节　女性创业及法律风险概述

　　创业风险是每一个创业者面临的难题，也是创业者想方设法要避免的问题。越来越多的创业者已经逐步认识到法律风险防范的重要性。了解创业的规律，学习法律知识，认知创业中的法律风险并积极采取防范措施，对于提升创业的成功率，减少创业者的损失具有重要意义。

一、女性创业现状分析

创业是一种普遍的活动，但到底什么是创业呢？对于创业的含义，每个人的看法都不尽相同。首先我们从创业字面上理解，创业可以泛指一切开创性的社会活动，创业的一般性含义即指开拓、开创业绩，包括个人、集体、国家和社会的各项事业。概括说来，创业是指发现和捕捉机会并由此创办企业提供新的产品或服务，从而创造财富的过程，或者说创业是发现、创造和利用商业机会，组合生产要素以谋求获得商业成功的过程或活动。

一般来讲创业具备以下几个特征：创业是创造新鲜事物的过程。创业需要贡献必要的时间，付出极大的努力。创业须承担必然存在的风险。金融、精神、社会领域及家庭等。对于一个真正的创业者，创业过程不但充满了激情、艰辛、挫折、忧虑、痛苦和徘徊，还需要付出坚持不懈的努力，当然，渐进的成功也将带来无穷的欢乐与分享不尽的幸福。创业是一种劳动方式，是一种无中生有的财富现象，是一种需要创业者组织、运用服务、技术、器物作业的思考、推理、判断的行为。

随着我国社会文明的进步，以及社会转型、体制改革等带来的经济环境的转变，中国女性的人生观、价值观发生了颠覆性变化，女性逐渐从精神、经济等方面独立起来，并在社会财富创造方面表现出女性独有的天赋。因此，越来越多的女性朋友加入创业的队伍，用自己的勤恳与坚韧实现着女性特有的精彩人生！女性创业成为时下中国经济中的一股时尚潮流，并在社会经济中起着越来越重要的地位。女性创业和女企业家在财富创造及就业机会中所做出的贡献也越来越受到人们关注。

网络相关调研数据发现，自改革开放以来，中国女性经营者的队伍迅速崛起。21世纪初期，中国女企业家约占中国企业家总数的20%，其中个体和私营经济中的女企业家占所有女企业家总数的41%。近十年来，中国妇女创业的进程明显加快。相信在未来的一段时间内还将保持一定的增幅。种种迹象表明，中国女性正步入创业的"春天"。

从女性投资创业的年龄层次来看，中国女企业家年龄较轻，文化程度较高，充满创业的激情与活力。有统计表明，有80%的女企业家年龄在30~50岁，受过大专以上教育的女企业家约占女企业家总数的一半以上。这些女企业家所从事的领域多在服务业，占到45%左右。

从女性投资创业的行业领域来看，女性投资创业者可选的经营项目面广，从涉及日常生活的吃喝玩乐到科技含量很高的通信、教育、科技等。通过网络调研发现，女性投资创业的主营阵地多集中在第三产业。从事零售商业的女性投资创业者人数最多，占38.1%，纺织服装占19%，餐饮占14.29%。与男性相比，女性更善于合作，更善于处理各种人际关系，情商更高，所以女性创业者大多把自己的眼光放在了专门与人打交道的服务业。较男性，从女性创业者的项目类别来看，从事批零贸易和餐饮业的女企业家比例明显高于男企业家，多达16.6个百分点，从事社会服务业和房地产业的女企业家比例也高于男企业家，分别多3.4个百分点和2.2个百分点，而从事其他各行业的女企业家比例则低于男企业家，其中制造业低9个百分点。同时，女性相较男性心思更细、韧性更强、心理负担小，因此，在一些中小项目上优势更为明显。

从女性创业运作的项目规模来看，女性投资创业的项目中多以百万元以下的项目为主。一方面与女性求稳的心理有关，另一方面则是由于较男性而言，女性创业者难以获得大的资金资助。这也使得女性投资创业规模不会很大。运作项目的投资金额当然在一定程度上制约了项目的规模和初始起点，但可以通过后期的盈利表现进行一定改观。

二、大学生自主创业政策法规

为支持大学生创业，国家和各级政府出台了许多优惠政策，涉及融资、开业、税收、创业培训、创业指导等诸多方面。

大学毕业生在毕业后两年内自主创业，到创业实体所在地的工商部门办理营业执照，注册资本在50万元以下的，允许分期到位，首期到位资金不低于注册资本的10%（出资额不低于3万元），1年内实缴注册资本追加到50%以上，余款可在3年内分期到位。

大学毕业生新办咨询业、信息业、技术服务业的企业或经营单位，经税务部门批准，免征企业所得税两年，新办从事交通运输、邮电通信的企业或经营单位，经税务部门批准，第一年免征企业所得税，第二年减半征收企业所得税，新办从事公用事业、商业、物资业、对外贸易业、旅游业、物流业、仓储业、居民服务业、饮食业、教育文化事业、卫生事业的企业或经营单位，经税务部门批准，免征企业所得税一年。

各国有商业银行、股份制银行、城市商业银行和有条件的城市信用社要为自主创业的毕业生提供小额贷款，并简化程序，提供开户和结算便利，贷款额度在2万元左右。贷款期限最长为两年，到期确定需延长的，可申请延期一次。贷款利息按照中国人民银行公布的贷款利率计算，担保最高限额为担保基金的5倍，期限与贷款期限相同。

政府人事行政部门所属的人才中介服务机构，免费为自主创业毕业生保管人事档案（包括代办社保、职称、档案工资等有关手续）2年，提供免费查询人才、劳动力供求信息，免费发布招聘广告等服务，适当减免参加人才集市或人才劳务交流活动收费，优惠为创办企业的员工提供一次培训、测评服务。

为引导大学生多渠道就业，尤其是鼓励自主创业和灵活就业，政府出台了

第三章 女性法律智慧——自主创业篇

《关于进一步做好普通高等学校毕业生就业工作的实施意见》。意见规定，对于自主创业的毕业生，可以在注册登记、贷款融资、税费减免、创业服务等方面获得扶持。大学生创业可以放宽一定的行业限制，比如，申办个体工商户、个人独资企业、合伙企业时，除法律法规另有规定的外，将不受最低出资金额限制。另外，某些省市还对高校毕业生创业提供以下优惠政策，只要从事高科技、现代制造、现代服务业等行业、领域的投资与经营，还可将家庭住所、租借房、临时商业用房等作为创业经营场所。

自主创业成为很多将毕业或毕业大学生的选择。但在市场经济中，创业的法律风险却不会因为是大学生创业而开"绿灯"。大学生在创业过程中遭遇法律问题的事时有发生。

案例分享

小王是中南大学铁道校区大三的学生，他与另外三名有创业想法的同学一拍即合，每人投资4000元准备开店。他们看中了校园附近一个闲置的店面，承租者是一位姓孙的女老板，她同意以万元转让这个店面两年的使用权，但不要让房东知道店面转租给他们，如果房东问起，就说他们几个是帮她打工的，以此避免房东找麻烦。小王等人虽然知道孙老板不是真正的房东，但涉世未深的他们不知道一定要经过房东的同意才能租房，以为签协议就能保障他们的权利（根据我国法律规定，没有经过房东同意擅自转租房屋是无效行为，所签订的门面转让协议也无效）。小王等人与孙老板签订了协议后，先支付了7000元钱店租。

当小王等人正对店面进行装修时，房东闻讯赶来阻止。房东表示，他和孙老板签订的合同上明确写了"该房子只允许做理发店，并且不允许转租"。由此，房东与孙老板发生了冲突，并锁住了店门。不甘示弱的孙老板也跟着在店门上挂了一把锁。三把锁锁死了他们的创业之路。

此后，孙老板就无影无踪，手机关机，也没做任何解释。房东也不愿意和小王他们协商，反正房租已经收到了年底。这可苦了创业的几名大学生，付给孙老板的7000元房租，加上门面装修花费了5000多元以及进货花去的钱，4人凑的万元已经所剩无几。后来，孙老板终于出现，她向小王等人提出两个方案：一是，小王等人将剩下的5000元租金交齐，她再想办法和房东协商，让房东同意他们经营。二是，如果要她退还7000元店租，小王他们必须把已经装修了的店面恢复原状，并补偿她两个月的误工费。

【分析与提示】其实，孙老板所称的"损失"应该与小王他们的损失合在一起由双方共同来承担。我国法律规定，在协议双方都知情的情况下，因合同无效造成的损失应由双方共同承担。所以，小王等人可以向法院提起诉讼，用法律的手段解决纠纷。通过该案例可知，法律风险是大学生创业过程最常见的风险之一，也是大学生创业失败的重要原因之一。因此，了解创业企业常见的法律风险,并采取相应的应对措施,是创业企业预防风险的必备步骤。

大学生作为创业中的一个特殊群体,其经常面对的各种共性法律问题,主要包括以下几个方面。

第一,创业初始阶段的资金、设备场地及办公场所等相关法律问题。由于学生的特殊身份,普遍没有财产可供抵押,又无银行个人信用记录,导致贷款困难。各地针对高校自主创业的学生,在工商注册、小额担保贷款、税费减免等方面均出台了各项优惠政策,高校需要在法律教育培训中让学生全面了解并加以利用。在创业基地中通过项目申报,创业所需的设备场地问题一般都能在校内解决,但对于一些企业经营类的创业计划经常会涉及在校外租店面及办公场所,这就需要高校向学生介绍《中华人民共和国合同法》中关于房屋租赁的相关法律规定。

第二,创业拓展阶段关于设立经营实体,进行行政审批的相关法律问题。对于创业经济组织的具体责任形式,我国《中华人民共和国个人独资企业法》《中华人民共和国公司法》《中华人民共和国中外合资经营企业法》及《中华人民共和国中外合作经营企业法》等一系列法规都有不同的规定,制定了多种企业组织形式。2005年《中华人民共和国公司法》中增加的一人有限责任公司及2006年《中华人民共和国合伙企业法》新增加的有限合伙企业的法律规定对学生创业有很好的辅助作用,可部分解决大学生创业存在的资金规模较小、筹措资金困难等问题。同时大学生创业需要依据《中华人民共和国企业登记管理条例》《中华人民共和国公司登记管理条例》以及消防、卫生等行政审批程序的一些具体规定办理相关手续。

第三,创业经营阶段涉及的市场交易及管理的相关法律问题。创业经营必然涉及市场主体间的各种交易行为,无论是从合同的订立到合同的履行,还是违约责任的承担,都与《中华人民共和国合同法》关系密切。同时应了解《中华人民共和国产品质量法》《中华人民共和国劳动法》《中华人民共和国票据法》《中华人民共和国保险法》《中华人民共和国反不正当竞争法》等法律中与自身创业有关的法律规定。

第四,创业经营阶段涉及知识产权的相关法律问题。创业经营阶段应该在法律允许的范围内使用他人的知识产权。目前我国已经建立了一个比较完备的知识产权法律保护体系。主要包括《中华人民共和国商标法》《中华人民共和国著作权法》《中华人民共和国专利法》等法律法规。大学生创业之初可以利用专利先行公开的特点,合理利用现有专利给自己的创业提供技术开发的思路和可行性支持,同时要保证不侵犯他人的专利权。具体经营中如何合法使用商标专利等知识产权都是创业法律教育必须深入细致讲解的内容。

第五,创业过程中纠纷解决的相关法律问题。学生要了解《中华人民共和国民事诉讼法》《中华人民共和国行政诉讼法》《中华人民共和国仲裁法》中规定的具体诉讼程序,要具有积极收集证据的法律意识,面对交易金额较大、商品较多的经济往来要多采用书面合同文本形式。

三、女性创业法律风险评估及法律风险防范机制的构建

在经济新常态背景下,女性创新创业已成为常见的现象。然而由于受到女性自身特征等方面的影响,使得其对相关法律风险缺乏深刻的认识,导致其合法权益受到损害。由此可见,强化女性对创新创业法律风险的识别并对其进行防范是当下亟待解决的问题。

案例分享

女大学生秦某在上海读大学时,通过熟人与中国联通上海分公司一级代理商上海美天通信工程设备有限公司取得联系,并得知"美天"正准备推广CDMA校园卡业务。秦某认为可以发动老师、同学购买,赢利几乎唾手可得。由于"美天"要求必须与公司为主体来签协议,秦某和几名同学在家长的帮助下,注册了上海想云科技咨询有限公司,以该公司的名义与"美天"签署了《CDMA校园卡集团用户销售协议书》。协议约定:"想云"在上海大学进行CDMA手机及UIM卡捆绑销售的权利,并对校园卡用户资料真实性及履行协议承担保证责任,用户必须凭学生证和教师证购买,一人一台;如"想云"发展用户不真实,"美天"有权停机,"想云"承担不合格用户的全部欠费……在同学和老师的宣传下,生意很红火,一共发展了4196名用户。"想云"可从"美天"获得10余万元的回报。但是"美天"在支付了2万元钱后,联通公司发现"想云"递交的客户资料中有几百份是虚假的,有一部分根本不是校园用户,有的是冒用别人的身份证,最终形成了大量欠费。"美天"为此得赔偿联通442户不良用户的欠费52万余元,联通还扣减"美天"406部虚假用户和不良用户的手机补贴款36万余元。"美天"将"想云"及秦某起诉到法院,要求"想云"及秦某承担上述赔偿款项,另赔偿"美天"406部虚假、不良用户手机的补贴差价6万余元,未归还的手机价款15万余元和卡款5100元,总计100万元左右。

一审法院认定秦某借用"想云"公司名义与"美天"签订销售协议,协议书上是秦某的签名和"想云"的公章,并无其他"想云"公司的人员参与,故秦某与"想云"公司共同承担100万元的赔偿责任。由于"想云"本来就是为这项业务成立的公司,加上经营亏损,已被吊销营业执照,秦某成了债务承担人。一分钱没挣到的秦某反背上了100多万元的债务。

秦某不服判决,称自己凭肉眼无法辨别证件的真伪,而业务受理地都有"美天"的工作人员,"美天"公司也有专门辨识证件真伪的仪器,但是"美天"却要求自己承担所有损失,显然有失公平,遂上诉到二中院要求改判。但是二中院

经审理后，维持了原判。

【分析与提示】 近年来，选择自主创业的女性数量日渐增多，但创业成功率却始终得不到显著提升。究其根本可以发现，这都是在创业过程中创业者本身并不具备充足的法律风险防范意识导致的，加之自身市场经验缺乏、管理技能不成熟等，从而面临诉讼缠身、企业破产的困境。女性创新创业是一个较为复杂的过程，必须在有相应法律支持的前提下才可实现稳定运转，且市场环境下人人平等，并不会考虑女性身份的特殊性就给予特殊优待。任何市场经济下的企业，也都面临着来自市场、政策和法律方面的风险，而想要有效规避因风险给企业带来的困境，就必须强化创业过程中的风险识别与防范。其中针对法律风险的识别与防范更为重要。这是因为法律风险可能会使企业陷入复杂的法律纠纷中，甚至会因严重的法律纠纷使企业面临撤销或破产的威胁。

女性创业者无论是在创业前期，还是创业过程中，都应加强对创业相关的法律知识的学习，提升自身的法律风险识别能力和防范能力，规避创业过程中的各类法律风险，这对保障创业能够获得成功具有极为重要的现实意义。对于女性创新创业法律风险的防范路径可以从以下几个方面着手。

第一，强化法律意识。市场经济从本质来讲属于法治经济，因此只要是处于市场经济环境下的商业行为都要严格遵循现有的市场规则和法律规则，以此实施各类生产和经营活动。由于女性创新创业缺乏丰富的商业经验，在实施交易活动中对隐藏的法律属性和规则认识不足，所以想要更好地对创新创业法律风险进行防范，就需要创业者不断强化法律意识，在创新创业过程中始终以市场规则和法律规则来提醒自己并约束自身行为，准确了解行为边界和自身的合法权益，清晰地认识受法律支持的商业交易结构构成。也只有对法律规则有充分认识且具有一定的风险防范意识，才能保证创新创业活动在法律层面的合理性，这也是后续创新创业活动开展的基础。同时，创新创业还是对以往商业模式实施创新的一个过程，因此具有开创性和革新性特征，也正是由于此特性的存在，更需要创业者对自身的创业活动和实施的商业行为进行充分的考量，看其是否存在法律风险。例如，在产品创新时要考虑到是否侵害到已有产品的知识产权，在建构企业过程中的人员组织是否与劳动法的相关规定相符合等。

第二，学习法律专业知识。纵观现行的法律法规基本形式，它是由各类规范化体系集合而成的，都是借助文字的形式对人及企业各类行为产生约束作用的规则和制度。女性创新创业群体在实施创业活动时必须建立在对商业环境法律常识有一定了解的基础上，例如，有限责任公司性质是什么、劳动合同关系建立方式、合伙制企业是什么、企业正常运行过程中需要交纳的税款都涉及哪几个方面等。这就需要创业者不仅要了解相关法律规定，还要在此基础上仔细深入研究一些与法律相关的书籍材料，并在企业创建和运营过程中，充分考虑企业经营各环节可能涉及的法律问题和风险。在长期法律知识的累积下，创业者即可实现法律规则和商业规则的有效融合，从而有效规避各种法律风险，最终实现创业活动稳定运行的目的。

第三，获取丰富的法律教育资源。创业者想要提升自身的法律意识，有效防范各类风险，就必须以获取丰富的教育资源为支撑。因此，创业者可以选择接受系统化和专业化的法律知识教育，以此达到提升自身法律素养和风险防范技能的目的。概括来讲，法律资源获取方式可以分为校内法律教育资源和校外法律教育资源。因此，有创新创业想法的学生要充分借助校内的法律教育资源，接受较为系统的法律知识教育，通过理论培养、案例分析和实践探索等环节使自身逐步建立起完善的法律思维和意识，对维护自身法律权益和规避法律风险的具体思路和路径有大致的了解。另外，校外法律教育资源的利用也是需要创业者着重关注的问题，如积极参与一些法律知识的讲座或接受校外的法律技能培训等，通过这些方式，也能使大学生创业者的法律风险意识有显著提升。

第四，借助法律保障机制。在创新创业的过程中，各种利益纠纷或法律纠纷也时常出现，甚至部分纠纷过于尖锐，在处理时较为棘手。在此背景下，实施创新创业的创业者可以借助当下多样化的法律保障机制作为辅助手段，以此应对面临的法律风险，从而有效保障自身的合法权益不受侵害。例如，当自身的合法权益受到侵害时，可以及时向司法机关或行政机关等寻求帮助，或向法律事务所等专业机构进行咨询，听取专业机构关于此次事件的具体看法和法律意见。同时，利用其专业化的法律帮助，使自身对法律事实和法律关系有清晰的认知，从而为后续相应的法律措施和手段的使用提供帮助。

目前，创业者在建立法律风险防范管理机制方面，已能形成"事前预防、事中控制、事后救济"的风险认识，关键在于创业者建立怎样的管理机制进行操作，达到控制法律风险的目标。基于此，法律风险防范管理机制的建立，至少应当包括以下几个方面。

第一，法律风险管理的制度建设。

（1）建立合同管理制度，合同是企业进行投资、交易等外部经济行为的重要内容，也是法律风险容易产生的地方。通常设计合同管理时会将重点放在减少不利风险，且良好的合同管理通常反过来会带来正面收益。因此，合同管理是控制企业法律风险的重要渠道。

（2）建立劳动关系法律事务管理制度，企业的运作与经营离不开人。在一些特殊的行业，如高新技术行业，人的因素在企业发展中作用更大。因此，建立及完善包括工资、劳务、员工招聘、培训、辞退、工伤事故等相关劳动法律制度，降低此方面可能出现的法律风险，对于企业平稳运行具有重要的意义。

（3）建立知识产权管理制度。在今天以技术为主的年代，知识产权对许多企业而言是其发展的基础。一般来讲，在知识产权方面，其法律事务管理包括：为企业的发明等申请专利，维护企业的注册商标，制订相应的商业秘密保护措施，制订实施知识产权权利的策略、防范知识产权侵权索赔、建立知识产权资产管理、运营即收益等制度。通过这些制度的建立，保障企业在知识产权方面的安全。

（4）建立索赔、诉讼事项管理制度。索赔、诉讼事项属于法律风险防范的事后救济，也是其中非常重要的内容。其法律事务管理包括：合同履行的跟踪审查，对可能出现索赔、诉讼事项的监管，聘请专业法律人员起诉、应诉等。

第二，明确企业法律风险防范部门的职责。

（1）建立健全法律顾问制度。法律顾问制度是企业法律风险防范体系构建方面的重要内容。由法律顾问全面领导公司的法律事务，负责制订法律风险管理战略的具体实施计划，并全面指导协调法律风险防范部门与有关业务部门在工作中的分工和配合，对于法律风险的防范将起到重要作用。

（2）明确法律顾问的法律风险防范职责。建立法律顾问队伍团队，提高素质。发现、识别经营生产和管理活动中的潜在法律风险。法律事务团队与业务部门之间应当建立良好的沟通机制，保证法律事务部门能够提前获知项目的有关背景和具体进展情况，以便及时提供有针对性的法律建议。

（3）聘请法律专业机构对企业的法律风险进行评估及提供综合性的法律服务。企业法律风险防范最合适的人选，当然是执业律师。作为律师，首先有着专业的法学知识，有着娴熟的法学技能，能够从专业化的角度提供服务。其次，执业律师活跃在法学实践第一线，掌握着第一手真实资料，及时了解最新规定，了解执法者的执法理念，能够做出准确的判断。

第三，加大对员工法律知识的培训力度，提高全体员工的法律意识和法律素质。公司单靠几个法律顾问从事法律风险防范工作是远远不够的。公司设立、生产、经营、管理的每个环节，法律风险无处不在，每个环节中从事不同工作的员工，都应当有较强的法律意识。实际上，公司从购买原材料到生产环节，再到销售环节、货款回收环节、财务管理环节，都不同程度地存在各种法律风险，这就要求公司每个员工，各司其职，各负其责，每个员工都应当有一定的法律知识，最起码头脑中应当有一根"法律弦"，所以公司对员工进行法律培训，增强其法律意识，提高其法律素质，是完全有必要的。

第二节　女性创业初期相关法律问题

创业阶段的企业由于处于初创和成长阶段，往往重市场，轻管理，重效益，轻制度，忽略法律风险的存在，为企业做大做强埋下了隐患。

第三章 女性法律智慧——自主创业篇

一、女性创业组织形态选择

个人创业可以选择的形式主要有：申请登记从事个体工商户，设立合伙企业，设立个人独资企业，设立有限责任公司。各自承担的责任形式是不一样的。注册个体工商户对资金没有法定要求，其经营收入归公民个人或家庭所有。其中个人经营的，债务以个人财产偿还；家庭经营的，债务以家庭财产偿还。合伙企业对企业债务先用合伙企业财产抵偿，在抵偿不足时，由合伙人以其财产承担无限连带责任。由于合伙人对合伙企业债务承担无限连带责任，故风险较大。一个自然人可以设立个人独资企业。个人独资企业解散后，原投资人对个人独资企业存续期间的债务仍应承担偿还责任，但债权人在五年内未向债务人提出偿债请求的，该责任消灭。如果要设立有限责任公司，公司以其资产对公司债务承担有限责任，股东以其出资额为限对公司承担责任。在创业初期，建议采用有限责任公司形式以降低创业风险。

在个人创业过程中，投资人都把企业认为是自己的，企业的钱也是自己的。但是在公司制度中这种意识是危险的，公司是独立的，是已经脱离投资人的独立的"法人"。如果公司和自己的钱分不清的话，需要对公司债务承担连带责任，还有可能涉及挪用资金罪等刑事案件。尤其在一人公司中，股东不能证明公司财产独立于股东自己的财产的，应当对公司债务承担连带责任。所以，公司要建立完善的财务制度，投资人要把企业和个人财产分开，避免法律风险。

合伙人之间一定要签订合伙协议、投资协议或章程等文件。合伙协议和公司章程是投资者之间权利义务分配的依据，主要涉及了利润分配和权力的行使等。一旦有一方违反相关规定，守约方是可以依据约定追究违约方责任的。

合伙人是否也要签订竞业及商业保密协议，这个要具体分析。对于客户资源特殊的行业，合伙人约定合作期间和合作结束两年内不得从事同行业和高相关度的行业是有必要的，这样可以有效防止个人私心的膨胀而导致分裂。竞业协议可延伸到企业核心人员和中高管理层，且在新员工入职前就实施。

创业企业在初期是否就要有规范的其他公司制度（规章制度）也是个普遍不受重视的方面，很多创业企业觉得没有必要或者没时间制订。实际上当一个公司运营超过半年，规章制度的必要性就会体现出来。规章制度可以规范高管与公司的关系，规范员工与公司的关系，确立会议、考勤、奖惩等制度。成功的企业多制度，其目的是使企业运作平稳、流畅、高效，并可防患于未然。

二、女性创业机会识别与评估

（一）女性创业机会的识别

创业机会是指在市场经济条件下，社会的经济活动过程中形成和产生的一种有利于企业经营成功的因素，是一种带有偶然性并能被经营者认识和利用的契机。如何识别创业机会，在成功创业的路上，是创业者首先要解决的问题。好的创业机会必然具有特定的市场定位，专注于满足顾客需求，同时能为顾客带来增值的效果，创业需要机会，机会要靠发现。

在现实经济生活中，适于创业的机会并不是很多。创业者需要借助"机会选择漏斗"，经过一层又一层筛选，在众多机会中选出真正适于自己的创业机会。具体做法如下：

首先要筛选出较好的创业机会。一般而言，较好的创业机会有如下特点：一是在前景市场中，前五年中的市场需求会稳步快速增长；二是创业者能够获得利用该机会所需的关键资源；三是创业者不会被锁定在"刚性的创业路径"上，而是可以中途调整创业的"技术路径"；四是创业者有可能创造新的市场需求；五是特定机会的商业风险是明朗的，且至少有部分创业者能够承受相应风险。

然后就是要筛选出利己的创业机会。面对较好的创业机会，特定的创业者需要明确下列问题：一是创业者能否获得自己缺少但他人控制的资源；二是遇到竞争时，自己是否有能力与之抗衡；三是是否存在该创业者可能创造的新增市场；四是该创业者是否有能力承受利用该机会的各种风险。

创业者不仅要善于发现机会，更需要正确把握并果敢行动，将机会变成现实的结果，这样才有可能在最恰当的时候出击，获得成功。把握创业机会，应注意以下几点：

第一，着眼于问题，把握机会。机会并不意味着无须代价就能获得，许多成功的企业都是从解决问题起步的。问题，就是现实与理想的差距。顾客需求在没有满足之前就是问题，而设法满足这一需求，就抓住了市场机会。

第二，跟踪技术创新，把握机会。世界产业发展的历史告诉我们，几乎每一个新兴产业的形成和发展，都是技术创新的结果。产业的变更或产品的替代，既满足了顾客需求，也带来了前所未有的创业机会。在市场夹缝中把握机会，创业机会存在于为顾客创造价值的产品或服务中，而顾客的需求是有差异的。创业者要善于找出顾客的特殊需要，根据顾客的个性需要认真研究其需求特征，进而发现和把握商机。

第三，捕捉政策变化把握机会。中国市场受政策影响很大，新政策出台往往引发新商机，如果创业者善于研究和利用政策，就能抓住商机站在潮头。

所有的创业行为都来自绝佳的创业机会，创业团队与投资者均对于创业前景寄予极高的期待，创业者更是对创业机会在未来所能带来的丰厚利润满怀信心。但是，时常有悲剧的发生。为了尽可能地避免这样的情况，创业者应该先以比较客观的方式进行评估。

不同的人有不同的条件，因此也该根据创业者自身的特性来分析是否应该踏上创业的路，以及选择的创业方向是否是适合自己，主要看以下几个方面：

(1) 看创业者进入的产业。创业者进入的产业应当是已经处于上升期，但没完全达到大规模发展阶段。处于下降期的产业，说明进入的企业已经太多，竞争激烈，且多以规模效应来竞争。女性创业者应当选择自己具有优势的领域进入。如有现成客户，已拥有相关技术等。

(2) 每个领域需要的资金投入都各有不同，如果是自己白手起家，又无任何足以打动风险投资人的项目的话，那么最好不要选择创业。有的创业者自己可能不具备所有资源，所以需要合作者来弥补。初创公司在员工的选择上其实与合作者是很相似的。

(3) 创业者还要注意投资人的选择。别人给你钱都是有代价的，他的目的是从你身上赚到更多的钱，而创业者也该选择对自己最有利的投资人，选择原则是互补。投资人不仅要能给你钱，还要能够给你的企业带来更多的品牌提升，更多的业务，更好的管理，这样才有利于自己的创业。

（二）女性创业机会的评估

创业者能够自己去识别和选择创业机会，根据自己的具体情况找到适合的创业方向，明确想做什么和能做什么以后，还要研究市场。市场需求是客观的，所能够做到的事是主观的，主观只有和客观保持一致，才能变成现实，才能有效益。因此，要尽所能，研究市场，捕捉信息，把握商机。机会从来都是垂青有心人的，做一个有心人，就会发现处处有市场，遍地是黄金，就会发现自己拥有的资产的最佳用处。此外还应该做以下的工作，为更好地创业做铺垫。

(1) 研究大家都在做什么，做什么最挣钱。不妨先注意向做得好的人虚心学习，学习他们经营的长处，摸清一些做生意的门道，积累必要的经验与资金。学习该行业的知识和技能，体会他们经营的不足之处，在自己做的时候力争改进。

(2) 研究自己家庭生活经常需要什么商品和服务。研究大众需求可以从自己的家庭需要开始，首先研究家里什么东西消费得最多。普通老百姓衣食住行的日常需要是稳定而广阔的市场。

(3) 研究当前及今后一段时间的社会热点，公众话题。对精明的商人来说，热点就是商机，就是挣钱的项目和题材。抓住热点，掌握题材，独具匠心就能挣钱。同时，注意潜在热点的预测和发现中，在热点没有完全热起来之前，就有所发现，有所准备，在别人没有发现商机时，能发现商机，就会更胜一筹。

(4) 研究社会难点，关注社会焦点。只要用心看就会发现身边有这样那样的"小麻烦"，看看能做什么来解决这些"麻烦"，这就是商机。

(5) 研究市场的地区性差异。不同的地区需要不同的产品和市场，地理因素的限制会带来不同地区之间的市场差异。市场的地区性差异是永远存在的，关键在于能不能发现，发现差异并做缩小差异的工作，就是在满足市场需求，就是挣钱之道。

（6）研究生活节奏变化而产生的市场需求。现代生活节奏越来越快，越来越多的人接受了"时间就是生命""时间就是金钱"的价值观念。快节奏的生活方式必然会产生新的市场需求，用金钱购买时间是现代都市人的普遍选择。精明的生意人会看到这一点，做各种各样适应人们快节奏生活需求的生意。

第三节 女性创业经营中的法律问题分析

在创业形势一片大好之下，仍普遍存在创业者对潜在的创业法律风险，特别是对合同、人力资源管理、知识产权保护、企业解散与注销等领域相关风险认知和预见能力较为薄弱的问题，这一现象在初创期尤为明显。

一、创业经营中的合同风险与防范

女性的创业活动，从法律意义上来讲，都是外化的契约性行为。目前，相当一部分女性创业者缺乏对合同法律的相关认知，契约意识差、合同审查草率、合同管理弱、合同纠纷的解决难以成为女性创业过程中一个巨大痛点。了解合同法律基本常识，树立合同意识，掌握基本的技巧，是提升女性创业能力的重要方面。

（一）合同的概念及分类

合同指的是平等主体的双方或当事人（自然人或法人）关于建立、变更、终止民事法律关系的协议。合同是双方的法律行为，即需要两个或两个以上的当事人互为意思表示。合同的分类是指基于一定的标准，将合同划分为不同的类型。一般来说，可以做出如下分类。

1. 根据法律是否明文规定了一定合同的名称，可以将合同分为有名合同与无名合同。有名合同，又称为典型合同，是指由法律赋予其特定名称及具体规则的合同。如我国《民法典》所规定的 19 类典型合同，包括买卖合同，供用电、水、气、热力合同，赠予合同，借款合同，保证合同，租赁合同，融资租赁合同，承揽合同，建设工程合同，运输合同，技术合同，保管合同，仓储合同，委托合同，物业服务合同，行纪合同，中介合同和合伙合同，都属于有名合同。法律关于有名合同内容的规定，主要是规范合同的内容，并非代替当事人订立合同。无名合同，又称非典型合同，是指法律上尚未确定一定的名称与规则的合同。根据合同自由原则，合同当事人可以自由决定合同的内容，只要不违背法律的禁止性规定和社会公共利益，就是有效的。

2. 根据合同当事人是否互相负有给付义务，可将合同分为双务合同和单务合同。双务合同是指当事人双方互负对待给付义务的合同，即双方当事人互享债权，互负债务，一方的权利正好是对方的义务，彼此形成对价关系。例如，在买卖合同中，卖方有获得价款的权利，而买方正好有支付价款的义务，反过来，买方有取得货物的权利，而卖方正好有交付货物并转移货物所有权的义务。单务合同，是指合同双方当事人中仅有一方负担义务，而另一方只享有权利的合同，例如，在借用合同中，只有借用人负有按约定使用并按期归还借用物的义务，又如在赠与合同中，赠与人负担交付赠与物的义务，而受赠人只享有接受赠与物的权利，不负担任何义务。在实践中，大多数的合同都是双务合同。

3. 根据合同当事人之间的权利义务是否存在对价关系，可以将合同分为有偿合同与无偿合同。有偿合同是指当事人一方给予对方某种利益，对方要得到该利益必须为此支付相应代价的合同。实践中，绝大多数反映交易关系的合同都是有偿的，如买卖合同、租赁合同、加工承揽合同、运输合同、仓储合同等。无偿合同，是指一方给付对方某种利益，对方取得该利益时并不支付相应代价的合同，如赠与合同、借用合同等。实践中，无偿合同数量比较少。而有的合同既可以是有偿的，也可以是无偿的，如自然人之间的保管合同、委托合同等，双方既可以约定是有报酬的即有偿的保管、委托，也可以约定为没有报酬即无偿的保管、委托。需要注意的是，双务合同不一定就是有偿合同，无偿合同不一定就是单务合同。在无偿合同中，一方当事人可能也要承担一定的义务，如借用合同是无偿合同，借用人无须向出借人支付报酬，但属于双务合同，出借人有交付借用物的义务，借用人负有正当使用和按期返还的义务。

4. 根据合同的成立是否需要交付标的物，可将合同分为诺成合同和实践合同。诺成合同，是指当事人双方意思表示一致就可以成立的合同。大多数的合同都属于诺成合同，如买卖合同、租赁合同等。实践合同，是指除当事人双方意思表示一致以外，尚须交付标的物才能成立的合同。在实践合同中，仅有双方当事人的意思表示一致，还不能产生合同上的权利义务关系，必须有一方实际交付标的物的行为，才能产生合同成立的法律效果。例如，赠与合同，必须由赠与人将赠与物交给受赠人，合同才成立。又如小件寄存合同，必须要寄存人将寄存的物品交给保管人，合同才能成立。实践中，大多数的合同都属于诺成合同，少部分为实践合同。

5. 根据法律对合同的形式是否有特定要求，可将合同分为要式合同与不要式合同。要式合同，是指根据法律规定必须采取特定形式的合同。对于一些重要的交易，法律常要求当事人必须采取特定的方式订立合同。例如，中外合资经营企业合同必须由审批机关批准，合同方能成立。不要式合同，是指当事人订立的合同依法并不需要采取特定的形式，当事人可以采取口头方式，也可以采取书面形式。除法律有特别规定以外，合同均为不要式合同。根据合同自由原则，当事人有权选择合同形式，但对于法律有特别的形式要件规定的，当事人必须遵循法律规定。

6. 根据合同相互间的主从关系，可以将合同分为主合同与从合同。主合同是指不以其他合同的存在为前提而能够独立存在的合同。从合同是指不能独立存在而以其他合同的存在为存在前提的合同。例如，甲与乙订立借款合同，丙为担保乙偿还借款而与甲签订保证合同，则甲、乙之间的借款合同为主合同，甲、丙之间的保证合同为从合同。

对于创业企业，很多时候和客户签订的合同是处于不平等地位的，但是这不等于可以无原则地签订销售合同，否则带来的后果要远大于单个合同可能带来的利益。创业过程中，产生合同纠纷并不罕见。面对纠纷，创业者如何解决管辖地约定不明、违约责任不清等问题至关重要。当下我们所处的法律环境相对宽松，以管辖权为例，除不动产专属管辖外，合同双方可以选择约定仲裁条款或协议管辖，亦可在被告住所地管辖之外，约定合同履行地来确定管辖。倘若在诉讼时，创业者未能意识到，法律赋予当事人选择合同纠纷管辖法院的权利，便会将自己处在一个相对不利的诉讼环境之下。

（二）创业经营中的合同风险防范

女性创业者想要在更大范围、更高层次、更深程度上推进"大众创业、万众创新"，提高自身的创业意识是最有效、最直接的方法。法律纠纷的产生，究其根源大多是在订立合同时的疏忽导致，想要从源头上解决，提高创业者自身的法律素养是首要的。

1. 签订前对合作对象的主体资格进行审查。审查合作方的基本情况。先要了解对方是否具备法人或者代理人资格，有没有签订合同的权利。审查合作方有无相应的从业资格。调查合作方的商业信誉和履约能力。查阅国家对该交易有无特别规定，目的在于确定双方的权利义务是否合法有效；涉及特种经营行业的，还需要查看是否有特殊的经营许可证。涉及专利、商标、著作权的需要查看是否为专利、商标、著作权的所有权人。

2. 做好对合同各主要条款的审查工作。合同的签订最好采用书面形式，做到用词准确，避免产生歧义。对于重要的合同条款，要字斟句酌，以防患于未然。合同的基本条款要具备，尤其是交易的内容、履行方式和期限、违约责任要约定清楚。

3. 采取有效措施，做好合同履行过程中的风险防范工作。合同履行时要注意保留相关的证明资料：在履行合同时最好有比较完整的书面往来文件，而且都必须有对方当事人的确认；如果开出发票时对方货款未付清，应采取在发票上注明等措施。

4. 依法运用合同履行中的抗辩权防范风险。遇到法定条件或者合作方违约可能损害到我方利益的情况时，可以依法采取中止履行或解除合同的方法，保护本企业的权益。

二、创业经营中的人力资源管理风险与应对

人力资本投资风险也是创业企业要面对的主要风险之一。防范与化解人力资源管理风险,首先要认清风险。

(一)女性创业经营中的人力资源管理风险识别

创业企业人力资源管理的风险,大致可以分为源于外部的风险和源于企业内部管理而导致的风险。

企业外部环境,如法律环境健全与否、产品市场供求状况、劳动力政策变化、劳动力市场供求情况、科学技术发展变化等都有可能给企业的人力资本投资造成一定的风险。这些变化会影响企业的商业模式和经营方向,影响企业人力资本投资的目标和规模,从而影响企业的人力资本投资决策,使企业在人力资本投资上的利益难以得到保障。因此,创业者在进行人力资本投资时,要充分考察外部的环境,根据实际情况投入相应的人力资本,从而避免或减少损失。

创业企业内部的人力资源管理风险,主要来自对员工的管理。这不仅包括员工入职招聘时的风险、人才流失风险,还包括员工在职、离职时的管理风险。员工入职招聘时的风险,主要存在是否能以合理的成本为企业招聘到适合的员工、招聘时是否存在违法等情形。员工的工作岗位应该和他的专业、兴趣、特长、经历等相匹配,如果企业任用不称职的员工,将影响企业的经营和管理工作。随着市场竞争加剧,人才流失也成为创业企业人力管理中的重要问题。在流失的人才中,绝大多数是企业人力资本含量高的技术人员、管理骨干和技术工人。这主要在于人力管理部门没有建立人力资本投资风险预警机制体系,没有及时发现人才流失的前兆。除了人才流失本身的损失外,许多企业员工会将在原企业所获得的技术、信息、经验直接带到新企业或自己组建的企业,给原企业造成巨大经济、技术损失。员工在职和离职管理中的风险主要是管理的成本投入和违法管理所应承担的损失。不合理的薪酬制度、不科学的管理制度、违法管理、违法辞退导致企业需支付给员工的补偿金、赔偿金等都会给企业带来很大的干扰和成本负担。此外,企业有时为了获得急需的人才,常常不惜代价答应很多附加条件,以致人力的获取和使用成本过高,又由于种种原因,招进来的人不能为企业创造高于企业对其投资的新增价值,因此形成回报率呈负数的状态;企业对员工不合理、大范围的高投入的培训,也会给企业带来沉重负担。

(二)女性创业经营中的人力资源管理风险防范

企业的管理者和决策者树立人力资源管理风险意识有助于提高投资决策的科学性和有效性,合理的规避风险。这就要求企业的创立者和管理者重视人力资本投资、树立风险意识、掌握人力资源管理尤其是劳动合同管理的相关知识,把人力资源管理作为企业的一项长期的战略投资来规划和管理,把风险控制在企业可以防范的限度内,尽量降低风险发生的可能,将风险造成的损失降低在最低限

度。具体来说，可以从以下几个方面着手。

1. 进行理论分析，由专家设计一个指标体系的框架。然后采取问卷方式，由公众特别是经营管理者来说明，哪些指标重要，哪些指标更能反映人力资本投资风险，即采取多数选择的原则选取具体指标。这样可使指标体系的形成过程具有程序上的合理性。

2. 加强单位规章制度的设计和审查，尤其是对工作岗位职责和要求的分析审定。工作分析能提供与工作本身要求有关的信息，而工作要求又是编写工作说明书和工作规范的基础。这些工作说明书和工作规范有关的信息实际上决定了管理人员需要聘用什么样的人来从事这种工作，为企业选择合适的员工奠定了基础。在聘用合适的人员后，还要注意对员工的发展规划，比如，应进行人力资本投资预测，应准确核算人力资本投资成本，要用最小的投资成本获得最大的投资回报率，应进行投资后总结性分析，使人力资本投资获得连续性的收益。此外，企业还应根据外部法律和政策环境的变化，及时梳理、审查规章制度的合法性和合理性，保障企业的良性发展。

3. 定期对企业的劳动合同及管理方式进行盘点审查。企业要定期进行内部盘点，淘汰或转移不适应企业发展的人力资本，引进或开发企业缺少的人力资本，以优化人力资本结构。在用人方面，企业对人才应给予充分的信任，把员工放在首位，充分肯定员工的价值和作用，并在企业管理者和员工之间建立有效的沟通渠道。企业可以采取合同制约的方式，在劳动合同中约定被投资对象在被投资期内和被投资后的一定时间内不得单方面解除与企业的劳动合同。这有利于企业保护自身利益、避免人员流失带来的投资风险，也有利于企业根据人力资源规划放手开展人力资本投资活动。

4. 培养专业的法律工作队伍或聘请专业机构定期审查内部法律事务。企业要获得持续发展，需要一个健康的发展环境，而在法律规定的前提下，开展企业的管理是其中一个重要的环节。创业企业既可以培养自身的专门法律人才，随时关注外界法治环境的变化，又可以根据实际，聘请专业机构和人员打理企业法律事务，以减少违法成本。

5. 打造积极向上、充满活力的企业文化。一是要培养员工对组织的忠诚，比如企业可以通过精神上的奖励使员工为自己是组织中的一员而感到自豪，从而对企业怀有深厚的感情，并为企业的利益而努力工作；二是要建立多种企业文化交流平台，如定期组织出版公司内部的宣传报纸。这样可以增强劳动者对企业价值观的认同，从而调动劳动者的积极性、提高劳动效率、减少劳动力的流动，进而减少人力资本投资的风险。

三、创业中的知识产权保护

很多小企业对商标、专利、商业秘密等知识产权普遍不重视，以致发生技泄密和侵权事件。为此创业者需要建立知识产权保护策略，建立企业内部商号、域名、商业秘密保护制度，及时进行商标专利申请、及时申请版权注册；发生侵权的时候要及时提出异议、复审行政程序，发生纠纷时注意知识产权保护调查取证。

知识产权制度是保护和激励创新的一项重要制度。知识产权保护贯串企业发展的每一个阶段。在创业阶段，知识产权保护工作主要包括创业核心技术的专利申请和著作权登记、企业和产品的商标注册，人员管理中商业秘密保护等内容。

（一）专利权

专利制度是保护和激励创新的一项重要制度。新产品及产品的制作方法、新技术，商品的新设计等均可以申请专利。创业者还可以利用专利权来构建自己的新产品。对于创业者而言，通过购买已公开的有效专利进行使用，并对该专利技术进行二次研发来构建自己的新技术和新产品，这是典型用知识产权促进研发的手段。

在以专利方式保护智力成果时，需要注意以下几点：第一，申请专利意味着要充分公开相关技术方案或设计，但并非意味着要公开全部的技术信息。第二，申请专利时只需要提交完整的技术方案，不需要做出实物产品。第三，专利具有"地域性"，在其他国家已经获得专利权但未在中国申请的，在中国并不享有专利权，属于公知技术，任何人都可以使用。第四，专利授权后需要每年缴纳年费维持专利权有效，同时，已获得授权的专利也可能会被他人提出无效宣告请求，经审查确不符合授权条件的，专利权自始无效。

（二）商标权

商标注册是对品牌进行法律保护的重要方式。企业的商号、产品的特有名称、服务名称均可以进行注册。创业也是创造品牌的过程，在企业发展初期需重视商标注册工作，尽早打造企业品牌。

创业者在注册商标时，应当关注以下问题：第一，在商标注册时，必须要指明具体的商品名称或服务项目。商品的名称或服务项目实际决定了商标的保护范围。例如，一个注册在服装上的商标是无法在服装之外的商品上获得保护的。在选择商品类别时，还应当注意结合产业链的特点充分考虑企业发展方向。第二，由于企业名称和商标的注册机构不同，会出现不同地区存在相同商号企业的情况，建议企业要将自己的商号注册为商标，避免他人将自己的商号注册商标。第三，未注册的驰名商标同样受到我国商标法的保护，在确定自己商品或服务的名称时一定要避免"搭便车"行为发生。同时，建议创业者在创业初期进行商标注册，为创业产品的下一步生产销售做好前期准备。

（三）著作权

企业在经营中与著作权关系密切，企业产品所涉及的包装、宣传广告等，几乎都离不开文字、图案、软件，无不涉及作品，自然也就脱离不开著作权的保护。

关于著作权，创业者需要注意以下问题：第一，著作权不像专利权、商标权一样需要经过国家机关授权，而是在作品创作完成之日起自动产生的权利，并实行自愿登记制度。由此，创业者应注重著作权权属证明证据的保存。第二，国外作品很可能也会受到《中华人民共和国著作权法》的保护。第三，商业性使用他人享有著作权的作品应当取得权利人的授权。另外，作品不论是否登记，作者或其他著作权人依法取得的著作权不受影响。创业者做好权利证明的证据保存有助于解决因著作权归属造成的著作权纠纷，并为解决著作权纠纷提供初步证据。

（四）商业秘密保护

商业秘密是企业的财产权利，它关乎企业的竞争力，对企业的发展至关重要，有的甚至直接影响到企业的生存。商业秘密在企业研发、人员流动、对外交流、业务员洽谈等活动中都会有所涉及，因此商业秘密的保护也至关重要。

商业秘密保护需要注意以下问题：一是要明确商业秘密可以保护的对象。商业秘密是指不为公众所知悉、能为权利人带来经济利益、具有实用性并经权利人采取保密措施的技术信息和经营信息。新的技术、新的运营模式等，尚不具备申请专利条件的或不宜申请专利的，都可以申请商业秘密保护。二是在团队的内部管理中的保密措施不容忽视，应当与员工签订详细的商业秘密保护合同。三是在商务洽谈中也需要保护企业的商业秘密。在业务洽谈阶段，洽谈双方在接触中可能会以披露本单位技术秘密、经营秘密等作为促成交易的手段，或合作洽谈的内容本身涉及企业的商业秘密，签订保密协议可以对双方当事人的权益进行保护。

第四章　女性法律智慧
——婚姻家庭篇

本章导言

家庭是社会最小的"细胞"，而婚姻是家庭产生的重要前提。家庭和睦，则社会安定；家庭幸福，则社会祥和；家庭文明，则社会文明。明确婚姻家庭有关法律规定、保障女性享有与男子平等的婚姻家庭权利，促进婚姻家庭领域的两性平等，构建和谐规范的婚姻家庭秩序，对促进男女两性在实际生活中的平等、构建和谐社会，具有十分重要的意义。

第一节　女性在婚恋中的相关法律问题

情感与婚姻在人生中占有重要的地位。面对恋爱情感，女性应树立正确的恋爱观，正确对待恋爱问题，处理好学业、事业和情感之间的冲突；面对婚姻，女性要自尊、自信、自立、自强，既要有经营婚姻、提升幸福感的能力，又要有坚守法律底线，理智处理婚姻中各类问题的智慧。

一、恋爱情感中的法律问题

恋爱是男女双方在生理、心理和客观环境因素的综合作用下，互相倾慕和培养爱情的过程。恋爱情感中的问题大多数时候由道德规范约束，只有在相关行为涉及法律时，才会受法律规范的约束。女性只有深刻理解婚恋的含义，树立正确的恋爱观，把握婚姻和恋爱在人生当中的位置，才能理性面对恋爱和婚姻，合理处理婚恋过程中遇到的问题。

（一）树立正确恋爱观的意义

爱情是一种美好的情感。但是，在恋爱经济条件化的社会风气影响下，一些人的恋爱变得功利，单纯美好的情感被人为加持许多外形、物质等条件，使婚恋失去了本真。婚恋道德责任感淡化，片面追求享乐，过于强调自我，缺乏对义务和责任的认识与担当,这些不健康婚恋观的存在,对主流的价值观造成了一定的冲击,也带来了一系列的社会问题。正确认知爱情,树立正确的恋爱观,既是建立幸福家庭的前提,也是关系人生幸福的重要条件。

恋爱观是对待恋爱的基本观点和态度。每个人对待恋爱都会采取不同的态度和方式,每个个体在恋爱中也会表现出不同的特点。树立正确的恋爱观,遵守恋爱中的道德规范,在恋爱中相互尊重、自觉承担责任,才能获得真挚的情感。

1. 正确的恋爱观有助于培养女性的身心健康

从女性自身角度出发,女性在恋爱中要做到理性对待爱情,坚持理想追求,寻找情感自由,树立自尊、自信、自立、自强的"四自"意识,提高道德认知,养成有利于身心健康、和谐的恋爱观,寻找自己的爱情,完整自己的人生。

2. 正确的恋爱观是奠定美好婚姻的基础

恋爱与婚姻,家庭与事业是,人生的两大主题。恋爱是婚姻的形式,婚姻是恋爱的结果。美好的婚姻又是以正确的恋爱观和正确的人生观、道德观为基础的。

3. 正确的恋爱观可以促进女性自身的成长

正确、积极向上的恋爱观能够使女性在面对情感问题时拥有理性的处理能力,并且可以自行缓解恋爱方面的压力,促进女性自身的成长,增强女性的社会存在感,以及对社会主义价值的理解。

■ 知识链接 ■----------------------------

女大学生恋爱应有的态度

1. 正确对待恋爱

恋爱是人生的一件大事,但并不是人生的全部。大学生应该以学业为主,正确处理好恋爱、学业、事业三者之间的关系。

2. 正确处理恋爱挫折

爱情是双向、相互的,失去任何一方,爱情就会失去平衡,恋爱即告终止。大学生应该正视这一现实。

3. 端正恋爱动机

恋爱是未来寻找志同道合、白头偕老的终身伴侣,而不是为了安慰解闷,寻找刺激。恋爱对象的选择是一个复杂的过程,共同的理想的指向、共同的品德和情操是最根本的,但也不能忽视经济、政治、文化、个性等因素的影响。恋爱动机的好坏,直接关系到恋爱的成功与否。大学生作为新时代的桥梁,其恋爱观应该是理想、道德、事业和性爱的有机结合。

(二)恋爱中的法律问题

关于恋爱,人们脑海中浮现的第一个词汇就是"甜蜜",为了营造这份甜蜜,

第四章 女性法律智慧——婚姻家庭篇

人们通常需要通过各种行为表达爱意，最常见的方式，就是经济上的付出。恋爱的双方，有的顺利步入婚姻的殿堂，有的会因为各种原因而分手。在恋爱的分分合合中，最让人困扰的，莫过于理清两人的明细账。恋爱中常见的纠纷主要有恋爱中的经济纠纷、因同居而产生的财产纠纷、关于非婚生子女抚养问题的纠纷。

1. 恋爱过程中相互赠与礼物产生的经济纠纷

未婚男女在婚恋中会发生经济上的交往，分手后发生财产分割纠纷是常有之事。热恋中除了互赠礼物，还经常出现共同买车、共同买房，甚至共同投资等情况。一旦分手，协调处理不当，就极易引发财产分割纠纷。对于恋爱期间给予钱款物的性质，一般这样来认定：

（1）恋爱期间的赠与一般不可撤销

对于恋爱期间赠与的戒指、服饰、包包、金钱等，一般认为是恋爱期间的财产赠与，一经交付即完成赠与，赠与人要求返还，法院一般不予支持。适用于《民法典》中关于赠与合同的相关规定。

（2）以结婚为目的而赠与的大额财物

在恋爱期间，男女双方感情稳定，并且已经到了谈婚论嫁的地步。一方赠与另一方车、房等大额财物的，一旦感情破裂，产生纠纷，如果没有办理过户登记手续，根据《中华人民共和国民法典》第六百五十八条的规定，赠与人在赠与财产的权利转移之前可以撤销赠与，但办理了过户登记手续后，想撤销赠与，要回房车就比较困难。

（3）恋爱期间的借贷

对于恋爱期间双方的借贷行为，建议在借款时签署书面凭证或在事后补充凭证，保留合同履约凭证。因为，有效的合同、借据、收条等债权凭证是证明借贷关系的最优证据。另外，双方的聊天记录、对话录音中若约定了还款期限、利息等也可以表明借款的意思。

2. 因同居分手而产生的财产纠纷

男女双方没有办理结婚登记就共同生活在一起，习惯上称为非婚同居。同居关系是不受法律保护的社会关系，属于道德调整的范畴。同居双方不享有法定夫妻之间的相互抚养、相互继承、夫妻共同所有财产等一系列法律上的权利和义务。男女非婚同居生活，毕竟涉及双方的情感、生活、工作和各方面的利益关系。同居者一旦有了孩子，就会涉及勉强成婚或被迫堕胎的情况，对于女性的情感、身体伤害都很大。

此外，因同居后分手而产生的财产纠纷也是常见的问题。那么同居的财产应如何分割呢？因同居双方未办理婚姻登记，双方没有形成法律上的夫妻身份关系，对同居期间的财产分割，应适用《中华人民共和国民法典》等法律有关共有财产处理的规定。在共同共有关系终止时，对共有财产的分割，有协议的，按协议处理，没有协议的，应当根据等分原则，并且考虑共有人对共有财产的贡献大小，适当照顾共有人生产生活的实际需要等情况处理。

3. 非婚生子女的抚养问题

婚恋过程的未婚生育问题，会面临多种法律难题。从目前国家出台的各项政策法规可以看出，婚前的生育权是不受法律保护的。在恋爱期间一旦生育了子女，就要承担法律责任。法律规定了非婚生子女享有与婚生子女同等的权利，非婚生子女的生父母应负担子女生活费和教育费，直至子女能独立生活为止。

恋爱是双方互相熟悉和情感协调的过程，因此女性在恋爱过程中，要理性对待恋爱问题，既要成就真挚的爱情，也要避免不理性的恋爱导致的伤害和纠纷。

二、结婚中的法律问题

结婚，即婚姻的成立，是男女双方按照法律规定的条件和程序，确定法律关系的法律行为。婚姻的成立会引起夫妻间权利义务的产生、亲属关系的变化及人口再生产等重要的法律后果。《中华人民共和国民法典》"婚姻家庭编"对婚姻的基本原则、结婚的条件与程序等问题进行了规定：

婚姻家庭受国家保护；实行婚姻自由、一夫一妻、男女平等的婚姻制度；禁止包办、买卖婚姻和其他干涉婚姻自由的行为；禁止借婚姻索取财物。

■ 知识链接 ■

包办婚姻和买卖婚姻

包办婚姻和买卖婚姻是干涉婚姻自由的两种主要形式。《民法典》第一千零四十二条规定：禁止包办婚姻、买卖婚姻和其他干涉婚姻自由的行为。包办婚姻，是指第三者违反婚姻自由原则，包办强迫他人婚姻。包办婚姻的具体表现有订娃娃亲、娶童养媳、指腹为婚等。买卖婚姻，是指第三者以索取大量财物为目的，包办强迫他人婚姻的。买卖婚姻的具体表现形式有：父母将儿女视为"摇钱树"，公开要彩礼或聘礼，大量索取财物；拐卖妇女而形成的买卖婚姻；骗婚骗钱的婚姻。包办婚姻不一定都是买卖婚姻，而买卖婚姻则一定是包办婚姻。除了包办婚姻和买卖婚姻以外，其他干涉婚姻自由的行为还表现为非法阻挠当事人的婚事、干涉男到女家落户的婚姻、子女干涉丧偶或离婚的父母再婚及违背当事人意愿的换亲、转亲等。

为规范结婚行为，整肃结婚秩序，各国婚姻家庭法均规定结婚的条件和程序。时代、婚俗、国情、婚姻家庭立法积淀等不同，结婚的条件和程序也不同。

第四章　女性法律智慧——婚姻家庭篇

▎**法条链接**▎

彩礼是否要返还？

中国部分地区因婚嫁彩礼一路攀升，使一大批年轻人"婚不起"。导致大龄男性娶不起媳妇。尤其是在一些贫困山区，从最初的几万元飙涨至目前十几万元、甚至二十几万元。有的家庭以嫁女索要彩礼作为改变贫困生活的手段。有的还会因为给付彩礼后婚姻没有缔结成功而产生纠纷。在这种情况下，《民法典》明确规定了禁止借婚姻索取财物，并且《最高人民法院关于适用〈中华人民共和国民法典〉婚姻家庭编的解释（一）》也对返还彩礼进行相应的规定。

当事人请求返还按照习俗给付的彩礼的，如果查明属于以下情形的，人民法院应当予以支持：（一）双方未办理结婚登记手续；（二）双方办理结婚登记手续但确未共同生活；（三）婚前给付并导致给付人生活困难。适用前款第二项、第三项的规定，应当以双方离婚为条件。

（一）结婚的条件

男女双方的结婚行为是一种法律行为，应符合法律规定的结婚条件，包括结婚的实质要件和形式要件，凡欠缺结婚要件的男女结合，都不具有婚姻的法律效力。

1. 结婚的实质要件

根据《民法典》的规定，结婚必须具备以下三个条件：一是必须具有结婚的合意。结婚合意是指当事人双方确立夫妻关系的意思表示真实一致。基于人格独立和意思自治原则，世界各国的法律大多把双方合意作为结婚的实质要件，也就是必备要件。因此，《民法典》规定：结婚应当男女双方完全自愿，禁止任何一方对另一方加以强迫，禁止任何组织或者个人加以干涉。结婚合意是保障婚姻自由的前提，也是结婚的首要条件，是婚姻结合的基础。

二是必须达到法定的结婚年龄。法定年龄是法律规定的准予结婚的最低年龄。《民法典》规定：结婚年龄，男不得早于二十二周岁，女不得早于二十周岁。凡当事人双方或一方未达到法定婚龄，婚姻登记机关是不予登记的。我国现行法定结婚年龄的确定是以自然人的身心发展状况、国家的经济与人口状况、城乡差别及国际影响等多种因素确定的，具有科学性，符合中国国情，对促进经济发展，提高人口素质，优化人口结构具有重要意义。

三是必须符合一夫一妻制。一夫一妻制度是婚姻制度的基本原则，是结婚的必备条件，法律禁止重婚。《民法典》第一千零四十二条规定：禁止重婚。禁止有配偶者与他人同居。法律还规定了，申请结婚登记的当事人已有配偶的，婚姻登记机关不予登记。对于构成重婚罪的，应依照刑法，追究其刑事责任。

四是不存在禁止结婚的情形。结婚除了上述三个条件必须具备外，《民法典》还规定了结婚的禁止性情形，即直系血亲或者三代以内的旁系血亲禁止结婚。禁止一定范围的亲属结婚源于原始社会的婚姻禁忌。进入现代社会，人类已经有意识地运用立法限制近亲结婚，一方面是基于优生学的原因，受遗传基因的影响，夫妻如果血缘关系太近，极容易将一方或双方生理上、精神上的弱点和缺陷毫无保留地暴露出来，累积起来遗传给后代。禁止近亲结婚，对提高中华民族的整体素质、促进民族的繁荣昌盛具有重要意义。另一方面基于伦理上的要求，由于近亲结婚有碍教化，有碍于人类长期形成的婚姻道德，容易造成亲属身份上和继承上的紊乱。

■ 知识链接 ■

三代以内旁系血亲

按照世代计算方法，规定凡出自同一祖父母、外祖父母的血亲，除直系血亲外，都是三代以内的旁系血亲，禁止通婚，包括：（1）兄弟姐妹，含同父同母的全血缘的兄弟姐妹、同父异母或同母异父的半血缘的兄弟姐妹。（2）不同辈的伯、叔、姑与侄（女），舅、姨与甥（女）。（3）堂兄弟姐妹、表兄弟姐妹。

2. 结婚的形式要件

结婚的形式要件，即结婚的程序，是指法律规定的缔结婚姻所必须履行的法定手续。我国结婚实行登记制，即结婚必须履行的程序是结婚登记，《民法典》规定：要求结婚的男女双方应当亲自到婚姻登记机关申请结婚登记。符合本法规定的，予以登记，发给结婚证。完成结婚登记，即确立婚姻关系。未办理结婚登记的，应当补办登记。由此可以看出，结婚登记是我国婚姻成立的法定程序，是合法婚姻成立的形式要件。

（1）结婚登记的机关。办理婚姻登记的机关是县级人民政府民政部门或乡（镇）人民政府，省、自治区、直辖市人民政府可以按照便民原则确定农村居民办理婚姻登记的具体机关。婚姻登记机关的管辖范围，原则上以当事人的户籍为依据，即男女双方应当共同到一方当事人常住户口所在地的婚姻登记机关办理结婚登记。

（2）结婚登记的程序。结婚登记的程序分为申请、审查和登记三个环节。

当事人申请。要求结婚的当事人，应当向婚姻登记机关提出结婚申请。为了保障婚姻自由，便于婚姻登记机关进行审查，法律规定，当事人必须双方亲自到一方户口所在地的婚姻登记机关申请结婚登记，不得由他人代理。

婚姻登记机关审查。婚姻登记机关应当依法对当事人的结婚申请进行审核和查证。除查验当事人提交的证件和证明是否齐全、是否符合规定外，还应对当事人是否符合法律规定的结婚条件进行审核。

结婚登记。婚姻登记机关对当事人的结婚申请进行审查后，符合规定应当即时予以登记，发给结婚证。结婚证是婚姻登记机关签发的证明婚姻关系成立的法律文书。当事人遗失或者毁损结婚证的，可以持户口簿、身份证向原办理婚姻登记的婚姻登记机关或者一方当事人常住户口所在地的婚姻登记机关申请补领。婚姻登记机关对当事人的婚姻登记档案进行查证，确认属实的，应当为当事人补发结婚证。

■ 知识链接 ■--------------------------------

《民法典》对复婚的法律规定

在日常生活中，复婚这个现象很普遍，双方离婚可能是因为一时的情绪化导致的，但是双方的感情还是存在的。《民法典》第一千零八十三条规定：离婚后，男女双方自愿恢复婚姻关系的，应当到婚姻登记机关重新进行结婚登记。

（二）无效婚姻

无效婚姻是指因欠缺婚姻的成立条件，不具有法律效力的婚姻。即男女双方达成结婚合意并办理了相关登记手续，但是因为其婚姻存在一些固有缺陷，可能导致婚姻失去效力的情形。

1. 无效婚姻的种类

《民法典》第一千零五十一条规定：有下列情形之一的，婚姻无效：（一）重婚；（二）有禁止结婚的亲属关系；（三）未到法定婚龄。

（1）重婚。法律规定任何人不得同时拥有两个或两个以上的配偶，有配偶者违反一夫一妻制再行结婚的，构成重婚。重婚属于无效婚姻。重婚包括四种情形：有配偶者与他人结婚；明知他人有配偶而与之婚；有配偶者与他人以夫妻名义同居生活；明知他人有配偶而与之以夫妻名义同居生活。

在生活中，如果婚姻关系中的一方当事人被宣告死亡，另一方则可以另行结婚。即使被宣告死亡的人再出现，死亡宣告被撤销，另一方当事人的婚姻仍受法律保护，不能按重婚处理。前婚姻一方当事人撤销死亡的宣告，不是另一方当事人后婚姻无效的原因。

（2）有禁止结婚的亲属关系。基于自然选择规律的要求，以及长期形成的伦理观念，禁止一定范围内的亲属结婚，是各国立法的通例。从我国《民法典》规定的范围上看，凡直系血亲和三代以内的旁系血亲结婚的，都是无效婚姻。

（3）未达法定婚龄的。法律规定男女双方必须均已达到法定婚龄才能结婚，一方或双方未达到法定婚龄结婚的，是无效婚姻，法律不予承认。一方或双方当事人在结婚时未达到法定婚龄，但在发生婚姻效力的争议时，当事人双方均已达到了法定婚龄并已办理了婚姻登记的，则不应对现存的婚姻做无效的认定。

2. 无效婚姻的法律后果

无效的婚姻，自始无效。当事人不具有夫妻的权利和义务。同居期间所得的财产，由当事人协议处理；协议不成时，由人民法院根据照顾无过错方的原则判决。对重婚导致的婚姻无效的财产处理，不得侵害合法婚姻当事人的财产权益。

当事人所生的子女，适用婚姻法有关父母子女的规定。

人民法院审理宣告婚姻无效案件，对婚姻效力的审理不适用调解，应当依法做出判决；有关婚姻效力的判决一经做出，即发生法律效力。涉及财产分割和子女抚养的，可以调解。调解达成协议的，另行制作调解书。对财产分割和子女抚养问题的判决不服的，当事人可以上诉。

（三）可撤销婚姻

可撤销婚姻是指已成立的婚姻关系，因欠缺婚姻合意，受胁迫的一方当事人可向婚姻登记机关或人民法院申请撤销该婚姻。

1. 可撤销婚姻的特点

可撤销婚姻具有三个特点：一是公开性，可撤销婚姻是经过法定程序登记成立的，区别于一般的事实婚姻与同居关系；二是违法性，可撤销婚姻的违法性在于阻碍对方意思自治，违反婚姻自由原则；三是效力可撤销性，可撤销婚姻的效力并不完全确定，撤销请求权人在一定期限内可以决定婚姻的效力。

2. 可撤销婚姻的种类

根据《民法典》的规定，可撤销婚姻有两种情况：一是因胁迫结婚的，受胁迫的一方可以向人民法院请求撤销婚姻。请求撤销婚姻的，应当自胁迫行为终止之日起一年内提出。被非法限制人身自由的当事人请求撤销婚姻的，应当自恢复人身自由之日起一年内提出。二是一方患有重大疾病的，应当在结婚登记前如实告知另一方，不如实告知的，另一方可以向人民法院请求撤销婚姻。请求撤销婚姻的，应当自知道或者应当知道撤销事由之日起一年内提出。

案例分享

北京朝阳法院依据《民法典》审理首例撤销婚姻关系案

张某因丈夫林某隐瞒婚前重大疾病，向北京朝阳法院提起诉讼，申请撤销婚姻关系。2021年1月5日，朝阳法院依据《民法典》可撤销婚姻条款一审判决撤销张某与林某的婚姻关系。

张某与林某于2020年登记结婚，登记仅1月有余，林某向妻子张某坦白，称其在婚前便患有梅毒。张某得知此事后，陪同林某进行治疗，但至今未能治愈，医生表示该疾病对生育后代存在一定影响。张某考虑再三，认为该疾病属于不适宜结婚的重大疾病，遂向法院提起诉讼，请求撤销二人婚姻关系。

朝阳法院经审理认为，缔结婚姻关系应建立在双方彼此相互了解信任的基础上。《中华人民共和国民法典》第一千零五十三条规定：一方患有重大疾病的，应当在结婚登记前如实告知另一方；不如实告知的，另一方可以向人民法院请求撤销婚姻。本案中，被告认可早于办理结婚登记前患有梅毒，但未向原告履行婚前告知义务，且梅毒系《中华人民共和国传染病防治法》中规定的乙类传染病，属于医学上认为影响结婚和生育的传染病，对于原告做出结婚的意思表示是否真实完整具有重大影响。基于此，法院判决支持原告撤销婚姻关系的请求。

该案主审法官付某告诉记者："《民法典》删除了《婚姻法》第十条的规定，患有医学上认为不应当结婚的疾病不再是婚姻无效的事由，但考虑到一方当事人婚前已患有重大疾病的情况对于另一方当事人是否愿意结婚有重大影响，所以《民法典》增加规定夫妻双方负有重大疾病婚前告知义务，一方未如实告知的，则另一方有权请求撤销婚姻，这样的修改其实是为了最大限度地保障公民婚姻自主权。像本案这种情况，张某可以自主选择撤销或者不撤销婚姻关系，也就是说，如果张某愿意接受林某的缺陷，则可以选择不撤销婚姻关系，那么二人的婚姻关系就还是有效婚姻。"

（来源：北青网）

（四）无效婚姻和可撤销婚姻的区别与联系

无效婚姻的法定情形侧重于对公共利益和善良风俗的考察；可撤销婚姻的法定情形侧重于对个人权益的保护。无效的或者被撤销的婚姻自始没有法律约束力，当事人不具有夫妻的权利和义务。同居期间所得的财产，由当事人协议处理；协议不成的，由人民法院根据照顾无过错方的原则判决。对重婚导致的无效婚姻的财产处理，不得侵害合法婚姻当事人的财产权益。当事人所生的子女，适用《民法典》关于父母子女的规定。《民法典》增加了对善意当事人的权益救济，婚姻无效或者被撤销的，无过错方有权请求损害赔偿。

三、离婚中的法律问题

离婚是夫妻双方通过协议或诉讼的方式解除婚姻关系，终止夫妻间权利和义务的法律行为。婚姻关系自离婚发生法律效力之日起解除。离婚，作为一种法律行为，使夫妻间的人身关系、财产关系及子女抚养等问题发生一定的变化：一是因身份而产生的夫妻之间的权利义务关系消灭，如共同生活及扶养义务终止、再婚自由恢复、法定继承人资格丧失等；二是与夫妻身份关系的解除相伴产生的离婚时的对夫妻共同财产的效力，如对共同财产的分割、对共同债务的清偿等；三是离婚后的子女抚养和教育问题，根据《民法典》的相关规定，父母子女间的关系，不因父母离婚而消除；离婚后，父母对于子女仍有抚养和教育的权利和义务；离婚后，不直接抚养子女的父（母），有探望子女的权利，另一方有协助的义务。

在我国，保障离婚自由、反对轻率离婚的同时，强化离婚救济，实现社会正义与法律公平是我国离婚立法的指导思想和出发点。保障婚姻自由是婚姻自由原则的具体体现，是婚姻关系的本质要求，但保障离婚自由并不等于任意离婚，离婚必须符合法定条件，履行法定程序。法律上有关离婚的各项规定既是对离婚自由的保障，也是对轻率离婚的限制。同时，为离婚时的弱势一方提供救济手段，使其获得法律上的公平正义，也是离婚立法的重要内容。

（一）离婚的条件和程序

离婚包括协议离婚和诉讼离婚。

1. 协议离婚

协议离婚，是通过行政程序解除婚姻关系，即凡男女双方自愿离婚的，签订书面离婚协议，亲自到婚姻登记机关进行离婚登记，经婚姻登记机关确认批准，发给《离婚证》，婚姻关系即合法有效地解除。

依据《民法典》和婚姻登记条例的规定，当事人协议离婚须具备以下条件：一是双方自愿离婚；二是双方须办理过结婚登记，持有结婚登记证明；三是双方当事人须具有民事行为能力；四是双方对子女抚养和财产问题已达成协议。

协议离婚的程序：（1）签订书面离婚协议，离婚协议应当载明双方自愿离婚的意思表示和对子女抚养、财产及债务处理等事项协商一致的意见，共同到有管辖权的婚姻登记机关提出离婚申请；（2）符合条件的，婚姻登记机关发给《离婚登记申请受理回执单》；（3）自婚姻登记机关发放《离婚登记申请受理回执单》之日起30日内，一方反悔的，可以撤回离婚登记申请，填写《撤回离婚登记申请书》；（4）自前面期限届满后30日内，双方未共同到婚姻登记机关申请发给《离婚证》的，视为撤回离婚登记申请；（5）自前面期限届满后30日内双方共同至离婚登记机关申请发给《离婚证》；符合条件的，婚姻登记机关登记离婚并发给《离婚证》。

> **法条链接**
>
> **离婚太冲动，30天内可撤回——离婚登记"冷静期"**
>
> 当下离婚率持续增高的原因之一是草率离婚或冲动离婚。如何增加婚姻的责任感与谨慎度，避免草率离婚或冲动离婚，已成为社会各界关注的焦点。除进行婚姻的诚信教育与责任引领外，尚需法律规范。因此，《中华人民共和国民法典》第一千零七十七条规定了离婚登记冷静期：自婚姻登记机关收到离婚登记申请之日起三十日内，任何一方不愿意离婚的，可以向婚姻登记机关撤回离婚登记申请。前款规定期限届满后三十日内，双方应当亲自到婚姻登记机关申请发给《离婚证》；未申请的，视为撤回离婚登记申请。该规定弥补了现行婚姻法未规定离婚登记冷静期的遗憾，也为修正婚姻登记条例的相关规定提供了法律渊源；这既有助于当事人在提出离婚申请之日起30日内慎重考虑是否离婚及如何离婚，切实维护自身的离婚权益，又有助于避免离婚的草率与冲动，实现当事人的意思自治与离婚自由。

协议离婚在我国离婚制度中占有重要的一席，具有重要意义，协议离婚有利于当事人正确行使婚姻自由的权利，凡符合自愿离婚法定条件者，均可通过行政程序解除婚姻关系。协议离婚不仅可以减少诉讼纠纷，还有利于社会的安定团结。由于登记离婚的前提是双方自愿，因而争议少，不伤害对方，且协议由双方自愿达成，离婚遗留问题少，有利于协议的执行。

2. 诉讼离婚

诉讼离婚是指男女一方要求的离婚，或双方对子女抚养、财产分割及离婚救济有争议的，经过人民法院审理判决的离婚。

夫妻一方要求离婚的，可由有关组织进行调解或者直接向人民法院提起离婚诉讼。人民法院审理离婚案件，应当先进行调解；如果感情确已破裂，调解无效的，应当准予离婚。

有下列情形之一，调解无效的，应当准予离婚：（一）重婚或者与他人同居的；（二）实施家庭暴力或者虐待、遗弃家庭成员；（三）有赌博、吸毒等恶习屡教不改；（四）因感情不和分居满二年；（五）其他导致夫妻感情破裂的情形。

一方被宣告失踪，另一方提起离婚诉讼的，应当准予离婚。经人民法院判决不准离婚后，双方又分居满一年，一方再次提起离婚诉讼的，应当准予离婚。

（二）诉讼离婚关于现役军人的特别规定

保护军婚是我国婚姻家庭立法的优良传统，也是国家长治久安、人民安居乐业的重要保障。在和平年代保护军婚，既要维护军人及其配偶的婚姻自由，也要规制军人重大的婚姻过错行为，更要震慑、警示侵犯军婚的违法行为。《民法典》第一千零八十一条规定：现役军人的配偶要求离婚，应当征得军人同意，但是军人一方有重大过错的除外。这是我国婚姻法对军婚进行保护的一项特别规定，也就是人们通常所说的保护军婚。即在军人无重大过错的前提下，没有军人的同意，法院不得判决解除军人婚姻，以保证军人在离婚诉讼中处于被告时的胜诉。

（1）现役军人的范围。现役军人是指在中国人民解放军服现役、具有军籍的干部与战士，包括中国人民武装警察部队的干部与战士。在军队工作未取得军籍的职工和其他人员及退役、复员和转业人员均不属于现役军人的范围。

（2）"现役军人的配偶提出离婚"的含义。现役军人的配偶要求离婚，是指非军人配偶向现役军人提出离婚。如果双方均为现役军人，或现役军人向非军人配偶一方提出离婚，不适用本条规定。

（3）对"须得军人同意"的理解。现役军人配偶提出离婚后，现役军人本人不同意的，人民法院应与有关部门配合，对军人配偶进行一定的说服教育，积极改善夫妻关系，判决不准离婚。

（4）军人有重大过错的不适用这一规定。需要强调的是，该规定是有前提的，不能将其理解为只要现役军人不同意离婚，法院无论如何就不能判决离婚。在军人有重大过错时，该规定不适用。"军人一方有重大过错"是指，实施家庭暴力或虐待、遗弃家庭成员的；重婚或有配偶者与他人同居的；有赌博、吸毒等恶习屡教不改的。

（三）离婚中对女性的法律保护

随着女性在政治、经济和家庭生活中地位的提高，婚姻自由的观念尤其是离婚自由打破了传统女性对婚姻解除的禁忌，但是在离婚的过程中，女性和儿童的利益容易受到侵害。因此，在立法的过程中，以坚持男女平等、照顾无过错方及保护女性为原则，给予女性和儿童群体特别的关怀和保护。

1. 对男方离婚诉权的限制

《民法典》第一千零八十二条规定：女方在怀孕期间、分娩后一年内或者终止妊娠后六个月内，男方不得提出离婚；但是，女方提出离婚或者人民法院认为确有必要受理男方离婚请求的除外。法律限制了男方离婚的起诉权，是为了保护女性在特殊时期生理和心理的健康及对婴儿的保护。

（1）这一规定只是在一定时期剥夺男方提出离婚请求的权利，即仅在女方怀孕期间、分娩后1年以内或终止妊娠后六个月内。上述期间届满后，男方仍可依法行使其离婚请求权。

（2）仅在离婚诉讼中男方提出离婚时发挥作用，所以男女双方自愿离婚、女方提出离婚，则不受这一规定的限制。一般女方在此期间提出离婚，多出于某些特别紧迫的原因，如果法院不及时受理女方的离婚请求，则不利于妇女、胎儿及婴儿的身心健康。

（3）规定中的"确有必要时"指，人民法院有权决定受理男方的离婚请求。所谓"确有必要"在司法实践中一般被理解为：男方有正当理由、女方有重大过错的情况下或有重大的紧迫事由时。如女方与他人通奸怀孕，男方坚持要求离婚。但即使如此，法院在处理案件时，也应注意保护妇女、胎儿和婴儿的身心健康。

2. 对女方抚养子女的保护

《民法典》第一千零八十四条规定：离婚后，不满两周岁的子女，以由母亲直接抚养为原则。已满两周岁的子女，父母双方对抚养问题协议不成的，由人民法院根据双方的具体情况，按照最有利于未成年子女的原则判决。子女已满八周岁的，应当尊重其真实意愿。法律对离婚后子女抚养的判决，是以有利于子女身心健康、保障子女合法权利为原则，并结合父母双方的抚养能力，以照顾女方为出发点，来确定子女的抚养权。

抚养费用的确定应当由双方协商而定，协商不成的由法院判决。一般而言，不承担直接抚养义务的一方应当负担部分或全部抚养费。子女抚育费的数额，可根据子女的实际需要、父母双方的负担能力和当地的实际生活水平确定。有固定收入的，抚育费一般可按其月总收入的百分之二十至百分之三十的比例给付。负担两个以上子女抚育费的，比例可适当提高，但一般不得超过月总收入的百分之五十。无固定收入的，抚育费的数额可依据当年总收入或同行业平均收入，参照上述比例确定。有特殊情况的，可适当提高或降低上述比例。子女要求增加抚育费有下列情形之一的，父母有给付能力的，应予支持：（1）原定抚育费数额不足以维持当地实际生活水平的；（2）因子女患病、上学，实际需要已超过原定数额的；（3）有其他正当理由应当增加的。

抚养费应当定期给付，也可以一次性给付。抚育费的给付期限，一般至子女十八周岁为止。十六周岁以上不满十八周岁，以其劳动收入为主要生活来源，并能维持当地一般生活水平的，父母可停止给付抚育费。尚未独立生活的成年子女有下列情形之一的，父母有给付能力的，仍应负担必要的抚育费：（1）丧失劳动能力或虽未完全丧失劳动能力，但其收入不足以维持生活的；（2）尚在校就读的；（3）确无独立生活能力和条件的。

▎法条链接▎

家事贡献补偿制度

为促进性别平等，修正传统性别分工导致的权益排挤，维护女性及男女两性的合法权益，补偿家务贡献者的家务付出和人力损耗，实现离婚的公平正义，《中华人民共和国民法典》设计了家事贡献补偿制度，来侧重应对社会对女性的排挤，实现社会资源在家庭内、外平等且有效配置，将家事贡献补偿有条件的延展适用于夫妻共同财产制，实现权利与义务的统一。具体确定家事贡献补偿价值时，参考婚姻关系存续期间的长短，家务劳动的时间、强度与技能，从事家务劳动一方的逸失利益，补偿方的经济收入、预期经济效益和人力成本的增值等因素。

3. 分割财产应照顾女性

在现实生活中，女性的收入普遍低于男性，除夫妻另有约定外，婚姻关系存续期间的收入属于夫妻共同财产，夫妻离婚时双方有同等的财产分割权。在分割共同财产时，为了避免绝对平均的分割财产，导致离婚后女性和子女生活水平大幅度下降，法律制定了照顾女性和子女的利益、家务劳动补偿、离婚损害赔偿、对离婚中转移财产行为惩治及婚后要求重新分割财产等规定。尤其是法律中提出了家事贡献补偿制度，体现了国家对女性的关怀和保护。

4. 给予家庭困难方经济帮助

《民法典》第一千零九十条规定：离婚时，如果一方生活困难，有负担能力的另一方应当给予适当帮助。具体办法由双方协议；协议不成的，由人民法院判决。离婚后，夫妻间的扶养义务已随着配偶身份关系的解除而终止，经济帮助只是从原来的婚姻关系中派生出来的一种责任，而不是夫妻抚养义务的延续。这种离婚时的经济帮助，也不同于夫妻共同财产的分割，前者是一方对另一方所做的有条件的帮助，后者则是夫妻双方对共同财产依法享有的权利。这一规定虽然平等适用于男女双方，立法目的是保护经济困难的一方，但在现实生活中，女方的经济条件一般低于男方,因此这一规定对于生活困难的离婚女性有一定的扶助作用。

第二节 女性在家庭关系中的相关法律问题

女性在家庭中的角色具有多样性,她不仅是妻子,还是母亲、女儿、儿媳、姐妹、(外)孙女。女性能够正确地理解与处理家庭中的夫妻关系、父母子女之间的权利义务关系、兄弟姐妹之间的权利义务关系及祖父母、外祖父母与孙子女、外孙子女的权利义务关系,明确自己享受的法律规定的权利,需要履行的法律规定的义务,知道维护自身的合法权益,对于维护良好的家庭秩序、营造和谐的家庭关系具有积极的意义。

一、夫妻关系

夫妻又称配偶,是指婚姻关系中的男女双方。夫妻是以永久共同生活为目的的结合,承担着法律所规定的权利和义务,具有相互扶助和养老育幼的法律责任。夫妻在婚姻家庭中地位平等。

(一)女性在夫妻关系中的权利

女性作为夫妻关系中的妻子,在家庭生活中享有与男方平等的生命权、健康权、姓名权、人身自由权、财产权、遗产继承权。

1. 生命权

生命权是指自然人享有的以生命安全利益为内容的权利。生命是自然人存在的物质前提,生命安全是自然人从事各种社会活动的基本前提。生命不能维持,生命安全得不到保障,任何权利都将失去其意义。

2. 健康权

健康权是指自然人依法享有的身体健康不受非法侵害的权利。健康包括生理健康和心理健康。在婚姻家庭中,女性健康权内容包括维护女性的健康,保持女性身体的生理机能的完善和保持女性持续、稳定和良好的心理状态。

3. 姓名权

姓名权是指公民有决定、使用和按照法律规定改变自己姓名,并排除他人干涉的权利。姓名是一个公民区别于其他公民的符号,是一个人自身的标志。中国历史上的妻冠夫姓是女性人格权丧失的一种表现,法律明确规定男女的姓名在婚后仍保持各自的独立性,不必因结婚而改变,彻底废除了妻冠夫姓的封建传统,赋予妻子享有同丈夫平等的姓名权,昭示我国夫妻双方在家庭中的法律地位平等。《民法典》第一千零五十六条规定:夫妻双方都有各自使用自己姓名的权利。

还规定，子女可以随父姓，也可以随母姓。

4. 人身自由权

人身自由权是指公民从事社会职业、参加社会活动、进行社会交往的权利。《民法典》第一千零五十七条规定：夫妻双方都有参加生产、工作、学习和社会活动的自由，一方不得对另一方加以限制或者干涉。人身自由权保障了已婚女性参加职业的选择权和社会活动权，禁止丈夫限制和干涉妻子的人身自由。

5. 财产权

财产权是指以财产利益为主要内容，直接体现某种物质利益的权利，如所有权、债权、知识产权中的财产权等。财产权是自然人生存和发展的基础，是自然人实现其他权益的物质保障。在婚姻家庭中夫妻享有平等的财产处理权。女性作为妻子可通过《民法典》"婚姻家庭编"中夫妻财产制和家庭财产制、家庭成员间的扶养制度、离婚财产清算制度、离婚救济制度等确保财产权益的实现。同时，还适用《民法典》"物权编"的有关规范，保护女性的土地承包经营权、宅基地使用权、居住权、共有权等权益，实现性别平等与权益保障。

6. 遗产继承权

遗产继承权是指继承人根据法律的规定或者被继承人所立的合法有效的遗嘱享有的承受被继承人遗产的权利。根据我国《宪法》《民法典》及其他有关法律规定，女性在继承方式、继承人范围、继承顺序、遗产分配等方面，享有与男性平等的权利。但是在现实生活中，由于受男性利益本位的传统性别观念的影响，出嫁女继承父母遗产、丧偶妇女继承亡夫的遗产、丧偶儿媳继承公婆的遗产、寡妇带产再嫁等权益被侵犯的现象较为严重。

（二）女性在夫妻关系中的义务

在夫妻关系存续期间，男女双方的权利义务关系是平等的。因此女性和男性在家庭中的义务具有一致性。

1. 夫妻之间的忠实义务

忠实义务主要是指保守贞操的义务，专一的夫妻性生活、不为婚外性生活的义务。要做到：不重婚；不与配偶以外的第三人通奸或姘居；不从事性交易等。忠实义务是夫妻双方的义务，而不是女性单方的义务。违反忠实义务不仅伤害夫妻感情，还不利于一夫一妻制度的维护。

2. 夫妻对未成年子女的抚养、教育和保护的权利、义务

法律规定，夫妻双方平等享有对未成年子女抚养、教育和保护的权利，共同承担对未成年子女的抚养、教育和保护义务。即使夫妻离婚，这一义务也不得改变。

3. 夫妻有相互扶养的义务

夫妻是共同生活的伴侣，应该在精神上相互慰藉，经济上相互扶助，无论丈夫或妻子，只要生活困难需要扶养的，另一方必须对其尽抚养义务。

4. 夫妻有平等的清偿共同债务的义务

夫妻共同债务是指在夫妻关系存续期间，夫妻双方一方为家庭共同生活所欠的债务。债务的清偿在协商一致的情况下，以夫妻共同财产偿还，坚持男女平等与保护女性利益相结合，并要考虑双方当事人的实际履行能力。

■ 知识链接 ■

夫妻债务

夫妻双方共同签名或者夫妻一方事后追认等共同意思表示所负的债务，以及夫妻一方在婚姻关系存续期间以个人名义为家庭日常生活需要所负的债务，属于夫妻共同债务。夫妻一方在婚姻关系存续期间以个人名义超出家庭日常生活需要所负的债务，不属于夫妻共同债务；但是，债权人能够证明该债务用于夫妻共同生活、共同生产经营或者基于夫妻双方共同意思表示的除外。《民法典》中关于夫妻债务的规定有利于夫妻债务性质的界定，防范夫妻一方被债务化，也有利于维护第三人的债权，促进交易秩序稳定。

案例分享

天津妇联依法维护"被负债"女性权益，解决"共债"难题

从"被负债"300万元，手足无措、委屈无助，到案件完成重审，喜极而泣，王丽（化名）在天津市妇联的帮助下，维护了自身的合法权益，日常生活也回到了正轨。

2016年，王丽与丈夫离婚了，然而在他们3年的婚姻里，丈夫欠下了约300万元的债务，经过法院审理判决被判定是夫妻共同债务，其丈夫由于涉及非法集资已被公安机关收押，债权人将讨债的矛头指向了王丽。

2017年6月，王丽第一次走进天津市妇联的信访接待室，天津市妇联权益部干部刘倩清楚记得当时的情形，30多岁的王丽满头白发，一脸愁容，哭得一塌糊涂，语无伦次地说："我不知道他欠了这么多债，我没花这些钱……我现在没地儿住，孩子才一岁，我不知道怎么办……"

天津市妇联的工作人员帮助王丽梳理证据、卷宗，查找维权的关键点。王丽所涉及的9起"共债"案件中有几起已经被下达一审判决，又因其前夫已被收押，理清债务关系变得困难重重，许多律师都不愿意接下这块"烫手山芋"。天津市妇联的工作人员积极与多方联系，最终，有着多年妇女儿童维权经验的律师接下了这个案子。

2018年，《最高人民法院关于审理涉及夫妻债务纠纷案件适用法律有关问题的解释》出台，为王丽的案件带来了转机。该司法解释出台后，对于夫妻共同债

务要求共债共签,这就从源头上避免了一方不知情而背上债务的问题。

经过多方努力,2020年王丽的案子终于走完了重审的历程,王丽的脸上也逐渐露出了笑容,她说自己要去做志愿者,帮助更多的人。

天津市妇联权益部副部长张金玲表示:"这一案件是天津市妇联实事化维权的成功案例,紧密结合了全国妇联重点关注的夫妻共同债务这一问题,为妇联依法依规维护妇女儿童合法权益提供了经验。"

天津市妇联通过"一信一访一线一网"畅通妇女权益诉求渠道,建立四级接访网络,每年帮助妇女解决各类问题8000件左右。

(来源:新华网)

(三)夫妻财产

夫妻财产是由夫妻身份引起的直接体现一定经济内容的财产,具体包括财产的归属、管理、使用、收益和处分,债务的清偿及婚姻终止时财产的分割等内容。我国《民法典》规定了法定的夫妻财产制和约定的夫妻财产制两种制度。我国家庭是以法定的夫妻财产制为主,但是约定的夫妻财产制的法律效力高于法定的夫妻财产制。

1. 法定的夫妻财产制

法定的夫妻财产制是指法律明文规定的财产制形式,即在夫妻对婚前或婚后财产未订立约定、约定不明确或约定无效的情况下,依据我国法律的规定应当适用的财产制形式,包括夫妻共有财产和夫或妻一方所有财产的相关规定。

(1) 夫妻共有财产。夫妻共有财产是根据《民法典》规定的夫妻共同财产制而形成的。夫妻在婚姻关系存续期间所得的下列财产,为夫妻的共同财产,归夫妻共同所有:工资、奖金、劳务报酬;生产、经营、投资的收益;知识产权的收益;继承或者受赠的财产;其他应当归共同所有的财产。

妻子对于夫妻共同财产拥有平等的所有权和处理权,不受双方收入状况、民族、性别、职业、宗教信仰、教育程度等因素的限制。在婚姻存续期间,丈夫或其他亲属不法侵害夫妻共同财产的,或者家庭成员之外的组织或个人侵害夫妻共同财产的,妻子有权请求丈夫或其他亲属、其他组织或个人停止侵害、返还财产、恢复原状、赔偿损失等。

(2) 夫或妻一方所有的财产。夫或妻一方所有的财产是指夫妻在婚前或婚姻关系存续期间所得的财产,依法专属于夫或妻个人所有的财产。夫妻特有财产是对共有财产的限制和补充,其与夫妻共有财产共同构成了我国法定的夫妻财产制。夫或妻一方所有的财产主要是为了保护夫妻个人财产的所有权,用以满足夫妻在婚姻生活中的个人需要,借此弥补夫妻一方无权独立支配共同财产的不足。

下列财产为夫或妻一方的个人财产:一方的婚前财产;一方因受到人身损害获得的赔偿或者补偿;遗嘱或者赠与合同中确定只归一方的财产;一方专用的生

活用品；其他应当归一方的财产。

2. 约定的夫妻财产制

约定的夫妻财产制是指夫妻双方以协议的形式，对他们的婚前、婚后财产的归属、占有、使用、管理、收益、处分等权利加以约定的一种法律制度。

法律中对约定的夫妻财产制规定了如下内容：约定财产制约的对象，既可以是夫妻共同所得的财产，也可以是夫妻一方在婚前或者婚后所得的财产；夫妻对婚姻关系存续期间所得的财产或者婚前财产可以约定归各自所有、共同所有或部分归各自所有、部分共同所有；夫妻财产约定应当采取书面形式；夫妻双方对财产关系没有约定或者约定不明确的，适用法定财产制；夫妻双方对财产的约定对夫妻双方有约束力，但不具有对抗第三人的效力。夫妻对婚姻关系存续期间所得的财产约定归各自所有的，夫或者妻一方对外所负的债务，第三人知道该约定的，以夫或者妻一方的财产清偿。夫妻一方对"第三人知道该约定"负有举证责任。

夫妻双方的财产约定应当符合下列条件：夫妻双方进行财产约定时，均必须具有完全民事行为能力。如果夫妻一方不具备完全民事行为能力，不能对财产进行约定。夫妻约定财产的协议必须由夫妻双方亲自签订，不能代理；夫妻双方必须在平等自愿的基础上，通过协商，对婚前财产或者婚后所得财产进行约定。如果一方以欺诈、胁迫手段或者乘人之危使对方做出违背真实意思的表示，约定无效；夫妻双方的财产约定必须合法。夫妻双方财产约定的内容包括财产所有权的归属，财产的管理、使用、收益、处分，家庭生活费用的负担、债务的清偿责任，婚姻关系终止时财产的清算及分割等。约定的内容不得超出夫妻双方所享有的财产权利的范围，不得规避法律规定的赡养老人、抚养子女的义务，不得损害国家、集体或者第三人的合法权益；夫妻双方的财产约定必须明确。如果夫妻对某些财产约定不明确或者没有做出约定，则该部分财产不作为约定财产，应当按照法律的规定，属于夫妻共同财产的，归夫妻共同所有；属于夫妻一方个人的财产，归个人所有。夫妻双方的财产约定应当遵循民事法律关系的公平原则，保护夫妻双方的财产权益。如果夫妻双方的财产约定存在显失公平的情况，则该约定无效。人民法院应当实事求是地对夫妻双方的共同财产和个人财产予以正确认定和合理分割。

二、父母子女关系

父母对未成年子女在人身和财产上具有管教和保护的权利和义务，即亲权。亲权是基于父母子女之间的身份权而产生的父母对未成年子女的权利和义务的统一。

（一）父母子女的认定

根据法律的规定，父母子女之间除了有遗传关系的亲生子女外，还包括非婚

第四章 女性法律智慧——婚姻家庭篇

生子女、继子女、养子女等。

1. 非婚生子女

非婚生子女是指没有婚姻关系的男女所生的子女，包括未婚男女所生子女，已婚男女与第三人所生子女，无效婚姻和可撤销婚姻中男女双方生育的子女等。

《民法典》第一千零七十一条规定：非婚生子女享有与婚生子女同等的权利，任何组织或者个人不得加以危害和歧视。不直接抚养非婚生子女的生父或者生母，应当负担未成年子女或者不能独立生活的成年子女的抚养费。非婚生子女有权继承生父母的遗产。法律强调了对非婚生子女的保护，我国的非婚生子女与婚生子女的法律地位完全相同，法律规定父母子女间的权利和义务，同样适用于父母与非婚生子女间。不得歧视非婚生子女，不得危害非婚生子女的合法权益，如有遗弃、虐待非婚生子女或有溺婴等危害婴儿生命的行为而构成犯罪的，应依法追究其刑事责任。

2. 继子女

继父母子女关系是由于父母一方死亡，另一方再行结婚，或父母离婚，父或母再婚形成继父母和继子女间的关系。子女对父或母的再婚配偶称为继父或继母。夫或妻对其再婚配偶的子女称为继子女。

《民法典》第一千零七十二条规定：继父母与继子女间，不得虐待或者歧视。继父或者继母和受其抚养教育的继子女间的权利义务关系，适用本法关于父母子女关系的规定。这一规定说明，形成了抚养教育关系的继父母子女间的权利和义务，与亲生父母子女间的权利和义务是相同的。

3. 养子女

根据《民法典》的规定，无子女的收养人可以收养两名子女；有子女的收养人只能收养一名子女，从而形成养父母与养子女关系。自收养关系成立之日起，养父母与养子女间的权利义务关系，适用《民法典》中关于父母子女关系的规定；养子女与养父母的近亲属间的权利义务关系，适用《民法典》中关于子女与父母的近亲属关系的规定。养子女与生父母及其他近亲属间的权利义务关系，因收养关系的成立而消除。

法条链接

《中华人民共和国民法典》（节选）

第一千零九十八条 收养人应当同时具备下列条件：（一）无子女或者只有一名子女；（二）有抚养、教育和保护被收养人的能力；（三）未患有在医学上认为不应当收养子女的疾病；（四）无不利于被收养人健康成长的违法犯罪记录；（五）年满三十周岁。

（二）父母子女间的权利和义务

1. 父母对子女有抚养的权利和义务

抚养是指父母从物质上、经济上对子女的养育和照料，包括负担子女的生活费、教育费、医疗费等。抚养义务是父母对子女所负的最主要的义务，目的是保障子女的生存和健康成长。父母对未成年子女的抚养是无条件的，不得歧视女性未成年人或者有残疾的未成年子女。父母离婚的，无论子女由哪方抚养，另一方都不会因此免除对子女的抚养义务。父母不履行抚养义务的，未成年子女或者不能独立生活的成年子女，有要求父母给付抚养费的权利。

2. 父母对子女有教育和保护的权利和义务

未成年人的父母或者其他监护人应当学习家庭教育知识，接受家庭教育指导，创造良好、和睦、文明的家庭环境。教育是指父母在思想、品德、学业等方面对子女进行全面培养。教育子女是父母的一项重要职责。父母应帮助子女树立正确的人生观，培养良好的品德，引导未成年子女进行有益身心健康的活动，预防和制止未成年子女沾染恶习，从事违法犯罪行为，应使其身心健康地成长。父母应保障未成年子女受教育的权利，必须让适龄的未成年子女按照规定接受义务教育，鼓励和帮助子女学习文化技术，熟练掌握劳动技能，使其成为对社会有用的人才。父母应保护未成年子女的人身安全和合法权益，防止和排除损害和他人的非法侵害。

《民法典》第一千零六十八条规定：父母有教育、保护未成年子女的权利和义务。未成年子女造成他人损害的，父母应当依法承担民事责任。父母对未成年子女的保护和教育，既是权利又是义务。当子女的言行有错误时，父母有责任进行批评和帮助。当未成年子女的人身安全和财产权益受到侵害时，父母有责任排除侵害，保护子女的利益。

■ **知识链接** ■

家庭教育立法，"家事" 不仅是家事

2021年1月20日，《中华人民共和国家庭教育法（草案）》正式提请十三届全国人大常委会第二十五次会议审议。家庭教育正式纳入国家教育事业发展规划和法治化管理轨道。家庭教育立法让"家事"不再仅仅是家事，而是全社会关注和参与的大事。

家庭教育法强调父母的主体责任和政府的主导责任。家庭教育可以适当惩戒，但前提是尊重和保护孩子。家庭教育本质是生活教育，不能变得学校化、知识化。家庭教育绝不只是大人教育孩子，而是全家人相互影响，共同成长，尤其是信息时代是一个后喻文化时代，孩子有能力影响长辈，所以家长需要发现和学习孩子的优点，与孩子一起成长，应该成为21世纪家庭教育的重要理念。

（来源：《半月谈》2021年第4期）

第四章 女性法律智慧——婚姻家庭篇

> **法条链接**
>
> ### 《中华人民共和国未成年人保护法》（节选）
>
> **第十六条** 未成年人的父母或者其他监护人应当履行下列监护职责：（一）为未成年人提供生活、健康、安全等方面的保障；（二）关注未成年人的生理、心理状况和情感需求；（三）教育和引导未成年人遵纪守法、勤俭节约，养成良好的思想品德和行为习惯；（四）对未成年人进行安全教育，提高未成年人的自我保护意识和能力；（五）尊重未成年人受教育的权利，保障适龄未成年人依法接受并完成义务教育；（六）保障未成年人休息、娱乐和体育锻炼的时间，引导未成年人进行有益身心健康的活动；（七）妥善管理和保护未成年人的财产；（八）依法代理未成年人实施民事法律行为；（九）预防和制止未成年人的不良行为和违法犯罪行为，并进行合理管教；（十）其他应当履行的监护职责。
>
> **第十七条** 未成年人的父母或者其他监护人不得实施下列行为：（一）虐待、遗弃、非法送养未成年人或者对未成年人实施家庭暴力；（二）放任、教唆或者利用未成年人实施违法犯罪行为；（三）放任、唆使未成年人参与邪教、迷信活动或者接受恐怖主义、分裂主义、极端主义等侵害；（四）放任、唆使未成年人吸烟（含电子烟，下同）、饮酒、赌博、流浪乞讨或者欺凌他人；（五）放任或者迫使应当接受义务教育的未成年人失学、辍学；（六）放任未成年人沉迷网络，接触危害或者可能影响其身心健康的图书、报刊、电影、广播电视节目、音像制品、电子出版物和网络信息等；（七）放任未成年人进入营业性娱乐场所、酒吧、互联网上网服务营业场所等不适宜未成年人活动的场所；（八）允许或者迫使未成年人从事国家规定以外的劳动；（九）允许、迫使未成年人结婚或者为未成年人订立婚约；（十）违法处分、侵吞未成年人的财产或者利用未成年人牟取不正当利益；（十一）其他侵犯未成年人身心健康、财产权益或者不依法履行未成年人保护义务的行为。

3. 子女对父母有赡养扶助的义务

赡养是指子女对父母的供养，即在物质上和经济上为父母提供必要的生活条件。扶助是指子女对父母在精神上和生活上的安慰和关心、帮助和照料。赡养扶助的义务主体是有独立生活能力的成年子女。未成年子女不是父母的赡养义务人。子女对父母的赡养是法定的义务，不得附加任何条件，赡养人不得以放弃继承权或者其他理由，拒绝履行赡养义务。无论子女是否和父母居住在一起，都应根据父母的实际需要履行赡养义务。赡养的方式既可以是与父母共同生活直接履行赡养义务，也可采用提供生活费用的方式承担赡养义务。如有多个子女，应根据每个子女的经济状况，共同承担对父母的赡养义务。赡养人之间可以就履行赡养义务签订协议，并征得父母的同意。《民法典》第一千零六十七条规定：成年子女不履行赡养义务的，缺乏劳动能力或者生活困难的父母，有要求成年子女给付赡养费的权利。赡养人的赡养义务是强制性的法律规定，不因父母的婚姻关系变化而消除。

4. 父母子女相互继承遗产的权利

《民法典》第一千零七十条规定：父母和子女有相互继承遗产的权利。子女和父母互为第一顺序法定继承人，相互享有继承权。继承权是指继承人依法享有的继承被继承人遗产的权利。父母对子女的遗产继承权是平等的，子女之间对父母的遗产继承权也是平等的，不受性别、年龄、已婚、未婚的限制和影响。任何干涉或剥夺母亲或出嫁女儿的继承权的行为都是违法的。

三、其他近亲属关系

在家庭生活中，现行法律除了规定了夫妻关系、亲子关系外，还规定了兄弟姐妹关系和祖父母、外祖父母与孙子女、外孙子女关系等近亲属关系。

（一）兄弟姐妹关系

兄弟姐妹是血缘最近的旁系血亲。他们之间发生和存在扶养权利与义务是中华民族的历史传统，有着较牢固的文化习俗基础和社会心理支撑。兄弟姐妹包括同胞兄弟姐妹、同父异母或同母异父的兄弟姐妹、养兄弟姐妹和有扶养关系的继兄弟姐妹。《民法典》第一千零七十五条规定：有负担能力的兄、姐，对于父母已经死亡或者父母无力抚养的未成年弟、妹，有扶养的义务。由兄、姐抚养长大的有负担能力的弟、妹，对于缺乏劳动能力又缺乏生活来源的兄、姐，有扶养的义务。这一规定反映了兄弟姐妹之间双向的权利义务关系。

（二）祖父母、外祖父母与孙子女、外孙子女的关系

祖父母、外祖父母与孙子女、外孙子女是隔代直系血亲，也是除亲子关系之外最近的直系血亲。《民法典》第一千零七十四条规定：有负担能力的祖父母、外祖父母，对于父母已经死亡或者父母无力抚养的未成年孙子女、外孙子女，有抚养的义务。有负担能力的孙子女、外孙子女，对于子女已经死亡或者子女无力赡养的祖父母、外祖父母，有赡养的义务。由此可见，祖孙之间的抚养关系是第二顺位的、有条件的：一是义务方确有负担能力，二是权利方确需扶养，三是第一顺位的扶养义务人死亡或丧失扶养能力。

第三节 女性在婚姻家庭中的人身保护

女性的人身权利是女性依法享有的，与自身不可分离的，没有直接财产内容的一种权利，任何人或组织都不能任意剥夺他人人身权利或妨碍其权利的行使。

在家庭中，女性遭受家庭暴力、生育权受到侵犯的现象屡见不鲜。如何进一步唤醒女性的维权意识，进一步引导对女性权利的尊重，并通过完善立法、出台相应的配套制度加强对女性在婚姻家庭中人身权利的保护，是有效保障女性利益的重要内容。

一、反对家庭暴力

在现实生活中，家庭暴力并没有随着社会的发展，文明程度的提高而消失，仍普遍存在，且严重侵扰着家庭的安宁和稳定。家庭中的弱势成员尤其是女性成为首当其冲的受害者。丈夫对妻子进行的家庭暴力，伤害了受害者的身体健康，侵犯了其人身权乃至生命权。同时，基于暴力实施者与受害者之间的亲属关系，与身体受到伤害相比，精神受到的折磨与伤害更严重。暴力现象一般多发生于受教育程度较低的家庭，但近年来延伸到高学历家庭。施暴手段除了传统的拳打脚踢外，还有用棍、绳、铁器施暴，用冻、饿、罚跪方法惩罚，以及性虐待、辱骂、精神虐待、冷暴力等，手段残酷不胜枚举，暴力程度较为严重。

我国现阶段家庭暴力存在的原因多种多样，主要为夫妻感情不和、一方婚外情、大男子主义、遭受家暴女性缺乏抗争意识和自救能力等。

（一）家庭暴力的概念及表现形式

1. 家庭暴力的概念

家庭暴力是指家庭成员之间以殴打、捆绑、残害、限制人身自由，以及经常性谩骂、恐吓等方式实施的身体、精神等侵害行为。经常性、持续性的家庭暴力，情节恶劣的，则会构成虐待，触犯刑法，应该依法追究其刑事责任。

2. 家庭暴力的表现形式

家庭暴力可分为身体暴力、精神暴力、性暴力、经济暴力。

（1）身体暴力

所有对妇女身体的攻击及限制行为，如殴打、推搡、烟头烫、沸水烫、硫酸毁容、在身体上刺字、残害肢体、禁闭、使用工具攻击等，后果通常会在受害者身上形成外伤，易于发现。

（2）精神暴力

所有的经常性的侵犯妇女人格尊严及对妇女表现冷漠等不法行为，如频繁的侮辱、谩骂、贬低等。精神折磨为精神暴力的常见形式。精神暴力虽然暂时看不到身体上明显的伤害，但累积的精神伤害严重折磨着妇女。

（3）性暴力

故意攻击性器官，强迫发生性行为、性接触或强迫妇女接受她认为是贬低她的人格的性行为方式等。丈夫违背妻子意愿，强迫发生性关系是最常见的性暴力。

（4）经济暴力

施暴人为了控制受害人的身心，而不让受害女性出去工作，或者规定家里所有收入都必须交给他来管理。当妻子需要花钱就得向丈夫申请，且每花一分钱都要报账时，心理上不可避免地会产生屈辱、自卑、无价值感、愤怒、无助等不良情绪。

（二）家庭暴力的危害

家庭暴力对于家庭、社会都有诸多危害。

1. 家庭暴力侵害了受害者的人格尊严和身心健康

家庭暴力侵害了家庭中弱势成员尤其是女性的基本人权，甚至威胁生命。多数受害者都在被施暴时惨遭残害，受害者痛苦不堪，严重损害了受害者的人格尊严和身心健康。

2. 家庭暴力破坏了家庭和睦

在一个家庭中，经常发生家庭暴力必然会影响夫妻感情，破坏家庭和睦。妻子面对残暴的丈夫，心中爱意荡然无存，多会选择离婚、离家出走，甚至以暴抗暴等途径摆脱遭受暴力，致使家庭破裂、毁灭。

3. 家庭暴力影响子女的正常发育和成长

经常发生家庭暴力的家庭，容易使孩子产生恐惧、焦虑、厌世的心理，轻者影响孩子的情绪，使他们自卑、孤独、敏感、忧郁，失去安全感，影响学习和生活，严重者会使孩子对社会产生怀疑，变得冷漠无情、性格偏激，有的甚至被诱发出暴力倾向，离家出走，荒废学业，甚至走上犯罪的道路。

4. 家庭暴力给社会带来不稳定因素

不及时有效地遏止家庭暴力，受害人本人不知用法律保护自己，在长期忍气吞声、长期遭受暴力的扭曲心态下，会采取法律禁止的手段，酿成恶性事件，给社会带来恶劣的后果，极大地危害了社会安定的局面。

（三）对家庭暴力的应对

1. 对家庭暴力实施者的处置方法

家庭暴力受害者及其法定代理人、近亲属可以向加害者或者受害者所在单位、居民委员会、村民委员会、妇女联合会等单位投诉、反映或者求助，也可以向公安机关报案或者依法向人民法院起诉。有关单位接到家庭暴力投诉、反映或者求助后，应当给予帮助、处理。单位、个人发现正在发生的家庭暴力行为，有权及时劝阻。

2. 遭受家庭暴力的人可以采取的措施

在遭受家庭暴力时，家庭暴力受害者可以采取一定措施，有效保障自身的权利。

（1）重视婚后第一次暴力事件，绝不示弱，让对方知道你不可以忍受暴力。

（2）在遭受家庭暴力时，最重要的是保护自己和孩子的安全。远离厨房，以免施暴者用锐器伤害你。注意保护头、脸、胸、腹等身体重要部位。如有可能，躲进有电话可以求助的房间，将施暴者反锁在门外。

（3）把侵害事件告诉亲友邻居，一方面能劝说施暴者，另一方面起警戒作用。必要时也可以寻求社区、街道办、居委会、当地妇联等组织的帮助。

（4）紧急情况可拨打110，公安机关已将家庭暴力纳入110出警工作范围。

（5）遭受家庭暴力或者面临家庭暴力的现实危险，可以向人民法院申请人身安全保护令。

（6）当受到家庭暴力时，应当注意人证、物证、鉴定结论的收集与保存，以备将来在追究对方责任或诉讼时获得有利地位。

（7）如果经过努力对方仍不改暴力恶习，离婚不失为一种理智的选择。

▍法条链接▍

《中华人民共和国反家庭暴力法》（节选）

第四章　人身安全保护令

第二十三条　当事人因遭受家庭暴力或者面临家庭暴力的现实危险，向人民法院申请人身安全保护令的，人民法院应当受理。

第二十八条　人民法院受理申请后，应当在七十二小时内作出人身安全保护令或者驳回申请；情况紧急的，应当在二十四小时内作出。

第二十九条　人身安全保护令可以包括下列措施：（一）禁止被申请人实施家庭暴力；（二）禁止被申请人骚扰、跟踪、接触申请人及其相关近亲属；（三）责令被申请人迁出申请人住所；（四）保护申请人人身安全的其他措施。

第三十条　人身安全保护令的有效期不超过六个月，自作出之日起生效。人身安全保护令失效前，人民法院可以根据申请人的申请撤销、变更或者延长。

第三十二条　人民法院作出人身安全保护令后，应当送达申请人、被申请人、公安机关以及居民委员会、村民委员会等有关组织。人身安全保护令由人民法院执行，公安机关以及居民委员会、村民委员会等应当协助执行。

▍知识链接▍

家庭暴力证据种类

1. 物证：受害者遭受暴力侵害后，应及时、全面地收集、保存各种物证，包括身上的伤痕、带血的衣物、被打掉的牙齿、揪掉的头发、撕破的衣服；施暴者所用凶器，如刀、针、铁棍、木棒、石头等。

2. 证人证言：发生家庭暴力时有可能会被其他人员目睹，比如说自己的父母或者家中的亲属或者邻居等。如果这些人曾经目睹过家庭暴力的发生，那么可以尽早地和他们做一些沟通工作，或者委托律师以调查笔录的方式向证人进行取证。

3. 出警记录：如果家庭暴力发生后，曾经报过警，那么警方那里会有出警记录，通常警方对家庭暴力的处理会有一整套法定的程序，警方通常会在派出所对施暴者和受害者分别进行问话，并制作笔录。

4. 诊断证明：如果受害人受伤了应当由公安机关出具法医鉴定的介绍信，对伤情进行司法鉴定，同时受害者需要及时到医院进行治疗，治疗时医院的诊断证明和医药费的收据以及病例，这些书证都应当妥善保存，包括受害者后期的持续性治疗，有关书证也应当妥善保存。

5. 工作记录：如果受害者曾经向妇联投诉过家庭成员的施暴行为，妇联同志曾经对该事做过处理，并且找对方进行过调解工作，妇联机构会有原来的工作记录，同时可以为曾经发生的家庭暴力单独出具书证。

6. 相关证明：如果曾向居民委员会或者是村民委员会反映过这种问题，有关机构也可以出具书证。如果受害者曾经向双方的或者是一方的工作单位求助过，工作单位的领导也可以代表单位为其出具书证，也可以采取律师进行调查的方法。

7. 通话录音：如果受害者和施暴者之间发生纠纷时，曾有过通话录音，这个通话录音也可以作为证据。双方在谈到协议离婚或者是赔偿事项时，对方在谈论当中对施暴的行为并不否认的通话录音，也可以作为证据。

8. 书面材料：在发生家庭暴力之后，如果对方曾写过保证书、忏悔书、承诺书等文书，保证以后绝不再发生暴力行为的这些书面材料也可以作为证据。

9. 视频资料：被对方殴打后如果拍摄过相关照片的或者说有视频录像资料的，也可以作为证据。

当然上述所有的证据列项只是对通常情况而言，每一起家庭暴力都有它不同的具体情况。建议受害者在发生这样的情况后，及时向法律专业人士比如说警察、律师等进行咨询，了解应当调取什么样的证据。

（四）反家庭暴力法实施过程中存在的典型问题及建议

家庭暴力自人类进入文明社会以来，就成为世界性的社会问题。虽然随着反对家庭暴力相关法律的出台、女性权利意识的觉醒及新闻媒体对家庭暴力事件的报道，家庭暴力问题越来越多地引起社会的广泛关注，但家庭暴力这个毒瘤并没有切除，尤其是女性遭受家庭暴力现象依然广泛存在，它不仅侵害了女性的权益，也破坏了家庭的和谐，成为社会不稳定因素之一。

在我国，《中华人民共和国宪法》《中华人民共和国民法典》《中华人民共和国刑法》《中华人民共和国妇女权益保障法》和《中华人民共和国治安管理处罚法》等法律法规及一些地方法规中都规定了家庭暴力的相关问题。国家为了预防和制止家庭暴力，保护家庭成员的合法权益，维护平等、和睦、文明的家庭关系，促进家庭和谐、社会稳定，2015年12月通过审议，并于2016年3月1日起实施了《中华人民共和国反家庭暴力法》。反家庭暴力法对家庭暴力的预防、家庭暴力的处置、人身安全保护令、法律责任等内容进行了规定。

为了更好地预防和制止家庭暴力，我们一方面需要加强宣传，提高广大群众认识家暴、防范家暴的能力，营造全社会关注家暴、反对家暴的良好氛围。另一方面要适当降低当事人的举证门槛。将报警记录、看病记载等作为证据，只要举出的证据可证明家暴存在的可能性即可。另外，政府、公安、妇联及社区居民组织应密切协作，构建联动机制，组成反家暴联动网，主动为家暴受害者提供法律援助，筑起保护家庭弱势群体的一道防线。

二、保护女性生育权

生育是人的本能，是从人类诞生以来就有的行为，是人类作为一个物种延续下去的最根本的自然能力，是人们能够生生不息地繁衍至今的重要原因，它兼具自然属性和社会属性。从权利的本源看生育权属于人的自然权利，是人类与生俱来的一项基本人权，它不因法律上承认而存在，是基于人的本质属性所应享有的权利，基于公民资格、身份而享有的法定权利，独特的生理构造赋予女性繁衍后代的权利，对于女性来说更像一种生命权。同时生育权也符合人格权以人格利益为客体的特征，是民事主体自然生存和社会生存所必需的利益。达到法定结婚年龄的男女，在结婚后有生育的权利。

随着社会的发展，人口老龄化的产生，《民法典》"婚姻家庭编"删除了对计划生育的相关规定，使生育权的实现得到切实的法律保障。2021年，中共中央、国务院发布了《中共中央、国务院关于优化生育政策促进人口长期均衡发展的决定》，以实施三孩生育政策来面对日趋严峻的老龄化社会的挑战。伴随生育政策的调整，近年来出生人口并未出现增长，反而有下降的趋势。在当代中国，女性生育权如何保护，是我们所需要探讨和解决的问题。

（一）生育权的法律规定

我国目前立法并没有明确"生育权"这一概念，但在众多法律条文中有涉及"生育"这一词汇，其相关内容的表述也多以"生育的权利"来表示。《中华人民共和国宪法》中目前并没有将"生育权"含义明确纳入公民的基本权利中，仅以人身权这一笼统概念加以理解和阐述。《中华人民共和国妇女权益保障法》中表述妇女有按照国家规定生育子女的权利，也有不生育的自由。虽然，我国在《中华人民共和国宪法》《中华人民共和国民法典》《中华人民共和国妇女权益保障法》等法律法规中都对生育权做出了规定与要求，但其仅仅是对权利进行的一种"公示"，缺乏针对性保障与导向性指导。我国现有法律和政策确认和保护的生育权主体的范围实际上只限于缔结了婚姻关系的夫妻。虽然没有明确生育权概念，但是在其他的政府文件中表达了生育权的观念。

我国的生育自由包括生育的自由和不生育的自由，这种权利的双向不仅体现在意愿导向性上，也体现于性别的双导性，即男女均拥有生育权。但这里我们主要讨论我国法律对于女性生育自由的保护，尤其是对处于婚姻家庭压力下的女性生育权的保护。同时作为生育主体，女性应该得到更多的社会认可和法律保障。

但生育权法律保护在现阶段存在一些问题，主要表现在：现行法律尚未明确规定生育权；生育协议立法缺失；生育权的侵权类型及责任有待完善；缺少夫妻生育权侵权的救济途径。

（二）侵犯女性生育权的表现

随着社会的发展，侵犯女性生育权的表现呈现多样化、复杂化，出现了女性生育权受到侵害的同时伴随着其他侵权损害的存在。比如因生育权纠纷引发的家庭暴力、欺诈等侵权行为。产生纠纷后相关法律的缺失和已有法律的适用僵硬，使得女性生育权受到侵害得不到有效救济和帮助。侵犯女性生育权主要表现为以下几个方面。

1. 男方拒绝生育

社会生活中女性拒绝生育侵犯男性生育权的案例居多，人们往往认为女性是生育主体，更容易决定和实施生育与否的行为。但是我们忽视了，社会生活中还存在男性因特殊原因选择拒绝生育侵害女性生育权的行为。当丈夫没有生育意愿，而妻子在丈夫不知情的情况下怀孕，二人又不能就生育问题达成一致时，在司法实践中，法院出于保护妇女的权益，多数会判决丈夫无权要求妻子终止妊娠，在此情形下，丈夫不仅不能强迫妻子终止妊娠，还必须接受生育的结果，不管事后丈夫是否提出离婚，其都在没有生育意愿下产生了伴随其一生的亲子关系，并且需要承担抚养义务。

2. 男方隐瞒不能生育事实而缔结婚姻

生育是婚姻的一项基本功能，大部分组建家庭的夫妻还是希望可以孕育抚养自己的孩子，但其中也不乏夫妻中一方因先天或后天损害而患有不育症影响另一方生育权实现或是需要借助体外受精、人工辅助生育等生育方式孕育孩子，进而加重了生育功能健全一方生育权的实现的情况。婚姻关系下有关生育权纠纷侵犯女性生育权的问题还包括男方隐瞒不能生育的事实而缔结婚姻的情形。男方隐瞒不能生育，即便女方可以选择解除婚姻，与他人再缔结婚姻生育后代，但是生育时间成本对女性来说是重大考验,要承担更大的大龄产妇生产的风险。从社会压力来看,女性承担着生育后代的历史任务,即便是男性无法生育,从社会评价来看,舆论更倾向对女性的负面评价,导致女性承担了更多的精神压力。男方隐瞒不能生育的情况不但侵犯了女性的生育权,还侵犯了女性的知情权。所以,待婚男女应加强对婚检重要性的认识,以免婚后产生不必要的生育矛盾。

3. 男方暴力干预女性生育自由

男性暴力干预女性生育自由可归纳表现为两种暴力,"冷暴力"和实际行动的暴力。现实社会中有很多因生育权纠纷导致女性配偶在婚姻关系中遭受"冷暴力"的案件,女性配偶因无法自由行使生育权长期遭受精神伤害而提起离婚诉讼时,没有相应法律制度为她们提供法律依据,请求损害赔偿。目前,我国离婚诉讼的精神损害赔偿情形较为有限,且没有尊重和保护女性配偶生育意愿的相关条款。女性配偶生育权问题不仅与民事权利发生冲突,有时候还会存在于刑事案件中,即男性暴力干涉女性生育自由除了"家庭冷暴力",还极有可能发展成实际行动的暴力。

(三)女性如何保障生育权

由于女性的生理结构,生育的主要过程依靠女性来完成,与女性的身体健康息息相关,故应对女性提供适当合理的保护。在夫妻生育权产生冲突时,在不存在夫妻生育合意的前提下,妻子应有绝对的堕胎决定权,另外,社会为女性提供的社会保障也远远不够,在全面开放三胎的政策下,女性的生育意愿不升反降,除了社会大环境、家庭等外部因素的影响,更重要的是女性的生育权益没有得到很好的保护。因此,在生育权的问题上要坚持夫妻双方平等享有生育权的原则同时兼顾对女性生育权的保障。

1. 确立解决生育权冲突的原则性指导

我国《宪法》中并没有明确生育权这一概念,也没有确定解决生育冲突问题的处理原则。女性生育权受到侵害的同时涉及多种权利的侵害,在司法裁判中,法官对各种权利的价值衡量标准不一。在分析女性生育权和生命健康权冲突时,生命权是一切自然人存在的基础,所以优先保护生命健康权是没有异议的定论。但是对于一些权利价值无法准确评估的情形,没有明确规定如何衡量这两种权利冲突的优先保护性,就会导致在法院裁判中,有的更倾向于保护生育权,有的更倾向于保护其他权利,造成同案不同判的现象。立法没有对解决生育权冲突做出明确指导性规范,只有确立了解决生育权冲突的原则性指导,才能更快更好地保障女性生育权。

2. 充实生育权的法律规范内容

纵观我国所有关于女性生育权的法律规定,涉及内容大体分为两类,一类强调生育政策。在宪法中关于生育权的法律规范没有规定生育权本身属性和权利形式，生育权的具体内容并不明晰，如何行使生育权，生育权的范围，生育权受侵害的表现形式等都没有加以规定。另一类关于女性生育权的特殊保护。在妇女权益保障法等法律中规定了女性有生育和不生育的自由，但是规范内容也是相当少，对于女性生育知情权的保护，认定生育权受侵害的证据制度，生育权受侵害的救济措施等内容都没有规定。当前我国法律对于女性生育权保护甚至是总体的生育权保护的规范内容匮乏，还存在很多漏洞没有填补，仅靠司法解释途径来完全解决女性生育权保护问题是远远不够的。因此需要充实生育权的法律规范内容，从而保障女性生育权。

3. 加大对女性生育权保护力度

女性在婚姻关系中处于弱势地位，在生育权领域更是与男性相比承担了更多生理和心理的负担，从生理结构到孕育生命的整个过程再到生产各个阶段，女性都在扮演着主要承担者的角色。但是我国法律对女性生育权的保护程度是规定女性享有同男性平等的生育权，这显然是没有考虑到女性在生育权领域中的重要作用。

虽然在妇女权益保障法中强调了保护女性生育权自由，但是这样的法律规范是远远不够的。生育自由确定了女性配偶拥有生育决定权，但从整个生育过程来看，决定权仅是生育权的一部分，还应该强调女性知情权的特殊保护，比如避孕节育、优生优育、生殖保健等方面的科学知识，不知情就不能或不能正确地决定是否生育、何时生育、选用何种生育方式和生育调节方式等。相比男性的知情权，女性作为生产主体的知情权应当更为广泛、详尽。单纯赋予女性生育决定权，不足以全面有效地保护女性生育权，故对女性生育权的保护倾斜力度应当酌情加大。

4. 提供女性生育权受到侵害的有效救济手段

虽然有关法律规定了女性生育权的存在，规定了女性拥有生育与不生育的自由，但是目前还没有法律具体规定侵犯女性生育权应当采取的救济手段。生育权作为一项独立的权利，我们可以通过民法规定的人身权利的救济手段加以救济，但是生育权又具备不同于其他人身权利的性质，以人身权利进行救济往往无法得以认定，从而无法得到及时救济。生育权受到侵害的形式多表现为对未来生活的影响，比如女性配偶的生育机会，生育期延后面临的风险，堕胎行为造成的生育能力损害，以及精神损害等。虽然侵权责任法对精神损害赔偿做了有关规定：侵害他人人身权益，造成他人严重精神损害的，被侵权人可以请求精神损害赔偿。但这些损害在侵权责任法中无法得到有效救济，如果设立明确的救济条款，单独形成生育权救济体系,在司法实践中法官在审理类似案件中可以直接引用法律法规处理案件,不必再进行法律论证,这样会为女性在寻求生育权被侵害时的救济提供法律依据。单独建立女性生育权损害赔偿制度,是女性生育权受到侵害进行维权时最有效的法律手段。

随着《民法典》的问世,女性生育权作为婚姻关系中不可或缺的权利形式,应当得到更多的保护和关注。完善生育权法律制度,尤其是女性生育权的倾斜保护措施,才能顺应当前三孩生育政策,减少女性的生育顾虑,创造生育主体自由自愿生育的生存环境,减少社会矛盾的激化。

■ 知识链接 ■

关于三孩,石家庄最新通知来了!

2021年7月,石家庄市医疗保障局发布《关于做好生育保险等工作支持三孩政策的通知》(以下简称《通知》),就如何确保三孩生育政策实施后,参保女职工、城乡参保女居民、新生儿等能够正常享受相关医疗保障待遇提出明确要求。

《通知》指出,按时足额缴纳生育保险费的参保职工,生育三孩的费用纳入市生育保险待遇支付范围,具体规定按照《石家庄市医疗保障局等4部门关于印发〈石家庄市生育保险和职工基本医疗保险合并实施细则〉的通知》执行。

各级医保部门要及时足额支付生育医疗费用和生育津贴。参加城乡居民基本医疗保险的女居民,生育三孩产生的生育医疗费用,按照《石家庄市医疗保障局等4部门关于印发〈石家庄市生育保险和职工基本医疗保险合并实施细则〉的通知》与《石家庄市人民政府关于印发石家庄市城乡居民基本医疗保险实施办法的通知》相关规定执行。

新生儿出生时不在城乡居民医疗保险缴费时限内,要按照《石家庄市人民政府关于印发石家庄市城乡居民基本医疗保险实施办法的通知》规定执行;本市户籍的新生儿自出生之日起3个月内,由亲属到户籍所在地办理参保登记及缴费,从出生之日起享受医保待遇。

《通知》要求,要严格执行社会保险基金财务制度和会计制度,加强对生育保险基金的管理和监督。根据三孩生育率情况对生育保险收支的影响,及时进行基金运行分析,控制基金风险,保障基金高效稳定运行。

第五章　女性法律智慧
——财产保护篇

本章导言

女性的财产权，是女性生存、解放和发展的基础，是女性社会地位提升、经济自由、人格独立的重要保障。保护女性合法的财产权，对于女性具有重要的意义。本章立足我国法律规定，阐述了财产权的概念与特征、财产权的主要内容，分析了我国对女性财产权的保护。通过对女性在离婚中的财产保护、农村女性的土地承包经营权和宅基地使用权、女性在财产继承中的财产保护等问题的剖析，增强女性的法律意识、主体意识和维权意识，让女性掌握自我保护的法律智慧。

第一节　财产权概述

财产权不仅是维护社会稳定、自由与安全的重要因素，也是人们生存和发展的基础。《中华人民共和国宪法》《中华人民共和国民法典》《中华人民共和国妇女权益保障法》《中华人民共和国农村土地承包经营法》《中华人民共和国著作权法》《中华人民共和国商标法》《中华人民共和国专利法》等法律都对财产权和女性财产权益的保护进行了规定。作为新时代的女性，我们要积极投身社会劳动，创造财富，学习和掌握财产保护的相关法律知识，有效促进女性经济法律地位的提升和女性合法权益的保护。

一、财产权的概念和特征

（一）财产权的概念

1. 财产

依据民法学家的论述，财产是指具有经济价值，依一定目的而结合之权利义务之总体。财产是对象化的经济利益。财产包括房屋、家庭用品、金钱、存款、人身保险单、投资、股票、基金、提单、债券、专利、商标、版权、养老金、伤残补贴、失业救济、社会保险等。

财产具有以下法律特征。第一，有益性。财产是对主体有益的东西，它能够满足主体某个方面的需要，因而被认为具有价值。第二，可控性。人类通过生产获得需要的事物，并将其称之为财产，但对不可控的事物并不认为那是自己的财产。第三，外在性。外在性主要表现在：一是财产与人身相对应，它独立于人身之外；二是财产作为价值实现的工具，是一种客观的存在。第四，形态确定性。财产本身并非价值，是价值实现的工具，它必须借助于某种确定的形态表现其存在。

2. 财产权

财产权是以财产为客体的权利，指对财产享有的占有、支配、处分等权利。财产权是可以与权利人的人格、身份相分离并具有财产价值的权利，如物权、债权、知识产权等。财产权是以财产为标的，以经济利益为内容的权利，包括物权、知识产权、债权和继承权等。上述财产权分类有着明确的界限：以财产的直接支配性与请求履行性为标准，前者为物权和知识产权，后者为债权；以财产利益的物质性与非物质性为标准，支配性财产权则分别为物权与知识产权。

综合各种关于财产权概念的界定，本文中的财产权主要是指民法学所保障的，以财产利益为内容，直接体现财产利益的民事权利。财产权是能以金钱计算价值的，一般具有可让与性，受到侵害时需以财产方式予以救济。财产权主要包括物权、债权、继承权和知识产权中的财产权利。

（二）财产权的特征

1. 主体限制

财产权的主体限于现实地享有或可以取得财产的人。它既不像人格权，为一切人所享有，也不像亲属权，只要与他人发生亲属关系即享有亲属权。财产权的客体限于该社会制度下法律允许私人（自然人和法人）可得享有的。例如，在我国，土地属于国有（全民所有），不得为私有，因而土地不得作为民事权利的私人财产权的客体。因此，财产权的情形常因各个国家的社会制度而有所不同。

2. 财产价值

财产权具有财产价值，也就是经济价值。它能够满足主体某个方面的需要，能以金钱计算。日常生活中的生活资料和生产资料，都具有财产价值。即便是私人信函、结婚纪念照、珍贵生活录像带、爱人遗物（如头发）等物品，当这些东西成为交易标的时也有经济价值。还有作为人格权利的姓名权，当符合一定条件的姓名被应用到商业领域之后，则具备一定的财产性价值。

3. 无专属性

财产权原则上都是可以处分的，不具专属性。可以处分，指可以转让、可以继承、可以抛弃。不具专属性，因而可以由他人代为行使。在一些情况下，权利的归属与权利的行使是可分的，例如，未成年人的权利由法定代理人行使、失踪人或禁治产人的权利由管理人行使、破产人的权利由破产管理人行使等。当然，财产权中也有具专属性的，如夫妻间的财产权，家庭成员间要求扶养费、抚养费、赡养费的权利，基于劳动关系领取劳动报酬、退休金、抚恤金的权利等。

二、财产保护的相关法律规定

财产权与人类文明具有互动性，即财产权促进人类文明向前发展。因财产保护的重要性，我国在多部法律中对公民的财产保护进行了相关的规定。不同的法律因调整对象不同对财产保护会有不同的规定，其表述方式也不尽相同。

（一）《中华人民共和国宪法》关于财产保护的规定

《中华人民共和国宪法》是我国的根本大法，具有最高法律效力，宪法对财产权的保护是其他法律保护的基础。我国宪法保护公民的合法私有财产不受侵犯，其中第十三条规定：公民的合法的私有财产不受侵犯。国家依照法律规定保护公民的私有财产权和继承权。国家为了公共利益的需要，可以依照法律规定对公民的私有财产实行征收或者征用并给予补偿。可见，宪法意义上的财产权是从公民基本权利和义务的角度而言的，更加侧重权利主体对于行使某项或某类权利的资格。因此，财产权的宪法保护是由宪法赋予公民可以对财产享有支配性权利的资格。

（二）《中华人民共和国民法典》关于财产保护的规定

财产权的民法保护是法律保护的一个非常重要的方面，我国《民法典》在所规定的七编内容中，除了"人格权编"没有明确财产保护的规定，其他编中都有关于财产保护的规定。

总则中，明确民事主体的财产权利受法律平等保护，还规定了自然人合法的私有财产可以依法继承。第一百一十三条规定：民事主体的财产权利受法律平等保护。第一百二十四条规定：自然人依法享有继承权，自然人合法的私有财产，可以依法继承。

"物权编"中，规定了物权和债权的概念、类型；规定了动产和不动产的概念及区别；所有权人对自己的不动产或者动产，依法享有占有、使用、收益和处分的权利。第二百零七条规定：国家、集体、私人的物权和其他权利人的物权受法律平等保护，任何组织或者个人不得侵犯。

"合同编"中，涉及债权和债务关系、违约赔偿等财产保护。合同之债、无因管理和不当得利，是债权的类型，也属于财产保护的范畴。第四百六十四条规定：合同是民事主体之间设立、变更、终止民事法律关系的协议。第五百四十九条规定：债务人的债权与转让的债权是基于同一合同产生的，债务人可以向受让人主张抵销。

"婚姻家庭编"中，明确禁止借婚姻索取财物；规定了同居期间的财产处理方式和重婚导致的无效婚姻财产的处理方式；规定夫妻共同财产和共同债务，以及如何处置这些财产；还规定了离婚时，夫妻共同财产的分割方式和原则，充分照顾了子女、女方和无过错方的权益。第一千零五十四条规定：同居期间所得的财产，由当事人协议处理；协议不成的，由人民法院根据照顾无过错方的原则判决。对重婚导致的无效婚姻的财产处理，不得侵害合法婚姻当事人的财产权益。当事人所生的子女，适用本法关于父母子女的规定。婚姻无效或者被撤销的，无过错方有权请求损害赔偿。第一千零八十七条规定：离婚时，夫妻的共同财产由双方协议处理；协议不成的，由人民法院根据财产的具体情况，按照照顾子女、女方和无过错方权益的原则判决。对夫或者妻在家庭土地承包经营中享有的权益等，应当依法予以保护。

"继承编"中，规定了继承中的财产分配、继承方式、继承顺序。第一千一百三十条规定：同一顺序继承人继承遗产的份额，一般应当均等。对生活有特殊困难又缺乏劳动能力的继承人，分配遗产时，应当予以照顾。对被继承人尽了主要扶养义务或者与被继承人共同生活的继承人，分配遗产时，可以多分。有扶养能力和有扶养条件的继承人，不尽扶养义务的，分配遗产时，应当不分或者少分。继承开始后，按照法定继承办理；有遗嘱的，按照遗嘱继承或者遗赠办理；有遗赠扶养协议的，按照协议办理。

"侵权责任编"中，规定侵害人身权益和财产权益的赔偿项目、赔偿数额计算方式、侵权责任。第一千一百八十四条规定：侵害他人财产的，财产损失按照损失发生时的市场价格或者其他合理方式计算。

(三)《中华人民共和国妇女权益保障法》关于财产保护的规定

《中华人民共和国妇女权益保障法》第五章对妇女的财产权益进行了专门的规定。明确提出了国家保障妇女享有与男子平等的财产权利。分别从婚姻、家庭共有财产关系，农村妇女的土地承包经营权等权利的使用，农村妇女在集体经济组织中的权益，财产的继承等方面介绍了妇女享有的财产权利。第三十条规定：国家保障妇女享有与男子平等的财产权利。第三十一条规定：在婚姻、家庭共有财产关系中，不得侵害妇女依法享有的权益。第三十二条规定：在农村土地承包经营、集体经济组织收益分配、土地征收或者征用补偿费使用及宅基地使用等方面，妇女享有与男子平等的权利。第三十三条规定：任何组织和个人不得以妇女未婚、结婚、离婚、丧偶等为由，侵害妇女在农村集体经济组织中的各项权益。第三十四条规定：妇女享有的与男子平等的财产继承权受法律保护。在同一顺序法定继承人中，不得歧视妇女。丧偶妇女有权处分继承的财产，任何人不得干涉。第三十五条规定：丧偶妇女对公婆尽了主要赡养义务的，作为公婆的第一顺序法定继承人，其继承权不受子女代位继承的影响。这些规定保护了女性的合法权益，促进了男女平等，有利于充分发挥女性在社会主义现代化建设中的作用。

(四)《中华人民共和国农村土地承包法》关于财产保护的规定

《中华人民共和国农村土地承包法》规定了农村妇女的土地承包权,明确妇女与男子享有平等的权利。同时区分了妇女结婚、离婚或者丧偶等具体情况下的土地承包权,明确农村集体经济组织侵害妇女承包权的民事责任。第六条规定:农村土地承包,妇女与男子享有平等的权利。承包中应当保护妇女的合法权益,任何组织和个人不得剥夺、侵害妇女应当享有的土地承包经营权。第三十一条规定:承包期内,妇女结婚,在新居住地未取得承包地的,发包方不得收回其原承包地;妇女离婚或者丧偶,仍在原居住地生活或者不在原居住地生活但在新居住地未取得承包地的,发包方不得收回其原承包地。第五十七条规定:剥夺、侵害妇女依法享有的土地承包经营权的,发包方应当承担停止侵害、排除妨碍、消除危险、返还财产、恢复原状、赔偿损失等民事责任。这些规定关注和照顾了女性的弱势地位,明确了农村妇女作为土地承包权的主体资格,提升了妇女在家庭承包权中的共有地位,有效保障了农村妇女的土地承包权。

(五)知识产权法中关于财产保护的规定

知识产权是由人类脑力劳动创造的,是一种无形财产权,它不同于有形财产权。因为智力劳动的成果本身是没有价值的,是不能用价值来衡量的,但是智力劳动成果的使用会给使用者带来经济利益。知识产权法中的财产保护在《中华人民共和国著作权法》《中华人民共和国商标法》《中华人民共和国专利法》中有具体的规定。

《中华人民共和国著作权法》明确财产权主要是作品的使用权和获得报酬权,区分了著作权属于公民、法人或者非法人单位的情况下,使用权和获得报酬权的归属。第十九条规定:著作权属于公民的,公民死亡后,其作品的使用权和获得报酬权在本法规定的保护期内,依照继承法的规定转移。著作权属于法人或者非法人单位的,法人或者非法人单位变更、终止后,其作品的使用权和获得报酬权在本法规定的保护期内,由承受其权利义务的法人或者非法人单位享有;没有承受其权利义务的法人或者非法人单位的,由国家享有。

《中华人民共和国商标法》明确商标必须经商标局注册才能受法律保护,规定了商标侵权中的商标使用费、商标转让费、商标侵权赔偿金等事项。第三条规定:经商标局核准注册的商标为注册商标,商标注册人享有商标专用权,受法律保护。第六十三条规定:侵犯商标专用权的赔偿数额,按照权利人因被侵权所受到的实际损失确定;实际损失难以确定的,可以按照侵权人因侵权所获得的利益确定;权利人的损失或者侵权人获得的利益难以确定的,参照该商标许可使用费的倍数合理确定。对恶意侵犯商标专用权,情节严重的,可以在按照上述方法确定数额的一倍以上三倍以下确定赔偿数额。赔偿数额应当包括权利人为制止侵权行为所支付的合理开支。

《中华人民共和国专利法》明确专利权人所拥有的专利财产权不容侵犯；正常使用他人的专利应该支付适当的费用。第十二条规定：任何单位或者个人实施他人专利的，应当与专利权人订立实施许可合同，向专利权人支付专利使用费。被许可人无权允许合同规定以外的任何单位或者个人实施该专利。第十三条规定：发明专利申请公布后，申请人可以要求实施其发明的单位或者个人支付适当的费用。

三、重视女性财产权保护的意义

财产权对于个人生存和发展具有重要意义。经济学家布坎南认为，个人的或者若干人的财产适于作为自由且完全独立于政治的或者集体的决策过程的保证。一个人拥有财产权，才能拥有独立的人格、思想和生存方式，才是一个自由的人。女性占人口的一半，担负着生育子女和劳动生产的双重任务，在创造人类文明、推动社会发展等方面起着不可替代的重要作用。在我国，女性是国家经济建设中的重要力量。综上所述，保护女性财产权具有重要的意义。

（一）财产权是女性生存和发展的基础

财产权是人的基本权利，它来自人的天性和人的生存本能。人的生活离不开食物和物质条件，对财产的占用、使用等权利能够为女性的生存提供物质基础，使其享有生存的安全感和自由支配生活的能力。妇女的财产权，也是妇女自由权和生命权的基础，构成了妇女全部人权的基础。妇女的人格独立、生命安全、意志和行为自由等关于妇女生存和发展的基本权利，都有赖于对妇女财产权的确认和保障。如果女性的财产随时会被剥夺，女性不仅无法维持体面的、有尊严的生活，更无法实现个人的生存价值，还会导致其他人权随之被剥夺。而赋予女性财产权不仅能够保障妇女的生存，还能通过促进女性对财产权的享有进而充分保障女性在教育、健康及社会保障等方面人权的享有和发展。因此，对女性财产权的保障，不仅是女性生存和发展的基础，也是其人格得到充分发展、享有各项自由、全面实现各项人权的重要前提。

（二）财产权是维护女性合法权益的重要内容

财产权是公民的基本权利之一，保护合法的财产权，就是保护公民的基本人权。女性的财产权是女性实现解放的基础，也是女性学研究的一个重要方面。财产权的享有及享有程度往往影响甚至决定女性在家庭及社会中的地位。因此，保障女性的财产权利是维护女性合法权益的重要内容，也是衡量女性权益获得保障的重要标准。

（三）财产权是女性获得尊严、独立和自由的物质保障

"财产是其他一切权利的卫士。剥夺了一个人的财产权就等于剥夺了他的自由。"当一个人失去财产权的时候，就失去了对自己的支配权，也就丧失了自由。

因此，拥有稳定的、受保护的个人财产权，女性才有可能在其财产权所能提供的生存安全范围内，独立地、自由地安排自己的生活，不再是家庭的附属物，不受他人的束缚，有尊严地生活。拥有财产权可以使女性成为一个独立的个体，自由地享受人生，规划自己的人生，从而实现自我的人生价值。女性财产权的范围越广，受到的法律保护程度越高，其所能提供的安全保障就越高，女性享有的独立与自由的程度也就越高。

（四）财产权是保障男女平等的前提条件

女性权益保护是社会进步、发展的标志和要求，是落实男女平等基本国策及实现社会和谐的前提。女性的财产权是其平等享有人权的基础。女性处于弱势地位，除了历史传统、生理状况等诸多因素，还有一个重要的因素，那就是女性经济地位的不平等。对女性财产权的保障有助于提高女性的经济地位，女性只有掌握了财产权，才能在社会和家庭中享有自己的劳动所得，对家庭财产享有支配的能力。在经济地位提高的同时，推动政治权利等一系列人权的切实享有。因此，保障女性的财产权可以提高女性的经济地位、社会地位和家庭地位，为实现男女平等打下坚实的基础。

第二节　财产权的主要内容

女性在享有财产权方面处于弱势地位，其财产权常常受到威胁和侵害。要保护女性的合法财产权，就要针对女性的弱势地位给予特殊保障。本节将从物权、债权、继承权、知识产权等方面分析财产权，让更多女性了解财产权，树立法律保护意识，平等地享有财产权。

一、物权

（一）物权的概念和特征

法律上的"物"与现实中的"物"的概念并不完全相同。依据相关法律规定，物包括不动产和动产。动产与不动产的划分，是以能否移动并且是否因移动而损坏其价值作为划分标准的。动产是指能够移动而不损害其价值或用途的物，不动产则是指不能移动或者若移动会损害其价值或用途的物。常见的不动产包括土地（耕地、建筑用地、林地、草原、水面、荒山、荒地、滩涂等）、建筑物及构筑物、林木、与不动产尚未分离的出产物（如农作物）。除不动产以外的财产均是动产，如机器设备、车辆、动物、生活日用品等。因此，法律上的"物"，主要是指我们日常生活中看得见的有形物品。但是在有些情况下，可以转让的注册商标专用权、专利权、著作权等无形物，可以出质作为担保物的标的，形成权利质权，由此权利也成了物权的客体。

1. 物权的概念

物权是因物的归属和利用产生的民事关系。物权是民事主体在法律规定的范围内，直接支配特定的物而享受其利益，并排除他人干涉的权利。

物权在我们的日常生活中占据着非常重要的分量。诸如买房子、买车、小区共有部分的使用，以及对物的抵押、质押、留置等，这些生活中常见的行为都需要相应的规范进行约束，以形成稳定、和谐的秩序，让生活变得更加有序。

2. 物权的特征

物权具有以下法律特征。第一，物权的客体必须是特定的物，有特定的物才有物权。比如空气，它无处不在，是不特定的，也就不存在物权问题。第二，物权是"直接支配"的一种权利，就是指权利人可以不依赖他人的意志，不经他人同意，也不需要借助任何人的行为，自己独立按照自己的意志来占有、使用、收益和处分。第三，物权是"排除他人干涉"的权利。比如自己的笔记本电脑，未经同意其他人不得使用，就充分体现了物权的排他性。物权的排他性不仅针对其他的普通的自然人和法人，同时在法律无特别规定的情况下也针对国家以排除公权力的干涉。

（二）物权的种类

物权分为所有权、用益物权和担保物权三大类。

1. 所有权

所有权是物权的基础，是指所有权人对自己的不动产或者动产，依法享有占有、使用、收益和处分的权利。占有是对于财产的实际管领或控制，拥有一个物的一般前提就是占有，这是财产所有者直接行使所有权的表现。使用是权利主体对财产的运用，以便发挥财产的使用价值。收益是通过财产的占有、使用等方式取得的经济收益。收益还包括孳息。处分是指财产所有人对其财产在事实上和法律上的最终处置。比如甲所有的房子，可以自己占有，自己居住；可以出租给别人收取租金；也可以自由处分，卖掉或者赠送给他人。

所有权分为国家所有权、集体所有权和私人所有权。

法律规定属于国家所有的财产，即全民所有。国有财产由国务院代表国家行使所有权，包括：矿藏、水流、海域属于国家所有；无居民海岛属于国家所有；城市的土地；法律规定属于国家所有的农村和城市郊区的土地；森林、山岭、草原、荒地、滩涂等自然资源，法律规定属于集体所有的除外；法律规定的属于国家所有的野生动植物资源；法律规定的属于国家所有的文物；国防资源；铁路、公路、电力设施、电信设施和油气管道等基础设施。

集体所有的不动产和动产包括：法律规定集体所有的土地和森林、山岭、草原、荒地、滩涂；集体所有的建筑物、生产设施、农田水利设施；集体所有的教育、科学、文化、卫生、体育等设施；集体所有的其他不动产和动产。

私人所有权的范围，私人对其合法的收入、房屋、生活用品、生产工具、原材料等不动产和动产享有所有权。

> **法条链接**
>
> 《中华人民共和国民法典》第三百一十八条规定：遗失物自发布招领公告之日起一年内无人认领的，归国家所有。
>
> 《中华人民共和国民法典》第一千一百六十条规定：无人继承又无人受遗赠的遗产，归国家所有，用于公益事业；死者生前是集体所有制组织成员的，归所在集体所有制组织所有。

2. 用益物权

用益物权人对他人所有的不动产或者动产，依法享有占有、使用和收益的权利。依据相关法律规定，用益物权包括土地承包经营权、建筑用地使用权、宅基地使用权、居住权、地役权五种。

> **案例分享**
>
> **购买二手房时要注意"居住权"**
>
> 李女士在北京辛苦打拼了10年，终于凑齐了一套二手房的首付，她看中了一套位置和价钱都不错的房子。2021年5月，她买下了这套房子。但是这套房存在这么一个问题：房子里住着一位独居老人，他的子女都在国外生活。老人早已经把房子转让到了儿子的名下，但是儿子为了老人有个安定的居所，在《中华人民共和国民法典》生效后，以书面形式向登记机构申请设立了居住权。现在老人成了该房屋的"居住权人"。
>
> 李女士买房后陷入了进退两难的境地，她无权赶走老人，也无法顺利装修、入住这套房子，也不能将房子出租或者卖掉。为什么李女士会处于这种境地？
>
> 《中华人民共和国民法典》规定，居住权原则上无偿设立，居住权人有权按照合同约定或者遗嘱，经登记占有、使用他人的住宅，以满足其稳定的生活居住需要。按照规定，新业主即便事后获得不动产证、拿到所有权，也无法改变"居住权"已经存在的现实，没有权利赶走居住权人，也就是说新业主不能入住该房屋，也不能出租。
>
> 这种情况下李女士该怎么办？
>
> 【分析与提示】《中华人民共和国民法典》规定，设立了居住权的房屋进行买卖的，出售人要向买受人说明设立了居住权，如果没有说明，造成买受人购买房屋后无法居住的，买受人可以要求解除合同。本案例中，李女士是在不知道居住权的情况下购买的房屋，出售人也没有向她说明居住权，所以，她可以要求解除房屋买卖合同。因此，大家在购买二手房时，除了常规的审查之外，一定要先审查你看中的房子有没有设立居住权。如果设立了居住权，建议大家不要购买。

3. 担保物权

担保物权是与用益物权相对应的他物权，是为确保债权的实现而设定的，以直接取得或者支配特定财产的交换价值为内容的权利。担保物权有抵押权、质权、留置权三种。

抵押权是指为担保债务的履行，债务人或者第三人不转移财产的占有，将该财产抵押给债权人的，债务人不履行到期债务或者发生当事人约定的实现抵押的情形，债权人有权就该财产优先受偿。上述中的债务人或者第三人为抵押人，债权人为抵押权人，担保的财产为抵押财产。抵押人可以申请法院变卖抵押财产抵偿其债权，如有剩余应退还抵押人，如有不足仍可向债务人继续追索，但对不能强制执行的财产不能设定抵押权。

质权是指为担保债务的履行，债务人或者第三人将其动产出质给债权人占有的，债务人不履行到期债务或者发生当事人约定的实现质权的情形，债权人有权就该动产优先受偿。上述中的债务人或者第三人为出质人，债权人为质权人，交付的动产为质押财产。

留置权是指债务人不履行到期债务，债权人可以留置已经合法占有的债务人的动产，并有权就该动产优先受偿。上述中的债权人为留置权人，占有的动产为留置财产。

> **法条链接**
>
> 日常生活中，我们要谨慎为他人提供担保，非不必要，请不要轻易担保。《中华人民共和国民法典》实施后，如果你要为他人提供担保，担保合同及担保条款中最好不要出现"连带"这两个字。
>
> 为何不能出现"连带"这两个字？
>
> 《中华人民共和国民法典》第六百八十八条规定：连带责任保证的债务人不履行到期债务或者发生当事人约定的情形时，债权人可以请求债务人履行债务，也可以请求保证人在其保证范围内承担保证责任。依据这一法律规定，出现"连带"两个字，就等同于你欠债，一旦债务人无力偿还欠债，或有资产而不偿还债务，那么债权人可以依据这两个字要求你来偿还。
>
> 如果没有"连带"这两个字呢？
>
> 《中华人民共和国民法典》第六百八十六条规定：保证的方式包括一般保证和连带责任保证。当事人在保证合同中对保证方式没有约定或者约定不明确的，按照一般保证承担保证责任。因此，如果条款中没有"连带"两个字，一般就认定为承担的是"一般保证"。

（三）物权保护的原则

依据相关的法律规定，物权保护的原则包括平等保护原则和物权公示原则。

平等保护原则是指国家、集体、私人的物权和其他权利人的物权受法律平等保护,任何组织或者个人不得侵犯。

物权公示原则是指不动产物权的设立、变更、转让和消灭,应当依照法律规定登记。动产物权的设立和转让,应当依照法律规定交付。物权进行公示是有条件的,不是在任何情况下都要求物权进行公示,只有在物权的设立或者变动的情况下才有必要,因此,传家宝不需要公示,男人的私房钱不需要公示,定情信物也不需要公示。

案例分享

不动产登记、动产交付的公示方法

为什么不动产要登记,动产要交付?下面我们列举两个案例进行分析说明。

2021年6月,张女士与开发商订立购房预售合同后,交付了全部房款,但是还没有完成过户登记。在这时,她遭遇了"一房二卖"的事情,开发商又以更高的价格将房子卖给了他人。依据相关法律规定,房屋买卖双方只有完成了不动产物权登记,自登记机构将不动产物权有关事项记载于不动产登记簿时宣告交易完成,房屋所有权才转移给买方所有。所以张女士只能主张开发商承担违约责任而无法获得指定的房屋。

2021年6月12日,王女士从商贩手中买了一只母鸡,王女士付钱以后商贩把母鸡交给了王女士,刚交付完,母鸡就下了一个蛋,这个蛋当然就归王女士所有了。依据相关法律规定,动产一旦交付,动产物权就发生了转移,对当事人产生约束力,当事人不得任意变更或者撤销交付,也不能任意反悔,且动产产生的孳息也发生转移。这意味着商贩不能反悔,鸡蛋归王女士所有。

(四)物权的保护

保护物权的途径和方法很多。以下物权保护方式可以单独适用,也可以根据权利被侵害的情形合并适用。

第一,物权受到侵害的,权利人可以通过和解、调解、仲裁、诉讼等途径解决。第二,因物权的归属、内容发生争议的,利害关系人可以请求确认权利。第三,无权占有不动产或者动产的,权利人可以请求返还原物。第四,妨害物权或者可能妨害物权的,权利人可以请求排除妨害或者消除危险。第五,造成不动产或者动产毁损的,权利人可以依法请求修理、重作、更换或者恢复原状。第六,侵害物权,造成权利人损害的,权利人可以依法请求损害赔偿,也可以依法请求承担其他民事责任。

二、债权

(一) 债权的概念和特征

1. 债权的概念

债权是一方请求他方为一定行为或不为一定行为的权利。和物权不同的是，债权是一种典型的相对权，只在债权人和债务人之间发生效力，原则上债权人和债务人之间的债务关系不能对抗第三人。

首先，债是一种民事法律关系，是民事主体之间以权利义务为内容的法律关系。其次，债是特定当事人之间的法律关系。债的主体各方均为特定当事人。再次，债是特定当事人之间的请求为或者不为一定行为的法律关系。享有权利的人是债权人，负有义务的人是债务人。债是请求权为特征的法律关系，债权人行使债权，只能通过请求债务人为或者不为一定行为得以实现。最后，债是因合同、侵权行为、无因管理、不当得利及法律的其他规定而发生的法律关系。

2. 债权的特征

债权具有以下法律特征。第一，债权为财产上的请求权，不得通过限制债务人的人身来实施。第二，债权为相对权，债权人只能向特定的债务人主张权利不得向债务人以外的第三个人主张权利。第三，债权具有相容性和平等性。债权的相容性和平等性是指同一标的物上可以成立内容相同的数个债权，并且其相互间是平等的，在效力上不存在排他性和优先性。第四，债权为有期限权利，不得设定无期限债权。

■ 知识链接 ■

物权和债权的区别

第一，物权是权利人直接支配物的一种支配权，而债权是一种请求权。所谓直接支配物，是指物权人可以依自己的意志就标的物直接行使其权利，无须他人的意思或义务人的行为的介入。物权直接支配标的物，是物权的基本内容。

第二，物权是一种绝对权，而债权是相对权。物权的权利人是特定的，义务人是不特定的，且义务内容是不作为的，即只要不侵犯物权人行使权利就履行了义务，所以物权是一种绝对权。

第三，物权是一种排他性的权利，而债权具有相容性和平等性。物权为权利人直接支配物的权利，必然具有排他性。物权人有权排除他人对于他行使物上权利的干涉，即物权的权利人可以对抗一切不特定的人，所以物权是一种对世权。

第四，物权一般是永久性权利，而债权是有期限权利。一方面，债权多具有请求期限，在请求期限到来之前，债权人不能随时请求债务人履行债务，债务人也不负履行债务的义务。

（二）债权的分类

债权是现代社会生活中民事主体的一项重要财产权利。债权分为合同之债、侵权责任之债、无因管理之债、不当得利之债。

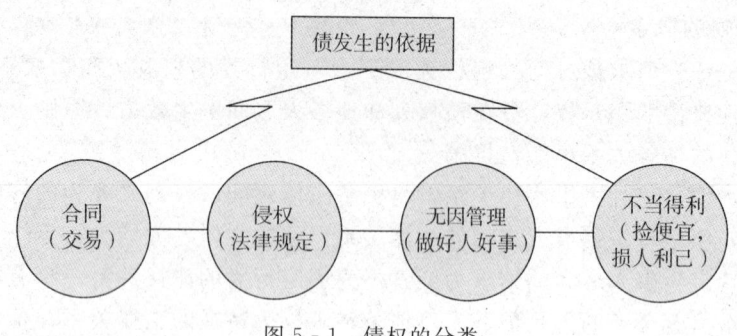

图 5-1 债权的分类

1. 合同之债

（1）合同之债的含义

合同之债是指依法成立的合同，对当事人具有法律约束力。合同依法成立后，即在当事人之间产生债权债务关系。基于合同所产生的债为合同之债。债权人有权按照合同约定，请求合同义务人履行合同义务。

（2）合同之债的构成要件

第一，行为。一方当事人必须有不履行合同义务或者履行合同义务不符合约定的行为，这是构成违约责任的客观条件。违约行为只能在特定的关系中才能产生。违约行为发生的前提是当事人之间已经存在合同关系。第二，过错。违约一方当事人主观上有过错，这是违约责任的主观要件。当事人违约可能有各种原因，由不可抗力、对方违约等原因引起的违约，当事人不承担违约责任。只在违约当事人主观上有过错时，承担违约责任。第三，损害事实。损害事实指当事人违约给对方造成了财产上的损害和其他不利的后果。从权利角度考虑，只要有违约行为，合同人的权利就无法实现或不能全部实现，其损失即已发生。理论上来讲，在违约人支付违约金的情况下，不必考虑对方当事人是否真的受到损害及损害的大小；而在需要支付赔偿金的情况下，则必须考虑当事人受到的实际损害。第四，因果关系。违约行为和损害结果之间存在着因果关系。违约当事人承担的赔偿责任，只限于因其违约而给对方造成的损失。对合同对方当事人的其他损失，违约人没有赔偿的义务。违约行为造成的损害包括直接损害和间接损害，对这两种损害违约人都应赔偿。

2. 侵权责任之债

（1）侵权责任之债的含义

侵权责任之债是指民事权益受到侵害的，被侵权人有权请求侵权人承担侵权责任。侵权责任之债不是侵权人所愿意发生的法律后果，法律确认侵权责任之债的目的在于通过债权和民事责任使侵权行为人承担其不法行为所造成的不利后果，给被侵权人救济，从而保护民事主体的合法民事权益。

(2) 侵权责任之债的构成要件

第一，行为的违法性。这里所谓的行为是指侵犯他人权利或者合法权益的加害行为本身。侵犯他人权益的行为都违反了法定义务，因此具有违法性。第二，有损害事实的存在。损害事实是指他人财产或者人身权益所遭受的不利影响，包括财产损害、非财产损害，非财产损害又包括人身损害和精神损害。第三，侵权行为与损害事实之间有因果关系。因果关系是指各种现象之间引起与被引起的关系。第四，行为人有过错。过错是行为人应受责难的主观状态，是行为人实施行为时的主观心理。

▌知识链接▐

侵权责任之债与合同之债的区别

第一，产生的原因不同。侵权责任之债因行为侵害他人的合法民事权益的违法行为而产生。合同之债因当事人之间设立、变更、终止民事关系的合法行为而产生。

第二，内容不同。侵权责任之债的内容为：一方有请求赔偿损失的权利，另一方有给予赔偿的义务，是单务之债。合同之债的内容为当事人双方约定的权利和义务，一般为双方之债。

第三，适用的法律规范不同。侵权责任之债适用侵权行为的法律规范，这类规范具有法律保护的性质和作用。合同之债适用《民法典》规范，这类规范主要起促进和保证的作用。

3. 无因管理之债

(1) 无因管理之债的含义

无因管理之债是指没有法定的或者约定的义务，为避免他人利益受损失而进行的管理或者服务的事实行为所产生的债务关系。

(2) 无因管理之债的构成要件

第一，管理他人事务。管理他人事务，即为他人进行管理，这是成立无因管理的首要条件。如将自己的事务误认为他人事务进行管理，即使目的是为他人避免损失，也不能构成无因管理。第二，为避免他人利益受损失。一般来说，在既无法定义务又无约定义务的情况下，管理他人的事务，属于干预他人事务的范畴。而法律规定的无因管理，是为了避免他人利益受损失而进行管理的行为，符合助人为乐、危难相助的道德准则的行为，应该得到鼓励和受到保护。第三，没有法定的或者约定的义务。无因是指没有法定的或者约定的义务。没有法定的或者约定的义务是无因管理成立的重要条件。如果行为人负有法定的或者约定的义务进行管理，则不能构成无因管理。

4. 不当得利之债

（1）不当得利之债的含义

不当得利之债是指因无合法根据取得不当利益，造成他人损失而产生的行为人与受害人之间权利义务关系。得利人没有法律依据取得不当利益的，受损失的人可以请求得利人返还取得的利益。不当得利的取得，不是由于受益人针对受害人而为的违法行为，而是由于受害人或第三人的疏忽、误解或过错所造成的。受益人与受害人之间因此形成债的关系，受益人为债务人，受害人为债权人。

（2）不当得利之债的除外情形

不当得利之债的除外情形：为履行道德义务进行的给付；债务到期之前的清偿；明知无给付义务而进行的债务清偿。

（3）不当得利之债的构成要件

第一，民事主体一方取得利益。取得利益是指财产利益的增加，既包括积极的增加，即财产总额的增加；也包括消极的增加，即财产总额应减少而未减少，如本应支付的费用没有支付等。第二，民事主体他方受到损失。受到损失是指财产利益的减少。既包括积极损失，即财产总额的减少，也包括消极损失，即应该增加的利益没有增加。第三，一方取得利益与他方受到损失之间有因果关系。一方取得利益与他方受到损失之间有因果关系，是指他方的损失是因一方获得利益造成的。第四，没有法律根据。没有法律根据是构成不当得利的重要要件。如果一方取得利益和他方受到损失之间有法律根据，民事主体之间的关系就受到法律的认可和保护，不构成不当得利。

（三）债权的效力

债权的效力是指为了实现其内容由法律赋予债之当事人及其他人的拘束力。债权的效力，从它的目的来看，可以认为是为了"实现给付或填补给付利益"而发生的效果，广义上包括债权之履行效力和不履行效果，狭义上仅包括债权的不履行效果。债权的效力最重要的是给付的强制执行与利益的损害赔偿。强制执行除以物的交付为标的之外就是命令债务人为金钱给付，而且损害赔偿也多以金钱填补，所以民法债权之效力结局归于金钱之给付。

三、继承权

（一）概念和特征

1. 继承的概念与特征

继承，是指在自然人死亡时，法律规定范围内的近亲属按照死者生前所立的有效遗嘱或者法律的规定，依法取得死者所遗留的个人合法财产的法律制度。在这一制度中，死亡的自然人为被继承人；被继承人遗留的财产为遗产；依法承接被继承人遗产的人为继承人。在现代社会，继承仅指财产继承，即以死者生前的财产为继承对象的继承，并不包括身份继承。

继承具有以下特征：第一，继承基于自然人的死亡而发生。没有自然人死亡的事实，就不会发生继承。第二，继承人是死者一定范围内的近亲属。自然人死亡后，能够继承其遗产的人只能是自然人。国家、集体或者社会组织都不能成为继承人，而只能成为受遗赠人。同时，能够作为继承人的自然人，也只能是法律规定范围内的死者的近亲属。第三，继承的客体是死者遗留的个人合法财产。他人的财产，国家、集体的财产都不能作为继承的客体。第四，继承人概括的承受被继承人的财产。自然人死亡以后，其所遗留的全部财产权利义务，均由继承人承受。

> **法条链接**
>
> **关于继承开始时间和死亡时间的规定**
>
> 继承开始取决于被继承人死亡的时间。死亡从法律上而言，包括自然死亡与宣告死亡。《中华人民共和国民法典》"总则编"中对出生时间和死亡时间有明确的规定，自然人的出生时间和死亡时间，以出生证明、死亡证明记载的时间为准；没有出生证明、死亡证明的，以户籍登记或者其他有效身份登记记载的时间为准。有其他证据足以推翻以上记载时间的，以该证据证明的时间为准。"总则编"对宣告死亡的时间也做了规定，被宣告死亡的人，人民法院宣告死亡的判决做出之日视为其死亡的日期；因意外事件下落不明宣告死亡的，意外事件发生之日视为其死亡的日期。
>
> 死亡时间的推定。《中华人民共和国民法典》第一千一百二十一条规定，相互有继承关系的数人在同一事件中死亡，难以确定死亡时间的，推定没有其他继承人的人先死亡。都有其他继承人，辈分不同的，推定长辈先死亡；辈分相同的，推定同时死亡，相互不发生继承。之所以这么规定，是从有利于保护继承人的利益角度考虑的。

2. 继承权的概念与特征

继承权，是指继承人依照法律的规定或者被继承的有效遗嘱所享有的继承被继承人遗产的权利。继承权为自然人享有的重要民事权利，有以下两种相互联系而又不同的含义：一是，客观意义上的继承权，是继承开始前自然人依照法律的规定或者遗嘱的指定继承被继承人遗产的资格。可见，客观意义上的继承权，就是继承人所具有的继承遗产的权利能力，属于一种期待权，是法律赋予的一种资格，因而具有专属性，仅为继承人本人所专有，不得转让，也不得放弃。二是，主观意义上的继承权，是继承人在继承法律关系中实际享有的继承被继承人遗产的具体权利。可见，主观意义上的继承权只有在继承人参与继承法律关系时才能享有，属于既得权，同继承人的主观意志相联系，不仅可以接受、行使，还可以放弃。

尽管继承权在不同的场合，有不同的含义。但总的说来，继承权具有以下特征：

第一，继承权是自然人基于一定的身份关系享有的权利。首先，继承权是自然人享有的权利。继承权的主体只能是自然人。其次，继承权是以一定的身份为前提的权利。按照规定，继承权只是近亲属之间才享有的相互继承遗产的权利，其他人不享有继承权。

第二，继承权是依照法律的直接规定或者合法有效的遗嘱而享有的权利。继承有法定继承与遗嘱继承之分。因我国法律规定，遗嘱继承人须为法定继承人范围之内的人，所以，只有享有法定继承权的人才享有遗嘱继承权，不享有法定继承权的人不享有遗嘱继承权。

第三，继承权的标的是遗产。继承权是继承人继承被继承人遗产的权利，继承权的标的是遗产。遗产是以财产利益为内容的，既包括积极财产，又包括消极财产，但不包括身份利益，因此继承权是一种财产权。没有遗产，不发生继承，也就不能实现继承权；继承权实现，发生遗产所有权的转移。

> **法条链接**
>
> **遗产的含义与范围**
>
> 《中华人民共和国民法典》实施后，"继承编"第一千一百二十二条采用概括的方式，精准地描述了遗产的性质和范围。遗产是自然人死亡时遗留的个人合法财产。依照法律规定或者根据其性质不得继承的遗产，不得继承。这项法律的修改最大限度地保障了私有财产继承的需要。
>
> 根据《中华人民共和国民法典》"继承编"第一千一百二十二条，可以将遗产的法律特征归纳为以下五点：财产性、私人性、特定时间性、合法性、排他性。《中华人民共和国民法典》"总则编"将自然人可以继承的财产权利概括为五大类：物权、债权、知识产权、投资获得的权益、其他财产性权利。近年来，创新的领域中投资各种数据产业或互联网产业依法取得的收益也可以作为遗产继承。

第四，继承权是继承人于被继承人死亡时才可行使的权利。继承自被继承人死亡时开始。在被继承人死亡前，继承权仅是一种期待权，继承人不能实现继承权；于被继承人死亡时，继承权才成为既得权，继承人才可行使继承权。

(二) 继承权的接受、放弃、丧失和保护

1. 继承权的接受

继承权的接受，是指享有继承权的继承人参与继承、接受被继承人遗产的意思表示。自继承开始，客观意义的继承权也就转化为主观意义的继承权，继承人得自主决定是行使继承权接受继承，还是放弃继承权。

根据《中华人民共和国民法典》第一千一百二十四条规定，继承开始后，遗产分割前，继承人未表示放弃继承权的，视为接受继承。因此，继承权的接受无须继承人有明示的意思表示。只要继承人未做出放弃继承的意思表示，就视为做出接受继承的意思表示，即可行使其继承权。有完全民事行为能力的继承人，可以自己行使继承权；无行为能力人的继承权，由他的法定代理人代为行使；限制行为能力人的继承权，由他的法定代理人代为行使，或者征得法定代理人同意后行使。

2. 继承权的放弃

继承权的放弃，又称为继承的放弃，是指继承人做出的放弃其继承被继承人遗产的权利的意思表示。《中华人民共和国民法典》第一千一百二十四条规定，继承开始后，继承人放弃继承的，应当在遗产处理前，以书面形式作出放弃继承的表示；没有表示的，视为接受继承。

第一，放弃继承权的时间和方式。继承人应当在继承开始后，遗产处理前做出放弃的意思表示。继承人放弃继承应当以书面形式向其他继承人表示。第二，放弃继承权的限制。继承人因放弃继承权，致其不能履行法定义务的，放弃继承权的行为无效。若只是致其不能履行其他约定义务，则放弃有效。第三，放弃继承权的效力。放弃继承权的效力追溯到继承开始的时间，即其于继承开始时，不为继承人。第四，放弃继承权的撤销。继承人做出放弃继承权的意思表示后不能撤销。遗产处理后，继承人对放弃继承反悔的，不予承认。

3. 继承权的丧失

继承权的丧失，又称继承权的剥夺，是指依照法律规定在发生法定事由时取消继承人继承被继承人遗产的权利。

根据《中华人民共和国民法典》第一千一百二十五条规定，继承权丧失的法定事由如下：

一是故意杀害被继承人。只要继承人对被继承人有故意杀害的行为，无论出于何种动机，无论采取何种手段，无论既遂或未遂，无论是否被追究刑事责任，都丧失继承权。继承人过失或正当防卫致被继承人死亡的，不应丧失继承权。

二是为争夺遗产而杀害其他继承人。继承人杀害行为的动机应为争夺遗产，无论既遂或未遂，无论直接故意或间接故意，也无论是否对其处以刑罚，都丧失继承权。否则，不应剥夺。

三是遗弃被继承人的，或者虐待被继承人情节严重。如果被继承人有独立生活能力，继承人不尽扶养义务也属于不合法、不道德，但不构成遗弃。虐待情节严重可从虐待行为的时间、手段、后果和社会影响等方面认定。如长期性、经常性的虐待，手段比较恶劣，社会影响比较坏，可以认定为情节严重。

四是伪造、篡改、隐匿或者销毁遗嘱，情节严重。继承人教唆他人伪造、篡改、隐匿或者销毁遗嘱的，构成教唆行为，若属情节严重，也应丧失继承权。继承人的伪造、篡改、隐匿或销毁遗嘱的行为若侵害了缺乏劳动能力又无生活来源的继承人的利益，并造成其生活困难的，应认定为情节严重。

五是以欺诈、胁迫手段迫使或者妨碍被继承人设立、变更或者撤回遗嘱，情节严重。不论继承人是采取欺诈手段，还是通过胁迫手段，只要导致被继承人的真实意思歪曲，情节严重的，就构成丧失继承权的法定事由。

4. 继承权的保护

继承人的继承权受到侵害时，继承人可请求法院通过诉讼程序予以保护，以恢复其继承遗产的权利。

继承权恢复请求权是法律基于合法继承人的继承权赋予继承人的一项保护继承权的权利。继承人在向侵害人请求返还遗产时，无须举证证明自己对遗产范围内的各项财产具有何种具体的权利，仅须举证证明被继承人生前享有的财产权利和自己享有继承权即可。首先，继承人请求确认其继承权，即继承人请求确认其特定身份，只要继承人的特定身份得以确认，则其继承权便得以确认。其次，继承人可基于其得到确认的继承权，要求恢复对遗产的继承权利。

（三）遗产的处理方式

作为所有权人，可以按照自己的意愿处分自己所有的财产。被继承人可以通过法定继承、遗嘱继承、遗赠和遗赠扶养协议不同的方式处理自己的遗产。

1. 法定继承

（1）法定继承的概念和特征

法定继承，又称为无遗嘱继承，是指根据法律直接规定的继承人的范围、继承人继承的顺序、继承人继承遗产的份额及遗产的分配原则继承被继承人的遗产。

法定继承有以下特征：一是，法定继承是遗嘱继承的补充。法定继承虽是最常见的主要的继承方式，但继承开始后，应先适用遗嘱继承，只有在不适用遗嘱继承时才适用法定继承。二是，法定继承是对遗嘱继承的限制。各国法律虽都承认遗嘱继承的优先效力，但也对遗嘱继承予以一定的限制。例如，许多国家的法律规定了法定继承人的特留份。三是，法定继承中的继承人是法律基于继承人与被继承人间的亲属关系规定的，而不是由被继承人指定的。四是，法定继承中法律关于继承人、继承的顺序及遗产的分配原则的规定是强行性的，任何人不得改变。

法定继承是现实生活中最主要的继承方式，适用于以下情形：第一，遗嘱继承人放弃继承或者受遗赠人放弃受遗赠的；第二，遗嘱继承人丧失继承权的；第三，遗嘱继承人、受遗赠人先于遗嘱人死亡的；第四，遗嘱无效部分所涉及的遗产；第五，遗嘱未处分的遗产。

（2）法定继承人的范围和继承顺序

法定继承人是指由法律直接规定的可以依法继承被继承人遗产的人。对于法

第五章 女性法律智慧——财产保护篇

定继承人的范围,各国一般都以婚姻和血缘关系为基础,但是具体范围宽窄不一。根据《中华人民共和国民法典》第一千一百二十七条规定:我国法定继承人的范围包括:配偶、子女、父母、兄弟姐妹、祖父母、外祖父母。

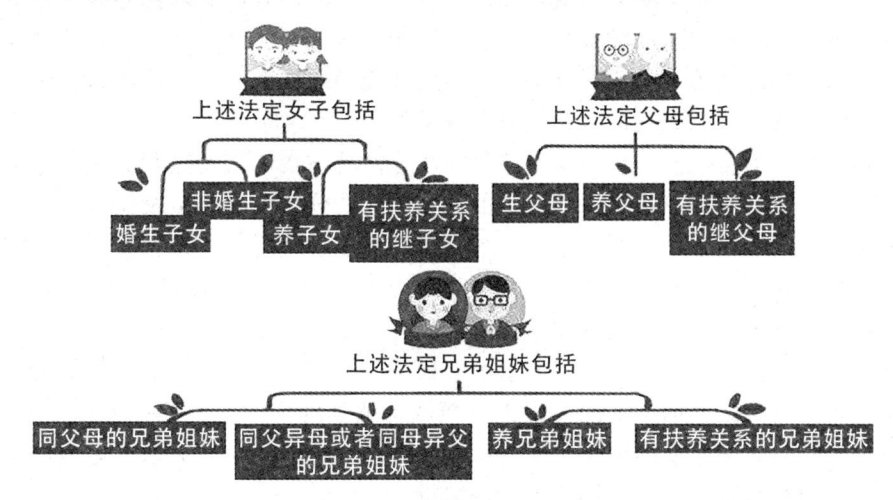

上述法定女子包括:婚生子女、非婚生子女、养子女、有扶养关系的继子女

上述法定父母包括:生父母、养父母、有扶养关系的继父母

上述法定兄弟姐妹包括:同父母的兄弟姐妹、同父异母或者同母异父的兄弟姐妹、养兄弟姐妹、有扶养关系的兄弟姐妹

图5-2 子女、父母和兄弟姐妹的界定

法定继承人的继承顺序,又称法定继承人的顺位,是指法律直接规定的法定继承人参加继承的先后次序。在法定继承中,并非所有的法定继承人均可同时继承遗产,能否实际继承到遗产,必须遵循法律所规定的先后顺序来认定。《中华人民共和国民法典》第一千一百二十九条规定:遗产按照下列顺序继承;第一顺序;配偶、子女、父母;第二顺序;兄弟姐妹、祖父母、外祖父母。继承开始后,由第一顺序继承人继承,第二顺序继承人不继承;没有第一顺序继承人继承的,由第二顺序继承人继承。

此外根据《中华人民共和国民法典》有关规定,对公婆尽了主要赡养义务的丧偶儿媳和对岳父母尽了主要赡养义务的丧偶女婿,也是继承人,可作为第一顺序继承人。

第一顺序 配偶 子女 父母

丧偶儿媳对公婆和丧偶女婿对岳父母,尽了主要赡养义务的,也作为第一顺序继承人。

第二顺序 兄弟姐妹 祖父母 外祖父母

继承开始后,由第一顺序继承人继承,第二顺序继承人不继承;没有第一顺序继承人继承的,由第二顺序继承人继承。

图5-3 法定继承的继承顺序

2. 遗嘱继承

（1）遗嘱继承的概念和特征

遗嘱继承，是指继承开始后，按照被继承人所立的合法有效遗嘱继承被继承人遗产的继承制度。遗嘱继承是与法定继承相对应的一种继承方式。在遗嘱继承中继承人按照被继承人的遗嘱继承遗产，立遗嘱的被继承人称为遗嘱人，依遗嘱的指定享有继承遗产权利的人称为遗嘱继承人。

遗嘱继承的特征：一是，遗嘱继承直接体现着被继承人的遗愿。由于遗嘱继承是在继承开始后按照遗嘱进行继承的，因此，遗嘱继承是直接按照被继承人的意思进行继承，而不是按照推定的被继承人的意思继承的。二是，发生遗嘱继承的法律事实须有合法有效的遗嘱。发生遗嘱继承不仅须有被继承人死亡的事实，还须有被继承人设立的合法有效的遗嘱，仅有其中一个法律事实，不能发生遗嘱继承。三是，遗嘱继承是对法定继承的一种排斥。在我国，遗嘱继承人须为法定继承人，不是法定继承人范围内的人不能成为遗嘱继承人。但是在继承开始后，有遗嘱的，须先按照遗嘱继承，不受法定继承中对继承顺序、继承人应继份额的限制，遗嘱继承实际上也就排斥了法定继承。

遗产按遗嘱继承办理，适用以下情形：第一，没有遗赠扶养协议。第二，被继承人立有遗嘱，并且遗嘱合法有效。第三，遗嘱中指定的继承人未丧失继承权，也未放弃继承权。遗嘱中指定的继承人因具备丧失继承权的法定事由而丧失继承权的，不得参加遗嘱继承。

（2）遗嘱的形式

遗嘱的形式，是立遗嘱人表达自己处分其财产的意思的方式。根据《中华人民共和国民法典》相关规定，遗嘱主要有以下几种形式：

公证遗嘱。公证遗嘱由遗嘱人经公证机构办理。遗嘱公证应当由两名公证人员共同办理，由其中一名公证员在公证书上署名。因特殊情况由一名公证员办理时，应当有一名见证人在场，见证人应当在遗嘱和笔录上签名。

自书遗嘱。自书遗嘱，又称亲笔遗嘱，是指遗嘱人生前亲笔书写的遗嘱。自书遗嘱由遗嘱人亲笔书写，签名，注明年、月、日。公民在遗书中涉及死后个人财产处分的内容，确为死者真实意思的表示，有本人签名并注明了年、月、日，又无相反证据的，可按自书遗嘱对待。

代书遗嘱。代书遗嘱，又称代笔遗嘱，是指由遗嘱人口述遗嘱内容，他人代为书写制作而成的遗嘱。代书遗嘱应当有两个以上见证人在场见证，由其中一人代书，并由遗嘱人、代书人和其他见证人签名，注明年、月、日。

打印遗嘱。打印遗嘱，是指由操作人通过计算机记载遗嘱内容，经由打印机输出而形成打印件，遗嘱人在该打印件上签名并记载日期的遗嘱。打印遗嘱应当有两个以上见证人在场见证。遗嘱人和见证人应当在遗嘱每一页签名，注明年、月、日。

录音、录像遗嘱。录音遗嘱，是指以录音磁带或其他电子储存介质记录遗嘱人处分其遗产的语言的遗嘱。录像遗嘱，是指以录像制品记录遗嘱人处分其遗产的语言和图像的遗嘱。以录音、录像形式立的遗嘱，应当有两个以上见证人在场见证。遗嘱人和见证人应当在录音录像中记录其姓名或者肖像，以及年、月、日。

口头遗嘱。口头遗嘱，又称口授遗嘱，是指遗嘱人由口头表述的遗嘱。遗嘱人在危急情况下，可以立口头遗嘱。口头遗嘱应当有两个以上见证人在场见证。危急情况解除后，遗嘱人能够用书面或者录音、录像形式立遗嘱的，所立的口头遗嘱无效。

3．遗赠

（1）遗赠的概念和特征

遗赠，是指自然人以遗嘱的方式将其个人财产赠与国家、集体或者法定继承人以外的人，而于其死亡后发生效力的民事行为。立遗嘱的自然人称为遗赠人，遗嘱中指定受赠与的人为受遗赠人，指定赠与的财产为遗赠财产或遗赠物。

遗赠具有以下法律特征：一是，遗赠是一种单方的民事行为。遗赠人通过遗嘱将其个人财产赠给受遗赠人时，无须征得受遗赠人的同意。受遗赠人可以接受，也可以放弃，均不影响遗赠本身的效力。二是，遗赠是于遗赠人死亡后发生效力的死后行为。遗赠虽是遗赠人生前做出的意思表示，但于遗赠人死亡后才能发生效力。只有在遗赠人死亡后，受遗赠人才可行使受遗赠的权利。三是，受遗赠人是法定继承人以外的人。遗赠人可以将其财产赠与国家、集体，也可以赠与法定继承人以外的组织、个人，而不能赠与法定继承人范围内的人。四是，遗赠是无偿给与受遗赠人财产利益的行为。遗赠是无偿给予他人财产的无偿行为，给予受遗赠人的财产只能是积极财产（财产权利），而不能是消极财产（财产义务）。五是，遗赠是只能由受遗赠人接受的行为。遗赠是以特定的受遗赠人为受益人的，受遗赠人的受遗赠权只能由受遗赠人自己享有，而不得转让。

在符合下列条件时，适用遗赠：第一，没有遗赠扶养协议。第二，遗赠人立有合法有效的遗嘱。第三，受遗赠人后于遗赠人死亡。第四，受遗赠人未丧失受遗赠权。第五，受遗赠人明确表示接受遗赠。

（2）遗赠的效力

受遗赠人接受遗赠的效力。受遗赠人接受遗赠的，遗赠的效力溯及继承开始时已发生。受遗赠人一旦接受，不得再为放弃，亦不得撤回其接受遗赠的意思表示。遗赠附有义务的，继承人或者受遗赠人应当履行义务。没有正当理由不履行义务的，经利害关系人或者有关组织请求，人民法院可以取消其接受附义务部分遗产的权利。

受遗赠人放弃遗赠的效力。受遗赠人放弃遗赠的，溯及于继承开始时不发生效力；遗赠的财产仍为遗嘱人的遗产，除遗赠人在遗嘱中已设候补受遗赠人外，适用法定继承。执行遗赠不得妨碍清偿遗赠人依法应当缴纳的税款和债务。

遗赠不生效。在下列情形下，遗赠不生效：一是，受遗赠人先于遗赠人死亡的。二是，受遗赠人丧失受遗赠权的。三是，遗赠物已不属于遗产或发生灭失、变造的。四是，受遗赠人放弃遗赠的。

4. 遗赠扶养协议

（1）遗赠扶养协议的概念和特征

遗赠扶养协议，是指自然人（遗赠人、受扶养人）与扶养人之间关于扶养人扶养受扶养人，受扶养人将财产遗赠给扶养人的协议。公民可以与扶养人签订遗赠扶养协议。按照协议，扶养人承担该公民生养死葬的义务，享有受遗赠的权利。

遗赠扶养协议具有以下法律特征：一是，遗赠扶养协议是双方的民事行为。遗赠扶养协议须由双方的意思表示一致才能成立，其订立就应依合同的订立程序，双方间为一种合同关系。二是，遗赠扶养协议是诺成性、要式民事行为。遗赠扶养协议自双方意思表示一致即成立，不以标的物的给付为成立生效要件，故为诺成性行为。但遗赠扶养协议须采用书面形式，为要式行为。三是，遗赠扶养协议是双务、有偿行为。按照遗赠扶养协议，当事人双方都负有相互对待给付的义务，任何一方享受权利都是以履行相应的义务为对价的，任何一方都不能无偿地取得他方的财产。四是，遗赠扶养协议内容的实现有阶段性。扶养人的义务自遗赠扶养协议生效时起即生效，而关于遗赠的内容只能于受扶养人死后实现。五是，遗赠扶养协议不因受扶养人的死亡而终止。遗赠扶养协议，因受扶养人死亡使遗赠部分的内容生效。六是，遗赠扶养协议中的扶养人须无法定扶养义务。遗赠扶养协议的扶养人可以是国家、集体或者法定继承人以外的组织和个人，但不能是对受扶养人有法定扶养义务的法定继承人。

（2）遗赠扶养协议的效力

遗赠扶养协议一经签订即发生效力。遗赠扶养协议的效力可分为对当事人双方的内部效力和对其他人的外部效力。

遗赠扶养协议的内部效力。遗赠扶养协议是一种双务合同关系，当事人双方都享有权利和负有义务，且双方的权利义务具有对应性。一方面，扶养人的义务。扶养人的义务是在受扶养人生前扶养受扶养人，在受扶养人死后安葬受扶养人。另一方面，受扶养人的义务。受扶养人的义务是将其财产遗赠给扶养人。

遗赠扶养协议的对外效力，表现为遗赠扶养协议是遗产处理的依据，在遗产处理时排斥遗嘱继承和法定继承。《中华人民共和国民法典》第一千一百二十三条规定：继承开始后，按照法定继承办理；有遗嘱的，按照遗嘱继承或者遗赠办理；有遗赠扶养协议的，按照协议办理。

■ 知识链接 ■------------------------------

法定继承、遗嘱继承和遗赠、遗赠扶养协议间的效力

首先,继承开始后,按照法定继承办理。在通常情况下,如果被继承人生前没有留有有效的遗嘱,继承开始后,就需要启动法定继承制度,这是最为常见的继承方式。

其次,有遗嘱的,如果没有遗赠扶养协议,则按照遗嘱继承或者遗赠办理。如果被继承人生前留下了合法有效的遗嘱,被继承人的财产就需要优先根据遗嘱的内容来分配。

最后,既有遗嘱,又有遗赠扶养协议的,继承开始后,如果遗赠扶养协议与遗嘱没有抵触,遗产分别按协议和遗嘱处理;如果有抵触,按协议处理,与协议抵触的遗嘱全部或者部分无效。

四、知识产权中的财产权利

(一)知识产权的概念

知识产权,是涉及知识成果、知识价值的一种权利,是自然人、法人和其他组织对其科学技术、文化艺术、工业产权等领域里创造的精神财富所依法享有的专有权。知识产权是权利人依法就下列客体享有的专有权利:作品;实用新型、外观设计;商标;地理标志;商业秘密;集成电路布图设计;植物新品种;法律规定的其他客体。

传统和狭义认识知识产权的范围,由著作权(也称为版权、文学产权)和工业产权(也称为产业产权)两部分组成。现代和广义认识知识产权的范围由版权、工业产权和其他知识产权(主要是指科技成果权,尤其是秘密技术成果权)三部分组成。

■ 知识链接 ■------------------------------

著作权、工业产权和新型知识产权

著作权又称版权、文学产权,是指自然人、法人或者其他组织对文学、艺术和科学作品依法享有的财产权利和精神权利的总称。主要包括著作权及与著作权有关的邻接权;通常我们说的著作权主要是指计算机软件著作权和作品登记。

工业产权也称为产业产权,是指人们依法对应用于商品生产和流通中的创造发明和显著标记等智力成果,在一定地区和期限内享有的专有权,是工业、商业、农业、林业和其他产业中具有实用经济意义的一种无形财产。工业产权主要包括专利权和商标权。

新型知识产权包括集成电路布图设计权、植物新品种权、地理标志权和商业秘密权等。随着科技创新和社会发展的加快,知识产权外延类型的拓展范围将会

越来越广、拓展速度也会越来越快。

(二) 知识产权中的财产权利概念

知识产权是一种既包括财产权利又包括人身权利的复合性权利。按照内容组成，知识产权由财产权利和人身权利两部分构成，也称之为经济权利和精神权利。

所谓人身权利，是指权利同取得智力成果的人的人身不可分离，是人身关系在法律上的反映。例如，作者在其作品上署名的权利，或对其作品的发表权、修改权等，即精神权利。

所谓财产权，是指智力成果被法律承认以后，权利人可利用这些智力成果取得报酬或者得到奖励的权利，这种权利也称之为经济权利。知识产权中的财产权利是智力创造性劳动取得的成果，并且是由智力劳动者对其成果依法享有的一种权利，是权利人转让、使用和许可他人使用并获得报酬或费用的权利。

(三) 知识产权中的财产权利主要类型介绍

1. 著作财产权

著作财产权又称"著作权的经济权利"，是指对作品的使用权、收益权、处分权。使用作品权是著作财产权中的核心部分。使用作品权是指以复制、发行、出租、展览、放映、广播、网络传播、摄制、改编、翻译、汇编等方式使用作品的权利。包括如下方面：一是以物质形式使原作品再现的复制权。二是向公众传播作品权。三是演绎作品权。收益、处分权是著作财产权中必不可少的部分，著作权人可以许可他人以上述方式使用作品，并由此获得报酬。

许可使用权是指著作权人依法享有的许可他人使用作品并获得报酬的权利。使用他人作品，应当同著作权人订立许可使用合同，但属于法定使用许可情形的除外。许可使用合同包括下列主要内容：许可使用的权利种类，如复制权、翻译权等；许可使用的权利是专有使用权或者非专有使用权；许可使用的地域范围、期间；付酬标准和方法；违约责任；双方认为需要约定的其他内容。使用许可合同未明确许可的权利，未经著作权人同意，另一当事人不得行使。

转让权是指著作权人依法享有的转让使用权中一项或多项权利并获得报酬的权利。转让的标的不能是著作人身权，只能是著作财产权中的使用权，可以转让使用权中的一项或多项或全部权利。转让权是新修订著作权法增加的著作财产权内容，符合国际通行做法。转让作品使用权的，应当订立书面合同。合同的主要内容有：作品的名称；转让的权利种类、地域范围；转让价金；交付转让价金的日期和方式；违约责任；双方认为需要约定的其他内容。转让合同中未明确约定转让的权利，未经著作权人同意，另一方当事人不得行使。

获得报酬权是指著作权人依法享有的因作品的使用或转让而获得报酬的权利。获得报酬权通常是从使用权、使用许可权或转让权中派生出来的财产权，是使用权、使用许可权或转让权必然包含的内容。但获得报酬权有时又具有独立存在的价值,并非完全属于使用权、使用许可权或转让权的附属权利。如在法定许可使用的情况下,他人使用作品可以不经著作权人同意,但必须按规定支付报酬。此时著作权人享有的获得报酬权就是独立存在的,与使用权、使用许可权或转让权没有直接联系。使用作品的付酬标准可以由当事人约定,也可以按照国务院著作权行政管理部门会同有关部门制定的付酬标准支付报酬。当事人没有约定或者约定不明确的,按照国家规定的付酬标准支付报酬。

2. 专利财产权

专利财产权是专利权的重要组成,主要是指专利作为一种财产,其专利权人所拥有的财产占有、支配、使用的权利。

专利财产权,主要包含以下三个方面:第一,独占权。指只有专利权人才有实施其发明创造的制造、使用、销售,对该专利获得享有独占的权利,任何自然人、法人其他组织均不得不经许可,不支付报酬使用、制造、销售专利产品。第二,许可权。即许可他人实施其专利的权利。第三,转让权。专利申请权和专利权可以转让,但转让必须签订书面合同并登记,经公告后转让合同才生效。

《中华人民共和国专利法》中规定任何单位或者个人实施他人专利的,应当与专利权人订立书面实施许可合同,向专利权人支付专利使用费。被许可人无权允许合同规定以外的任何单位或者个人实施专利。这就充分表明专利财产权是受有关专利法律制度保护的,专利权人所拥有的专利财产权是不容侵犯的。

3. 商标财产权

商标财产权是指商标权人对其商标形成的无形资产所享有的占有、使用、收益和处分的权利。

商标注册人对商标财产行使占有、使用、收益和处分的权利,其主要形式有以下几种:

一是,许可他人使用,收取使用费。许可他人使用注册商标,收取使用费,让商标无形资产产生经济效益,使商标注册人对其注册商标享有的收益权得以实现。

二是,进行商标价值评估,确认商标资产数量。商标价值是可以通过对其评估进行量化的。商标价值评估就是对注册商标专用权价值的评定估算。最常见的商标价值评估是以投资、转让和许可为目的的,通常适用收益现值法和有效使用期超额利润法的评估方法。

三是,转让注册商标,将无形资产转化为有形货币。通过转让注册商标,把商标权人闲置不用的注册商标依法转让出去,不仅使受让人获得了商标权,有利于商标资源的充分利用,而且使商标权人获得一定的经济效益。同时,通过转让注册商标,将商标这一无形资产转化为有形货币,有利于促进商标无形资产的保值和增值。

四是,将商标作价向企业投资,减少货币资本支出。商标权作为工业产权的重要组成部分，允许其以一种特殊的投资方式转化为产业资本。商标作为无形资产，可将商标评估后并经共同出资人在协商一致的基础上确定相应的商标价值量（价格），向新设立的企业投资入股。以商标权作为投资的，可以是整体商标的所有权益，这必须签订注册商标转让合同（协议）并办理法定手续；也可以是部分商标权益的投资，这应当签订注册商标使用许可合同。将包括商标权在内的知识产权作价出资的，只要不超过公司注册资本的70%都是允许的。

■ 知识链接 ■

知识产权那些事儿

世界知识产权日（The World Intellectual Property Day），由世界知识产权组织于2001年4月26日设立，并决定从2001年起将每年的4月26日定为"世界知识产权日"。目的是在世界范围内树立尊重知识、崇尚科学和保护知识产权的意识，营造鼓励知识创新的法律环境。

不同类型的知识产权取得方式不同。根据我国现行相关法律规定，著作权是"自作者创作完成时取得"，专利权是"自专利局授予并公告之日起生效"，商标权是"自商标局核准注册取得"。由于国际上的惯例做法也是如此，所以不同类型的知识产权所受到的地域性限制程度也是不同的。

多数知识产权的保护期限有时间限制。知识产权一旦超过法律规定的保护期限进入公共领域就不再受保护，人们无须经过知识产权人许可即可免费使用相关作品、技术等。我国现行立法的相关保护期限主要为：著作权50年，发明专利20年，实用新型专利和外观设计专利10年，商标有效期10年。但如果是人身性权利（作者署名权等）、非智力活动成果或非公开信息（商业秘密等）的话，其保护期则没有时间限制。

中国经济正在向知识经济转型，知识产权领域近年来取得了巨大发展，尤其女性在发明中的贡献远远高于全球平均水平。在理性大于感性，逻辑多于情感的知识产权领域，女性表现非常卓越。为承担起新时代知识产权女性的使命与担当，广大女性要树立尊重知识、崇尚科学、保护知识产权的意识，加强对知识产权相关内容的了解，维护好自身合法的财产权益，共同营造鼓励知识创新和保护知识产权的法律环境。

第三节　女性财产保护中的典型问题

国家保障妇女享有与男子平等的财产权利，但现实生活中女性的财产保护还存在一些典型问题。本节主要明确女性在离婚、土地承包经营权、宅基地使用权

第五章 女性法律智慧——财产保护篇

和继承上的相关财产问题，这有利于新时代女性更好地维护自身的合法财产权。

一、离婚中对女性财产的特殊保护

离婚是两个人感情走向坟墓的结局，女性比男性似乎受到的伤害更大，虽然情已逝，生活还要继续，女性需要知道如何在离婚中更好保护自己的合法权益。法律对于离婚女性的财产权保护主要体现在，女性在离婚时夫妻共同财产分配上的优势。尤其在《中华人民共和国民法典》施行后，法律对于离婚女性财产权的保护有了进一步的加强。

（一）离婚时夫妻共同财产处理的基本原则

《中华人民共和国民法典》第一千零八十七条规定：离婚时，夫妻的共同财产由双方协议处理；协议不成的，由人民法院根据财产的具体情况，按照照顾子女、女方和无过错方权益的原则判决。《中华人民共和国妇女权益保障法》规定：夫妻共有的房屋，离婚时，分割住房由双方协议解决；协议不成的，由人民法院根据双方的具体情况，按照照顾子女和女方权益的原则判决。夫妻双方另有约定的除外。夫妻共同租用的房屋，离婚时，女方的住房应当按照照顾子女和女方权益的原则解决。

这些规定体现了，离婚时夫妻共同财产的分配采取的是"照顾子女、女方和照顾无过错方权益"的原则。也就是说，在离婚财产分配时，女方本身就是受到照顾的；同时，如果男方存在"过错"，作为无过错方的女方有权进一步要求扩大离婚财产的分配比例。

（二）关于离婚经济补偿的规定

《中华人民共和国民法典》第一千零八十八条规定：夫妻一方因抚育子女、照料老年人、协助另一方工作等负担较多义务的，离婚时有权向另一方请求补偿，另一方应当给予补偿。具体办法由双方协议；协议不成的，由人民法院判决。

原婚姻法对于离婚时"经济补偿"的适用条件比较严苛，前提是"夫妻书面约定婚姻关系存续期间所得的财产归各自所有"，也就是通常所说的夫妻财产"AA制"。但是，我国绝大多数婚姻家庭并未采取这种婚姻财产约定制度，因此在离婚时想适用离婚补偿制度也变得不可能。《中华人民共和国民法典》删除了关于夫妻财产"AA制"的这一适用前提条件，无论夫妻双方关于财产如何约定，只要其中一方在抚育子女、照料老年人、协助另一方工作等负担较多义务的，在离婚时均有权向对方要求补偿。

【案例分享】

全职太太离婚获"家务补偿"93万

【案情回顾】原告朱某与被告刘某于2009年经人介绍相识，后确立恋爱关系并登记结婚,婚后育有一儿一女,刘某在生育子女后辞去工作,一直在家照顾子女起居上学,所有收入靠朱某每月支付固定生活费。朱某称二人初期感情尚可,但后来刘某婚内出轨,给朱某精神上造成极大痛苦,并且刘某赋闲家中亦不做家务,双方观念差异巨大,导致夫妻感情破裂,故状诉至法院,请求判决离婚。庭审中,刘某否认朱某关于出轨的事实主张,并称导致夫妻感情破裂的原因是朱某对其不信任,经常对其实施家庭暴力,动辄打骂,甚至在公共场合也是一言不合就动手。

【法院审理】在审理过程中,法官要求原告立即停止暴力行为,停止在没有证据的情况下对被告所谓"出轨"的污蔑,并告知其被告在照顾子女、家庭中的重要意义和价值,劝说原告给予被告一定补偿。经过法官批评和劝说,原告承认了错误,认可了被告的人生价值。

最终,经法官多次主持调解,原、被告双方达成一致调解意见:一、原、被告均自愿离婚。二、原、被告婚生子由原告自行抚养,婚生女由被告自行抚养,原、被告均不需要另行承担对方抚养子女的抚养费;原、被告每月探视对方抚养的婚生子女最少两次,具体探视方式、时间由双方自行协商。三、原、被告共同购买的房屋的财产性权益、登记在原告名下的轿车、原告名下银行账户内的全部存款均归原告所有,原告于2021年1月23日前支付被告上述财产的补偿款93万元;如原告未按期足额支付上述补偿款,则原告应立即按照100万元支付补偿款。

(三)关于离婚经济帮助的规定

《中华人民共和国民法典》第一千零九十条规定:离婚时,如果一方生活困难,有负担能力的另一方应当给予适当帮助。具体办法由双方协议;协议不成的,由人民法院判决。也就是说,如果女方因离婚导致生活困难的,有权要求男方给予适当帮助。"离婚经济帮助"其实是一种离婚救济制度。

案例分享

夫妻离婚一年了,还能向前夫索取经济帮助吗

【案情回顾】徐某(女)与张某(男)于2007年登记结婚。孩子出生后,徐某的精神状态逐渐不太稳定,后被带到精神康复医院治疗。医生诊断徐某患精神分裂症,对她进行了治疗。2012当地残疾人联合会确认了徐某为精神残疾人,残疾等级为贰级。后来,徐某离开了家,下落不明。2014年,张某向法院提起离婚诉讼,因徐某下落不明,法院公告开庭并缺席审理,于2015年判决解除了双方的婚姻关系。2016年,徐某出现了,当她得知法院判决离婚后,向法院提起诉讼,要求前夫履行经济帮助义务。不过,一般来说,这种"经济帮助"都是在夫妻俩离婚时一并处理的,张某认为双方已经离婚了,前妻再向自己要钱没有

依据，请求法院予以驳回。徐某的要求能得到支持吗？

【法院审理】夫妻之间有相互扶养的义务，一方不履行扶养义务时，需要扶养的一方有要求对方付给扶养费的权利。离婚时，如一方生活困难，另一方有给予适当帮助的义务，该义务实质上是夫妻之间扶养义务的延续。原、被告于2015年经法院判决离婚时，原告未到庭，客观上无法向被告主张经济帮助，但并非意味着原告该项权利的丧失。原告仍有资格行使提出要求被告予以经济帮助的权利。考虑被告主要靠在外打工维持生活，还尚有年幼的儿子需要抚养，经济能力较为有限；同时法律明确规定离婚后的帮助以"适当"为限。法院最终做出了张某一次性支付徐某经济帮助款2万元的判决。

（四）关于离婚损害赔偿的规定

《中华人民共和国民法典》第一千零九十一条规定：无过错方请求损害赔偿的情形。这里的"过错"在法律上其实是有严格限定的，主要包括五类：一是，重婚；二是，与他人同居；三是，实施家庭暴力；四是，虐待、遗弃家庭成员；五是，有其他重大过错。

男方因为以上五类"过错"导致离婚的，女方有权请求离婚损害赔偿。这里的"损害赔偿"包括物质损害赔偿和精神损害赔偿。物质损害赔偿是根据受害方的实际经济损失进行赔偿。精神损害赔偿是根据侵权人的过错程度、侵权行为所造成的后果、侵权人承担责任的经济能力、受诉法院所在地平均生活水平等情况确定具体赔偿数额。

案例分享

离婚后发现前夫婚内出轨，"追偿"精神赔偿

【案情回顾】2012年，杨女士与张某登记结婚，后育有4个子女。2016年11月，杨女士发现张某经常夜不归宿，手机里也经常出现与其他女子的暧昧联系，怀疑其有外遇，然而张某拒不承认，双方多次发生争吵。最终，杨女士向法院起诉离婚。因张某始终否认自己存在出轨行为，杨女士也未能提供相关证据，两人于2017年9月调解离婚。离婚后的杨女士得知一个惊人的消息：张某竟与另一女子在2018年3月产下一女，从时间上推算，前夫显然是在婚内出轨了。丈夫早就出轨还不承认，她内心深受打击，思量再三后，杨女士选择再次拿起法律武器，将前夫张某告上法庭，要求其赔偿精神损害赔偿金50000元。

【法院审理】《中华人民共和国民法典》针对主张离婚损害赔偿新增加了一项条款：有其他重大过错的。也就是说，除了重婚，还包括有配偶者与他人同居、实施家庭暴力、虐待遗弃家庭成员这四种情况，出轨、一夜情、与他人非婚生子等情形，在请求离婚损害赔偿时，也作为考虑的范畴。此外《中华人民共和国民法典》对婚姻类案件中无过错方有专门的"保护"条款，包括在分割夫妻共同财

产时倾向于无过错方，以及支持无过错方主张"精神赔偿"。张某在与杨女士婚姻关系存续期间与他人同居并生育一女，违背了夫妻之间互相忠实的义务，严重伤害了夫妻感情，导致双方离婚。张某的婚内出轨行为，给杨女士造成严重的精神损害，杨女士作为无过错方请求精神损害赔偿，应予支持。最终，经过一审、二审，法院判令张某支付精神损害赔偿金45000元。

（五）关于禁止强势一方侵害另一方财产的规定

《中华人民共和国民法典》第一千零九十二条规定：夫妻一方隐藏、转移、变卖、毁损、挥霍夫妻共同财产，或者伪造夫妻共同债务企图侵占另一方财产的，在离婚分割夫妻共同财产时，对该方可以少分或者不分。离婚后，另一方发现有上述行为的，可以向人民法院提起诉讼，请求再次分割夫妻共同财产。

离婚并不是突然发生的行为，尤其是诉讼离婚，夫妻双方因为夫妻共同财产分割产生争议的，诉讼过程往往比较漫长。在这个过程中，如果男方恶意侵害夫妻共同财产的，比如隐藏、转移夫妻共同财产，或者刻意挥霍，还有故意制作假的欠条伪造夫妻共同债务等行为，可在夫妻共同财产分割时要求对男方进行少分或者不分。

男女双方协议离婚后一年内就财产分割问题反悔，请求变更或者撤销财产分割协议的，人民法院应当受理。人民法院审理后，未发现订立财产分割协议时存在欺诈、胁迫等情形的，应当依法驳回当事人的诉讼请求。离婚后，一方以尚有夫妻共同财产未处理为由向人民法院起诉请求分割的，经审查该财产确属离婚时未涉及的夫妻共同财产，人民法院应当依法予以分割。请求再次分割夫妻共同财产的诉讼时效为两年，从当事人发现之次日起计算。

■ **知识链接** ■-------------------------

"夫妻忠诚协议"的效力认定

当代，夫妻之间以保持相互忠诚、关爱等伦理与情感理想状态作为标的的协议已不罕见。很多女性可能更希望存在过错的男方可以净身出户，为此有些夫妻甚至签署了"忠诚协议"，约定了过错方净身出户的条款。《中华人民共和国民法典》施行后，关于夫妻之间"忠诚协议"的纠纷法院往往不会受理。最高人民法院在《中华人民共和国民法典婚姻家庭编继承编理解与适用》一书中进行了明确：夫妻之间签订忠诚协议，应由当事人本着诚信原则自觉自愿履行，法律并不禁止夫妻之间签订此类协议，但也不赋予此类协议强制执行力，从整体社会效果考虑，法院对夫妻之间的忠诚协议纠纷以不受理为宜。

虽然我国相关法律对于离婚女性的财产权采取了照顾的原则和规定，但由于一些女性在婚姻生活中都对对方有一种依赖和信任，对于夫妻间财产问题关心、参与较少，导致在离婚中存在过错举证难、索赔无保障、财产分割隐性侵权等问题。因此建议广大女性增强法律意识，了解相关法律知识，在日常生活中要注意保护自己的财产权益，注意家里收入和支出情况，保存有关财产信息。如果婚姻破裂的结局已经是注定，女性在失去感情的时候，保护自己的合法财产，也是保护自己和孩子未来的生活。

二、农村女性土地承包经营权和宅基地使用权问题

土地乃农民安身立命之本，我国相关法律规定，女性在农村土地承包经营、集体经济组织收益分配、土地征收或者征用补偿费使用及宅基地使用等方面，享有与男子平等的权利。但由于受传统文化的影响，农村女性土地权益，尤其在土地承包经营权和宅基地使用权两方受侵害的现象较为突出。

（一）保障农村女性土地承包经营权的规定

1. 法律明确规定妇女与男子享有平等的土地承包经营权

《中华人民共和国农村土地承包法》第六条规定：农村土地承包，妇女与男子享有平等的权利，承包中应当保护妇女的合法权益，任何组织和个人不得剥夺、侵害妇女应当享有的土地承包经营权。《中华人民共和国妇女权益保障法》第三十二条、第三十三条规定，妇女在农村土地承包经营、集体经济组织收益分配、土地征收或者征用补偿费使用以及宅基地使用等方面，享有与男子平等的权利；任何组织和个人不得以妇女未婚、结婚、离婚、丧偶等为由，侵害妇女在农村集体经济组织中的各项权益；因结婚男方到女方住所落户的，男方和子女享有与所在地农村集体经济组织成员平等的权益。

2. 结婚、离婚或丧偶可依法保有原土地承包经营权

在农村地区，妇女结婚后到新的居住地生活，原居住地村委会收回家庭承包地等情况时有发生。为此，我国相关法律中对此做出了明确规定，《中华人民共和国农村土地承包法》第三十一条规定：承包期内，妇女结婚，在新居住地未取得承包地的，发包方不得收回其原承包地；妇女离婚或者丧偶，仍在原居住地生活或者不在原居住地生活但在新居住地未取得承包地的，发包方不得收回其原承包地。法律中上述规定是保护出嫁女家庭承包地承包经营权的强制性规定，村民自治不能违反法律强制性规定，村委会以自治为由以会议决议等方式单方收回出嫁女家庭承包地的行为，其效力法律不予认可。因此，妇女在新的居住地获得承包地是原居住地发包方收回土地的必要而非充分条件。从法律上讲，即使妇女婚后在新居住地获得承包地，也并不意味着原承包地发包方必须收回原承包地。

案例分享

某村妇女张某，丈夫因病去世后，主要靠外出务工和出租家庭联产承包土地的收入供两个子女上大学，为了更好地照顾孩子和挣钱，张某在孩子学校周围租房打工。由于村里土地不断升值，村干部找到张某提出，由于张某两个孩子的户

口已经迁到了其大学所在地,已经不是本村人了,另外张某丈夫已死,其常年也不在本村居住,因此村集体要收回其家庭承包的土地。

【分析与提示】根据《中华人民共和国农村土地承包法》有关规定,承包期内,承包方全家迁入设区的市,转为非农业户口的,应当将承包的耕地和草地交回发包方,除此之外,发包方不得收回承包地。此外《中华人民共和国农村土地承包法》还规定了,妇女离婚或者丧偶,仍在原居住地生活或者不在原居住地生活但在新居住地未取得承包地的,发包方不得收回其原承包地。农村子女考上大学,户籍的迁出是基于学校户籍管理规定的需要,但他们并非去就业,在学校的花销费用基本上是依靠农村父母的供给。张某丧偶进城务工,并不意味着放弃了村集体经济组织成员资格,也不意味着放弃了村集体经济组织各项利益,所以村里无权收回张某及其子女的家庭承包的土地。

3. 发包方剥夺、侵害妇女依法享有的土地承包经营权行为,承担相应民事责任

《中华人民共和国农村土地承包法》第三十一条规定:发包方有法律规定的剥夺、侵害妇女依法享有的土地承包经营权行为的,应当承担停止侵害、返还原物、恢复原状、排除妨害、消除危险、赔偿损失等民事责任。《最高人民法院关于审理涉及农村土地承包纠纷案件适用法律问题的解释》第六条规定:因发包方违法收回、调整承包地,或者因发包方收回承包方弃耕、撂荒的承包地产生的纠纷,按照下列情形,分别处理:(1)发包方未将承包地另行发包,承包方请求返还承包地的,应予支持;(2)发包方已将承包地另行发包给第三人,承包方以发包方和第三人为共同被告,请求确认其所签订的承包合同无效、返还承包地并赔偿损失的,应予支持。

(二)保障农村女性宅基地使用权的规定

1. 法律明确规定妇女与男子享有平等的宅基地使用权

根据我国《中华人民共和国宪法》第四十八条规定:中华人民共和国妇女在政治的、经济的、文化的、社会的和家庭的生活等各方面享有同男子平等的权利。国家保护妇女的权利和利益,实行男女同工同酬,培养和选拔妇女干部。该条明确肯定了妇女和男子具有平等权利。所以若在宅基地使用权方面男女不平等对待,显然违背了宪法精神。

根据《中华人民共和国妇女权益保障法》第三十二条规定,妇女在农村土地承包经营、集体经济组织收益分配、土地征收或者征用补偿费使用以及宅基地使用等方面,享有与男子平等的权利,以及第三十三条规定,任何组织和个人不得以妇女未婚、结婚、离婚、丧偶等为由,侵害妇女在农村集体经济组织中的各项权益,可见,农村女性在宅基地使用权方面,享有与男子平等的权利。

2. 农村女性宅基地申请时要公平对待

农村女性在宅基地申请时应公平对待。农村女性依法申请宅基地时,为保证女性平等取得宅基地使用权，不得对依法申请宅基地的女性以"外嫁女"或者"待嫁女"等为由不予批准，也不得在宅基地位置、地点的选择上歧视妇女。

宅基地只给男不给女，这在全国各地农村都曾是一种比较普遍的现象。农村女性如被剥夺了宅基地的使用权，申请宅基地时不能公平对待，一旦想留在家中招婿上门，盖房子等都成问题。

3. 农村女性宅基地标准应与男子相同

农村女性宅基地标准应与男子相同。农村女性在分配宅基地使用权时享有的宅基地标准不得低于男性的标准，更不能以各种理由剥夺女性的宅基地使用权。

《中华人民共和国土地管理法》第六十二条规定：农村村民一户只能拥有一处宅基地，其宅基地的面积不得超过省、自治区、直辖市规定的标准。从该条可以看出，法律上是以户为单位进行宅基地分配的，只要女性村民符合分户条件和宅基地审批条件，农村女性宅基地标准应与男子相同，不得剥夺其平等申请分配宅基地的权利。

■ 知识链接 ■--------------------------------

农村宅基地能继承吗？

2020年9月9日，自然资源部经商住房城乡建设部、民政部、国家保密局、最高人民法院、农业农村部、国家税务总局，对"十三届全国人大三次会议第3226号建议"中提到的"关于农村宅基地使用权登记问题"做出明确答复：农民的宅基地使用权可以依法由城镇户籍的子女继承并办理不动产登记。根据《中华人民共和国民法典》规定，被继承人的房屋作为其遗产由继承人继承，按照房地一体原则，继承人继承取得房屋所有权和宅基地使用权，农村宅基地不能被单独继承。

其一，城镇户籍子女可继承宅基地使用权不等于可继承宅基地。我国土地权利分为土地所有权、土地使用权和土地他项权利三种类型。宅基地属于农民集体所有，任何其他单位或个人不得享有宅基地所有权，因此，宅基地不存在继承问题。老百姓口中的继承宅基地，实际上是指继承宅基地使用权。

其二，城镇户籍子女可继承宅基地使用权，但农村宅基地不能被单独继承。被继承人的房屋作为其遗产由城镇户籍子女继承。因房地无法分离，城镇户籍子女因继承农村房屋而取得宅基地使用权。如果是空宅基地，则城镇户籍子女不得继承。

其三，城镇户籍子女可继承农村房屋，但继承的农村房屋不能翻建。城镇户籍子女继承的农村房屋不能翻建，只能使用到房屋倒塌为止。虽然城镇户籍子女继承的农村房屋不能翻建，但子女可选择在父母生前帮父母翻建房屋。

其四，城镇户籍子女继承的农村房屋如果要出售，只能在房屋所在集体经济组织内部进行。城镇户籍子女继承的农村房屋可以自用，也可以出租或买卖，但仅限于出卖给房屋所在的集体经济组织成员。

三、女性在财产继承中的突出问题

我国法律规定，妇女享有与男子平等的财产继承权。继承权男女平等的原则在大多数情况下都能得到很好的贯彻，但在实践操作中的一些特殊情况下，女性的继承权还会因受到传统观念、世俗偏见和法律普及教育的落后等原因而被侵犯。

案例分享

某村妇女钱某嫁到外村，但自己的户口并未迁移出去，自己的承包田，村集体也没有收回，一直由父母耕种，而钱某的夫家村集体也未分配承包田给她。数年后，钱某与丈夫离婚后回到娘家生活，继续耕种其承包田，并赡养父母。在其父母去世后，其要求继承父母的财产，但其兄钱某某不准钱某继承父母的财产，甚至要求收回其耕种的承包田。

请思考：作为离婚后回娘家或者外嫁他乡的女性是否有继承父母财产的权利？

（一）出嫁女儿的继承权

目前，在我国城市地区、女性与男性享有平等的继承权几乎没什么障碍，但在一些农村地区或边远地区，重男轻女的思想依然根深蒂固，认为"嫁出去的女儿泼出去的水"，就不再享有娘家的财产继承权了，这是违反法律规定的。

出嫁女只是出嫁，无论是在法律上还是在社会认同上，并没有改变父母与子女关系的，毫无争议地依法享有继承权，哪怕是女儿在出嫁之后，与父母往来较少，同样享有继承权，只是相比父母真正的赡养人，继承份额相对较少，那种"嫁出去的女儿泼出去的水"式继承规则，只存在于历史。

（二）非婚生子女的继承权

根据《中华人民共和国民法典》规定，在法定继承的情况下，继承开始后，由第一顺序继承人继承，第一顺序继承人包括配偶、子女、父母。其中，子女包括婚生子女、非婚生子女、养子女和有扶养关系的继子女。

非婚生子女，因其是没有合法婚姻关系的男女所生的子女，其父母之间的两性关系是非法的和不道德的，公众对其父母的谴责经常会转嫁到非婚生子女身上，他们的继承权最易受到侵害。但非婚生子女本身是无辜的，他们的合法权益同样受到法律的保护。在继承问题上，非婚生子女享有和婚生子女同样的权利，但具体执行又存在细微的差别。例如，父母婚后共同房产，而父亲拥有一个私生女，在父母去世之后，婚生子女首先获得母亲全部的房产份额，而父亲份额的房产再由婚生子女和非婚生子女均分。

（三）丧偶儿媳的继承权

根据《中华人民共和国民法典》有关规定，对公婆尽了主要赡养义务的丧偶儿媳、对岳父母尽了主要赡养义务的丧偶女婿也作为第一顺序的继承人。儿媳和公公婆婆虽然并不存在血缘关系，尤其是在丧偶之后，继承权似乎显得没有依据，然而依据法律规定，只要儿媳尽到了赡养义务，与女儿、儿子一样，享有同样的合法继承权，并且作为第一顺位继承人。

这条规定既是对男女平等继承权的一种体现，也是对尊重老人这一美德的弘扬。丈夫去世后，儿媳仍然赡养公婆，这是一种非常高尚的行为，理应得到法律的认可。那种认为儿媳是外姓，丈夫死后无权继承公婆财产的观念应该抛弃。

（四）丧偶妇女继承亡夫的遗产

根据《中华人民共和国民法典》有关规定，丧偶妇女有权作为第一顺序的继承人继承亡夫的遗产，任何人无权干涉。配偶是毫无争议的第一顺位继承人，丧偶之后，已经从配偶处继承的遗产，成功转化为丧偶方的个人私有财产，拥有绝对的所有权和处置权。

丈夫死后，妻子继承亡夫的遗产后，再婚时可以带走自己的财产，也可以带走继承的财产。尽管丧偶妇女继承亡夫遗产改嫁受法律的保护，但现实生活中丧偶妇女再嫁，带走继承的财产经常受到阻挠。

（五）在继承中侵犯女性的财产权

《中华人民共和国民法典》第一千一百五十三条规定：夫妻共同所有的财产，除有约定的外，遗产分割时，应当先将共同所有的财产的一半分出为配偶所有，其余的为被继承人的遗产。也就是说，如果男性公民去世，家庭共同财产中女方的份额，以及女方个人财产不得作为遗产予以分割。在一些农村地区，妇女往往并不知道将自己的个人财产首先划出，再进行遗产分割，财产权益受到侵害。

■ 知识链接 ■----------------------------------

胎儿有权继承遗产吗？

《中华人民共和国民法典》第一千一百五十五条规定：遗产分割时，应当保留胎儿的继承份额。胎儿娩出时是死体的，保留的份额按照法定继承办理。

依规定，既然在涉及遗产继承时，胎儿视为"人"，胎儿也就有权继承遗产。不过，毕竟胎儿未来能否成为真正的"人"，仍然存在不确定性，因此，遗产分割时，应当保留胎儿的继承份额。胎儿娩出时是死体的，保留的份额按照法定继承办理。换言之，胎儿继承遗产的，如果出生并存活下去，则该遗产属于婴儿自己的财产；如果出生后婴儿短暂存活数秒便死亡，这继承来的遗产也已经属于婴儿自己，由婴儿的继承人进行继承；如果出生时便是死体，则其不曾存在于世，也不曾继承过该遗产，该遗产仍然属于原被继承人的遗产，由该人之继承人对此遗产进行继承。

例如,付某因意外去世,其遗产综合价值为80万元,其父母健在,妻子赵某怀孕六个月。依《中华人民共和国民法典》的规定,付某的父母、妻子赵某和胎儿均属于第一顺序继承人,一般情况下由四人平均分配该遗产,胎儿可以继承20万元遗产。如果胎儿出生不久便死亡,则该20万元遗产属于婴儿自己的遗产,由其唯一的继承人赵某继承;如果胎儿出生时是死体,则该20万元遗产仍属于付某的遗产,由其继承人付某的父母和赵某再次进行继承分割。

女性作为不同角色,不管是出嫁女、未嫁女、私生女、丧偶妇女或外嫁离婚回家的妇女,国家保障妇女享有与男子平等的财产继承权。广大女性自身也需要树立继承权男女平等的观念,了解继承相关法律知识,增强法律意识和维权意识,切实维护好自身合法的继承权益。

第六章　女性法律智慧
——维权方法篇

> **本章导言**

随着我国民主法治进程的推进，女性的权利意识和法治意识有了很大的提升，同时女性的权利也日益受到社会和法律的双重保护。掌握正确的维权方法，能够更好地保障合法权益，维护自身权利。

第一节　女性维权的非诉讼途径

维权的途径和方式多种多样，主要可以分为诉讼维权和非诉讼维权两大类。非诉讼维权的途径主要包括协商、调解、仲裁、社会监督、行政复议。

一、协商

协商是指当事人在自愿互谅的基础上，按照国家有关法律、政策规定，通过摆事实、讲道理，以达成和解，自行解决纠纷的一种方式。

发生纠纷的当事人在自行协商解决纠纷时应注意以下问题：

1. 分清责任是非

协商解决纠纷的基础是分清是非责任。只有分清责任，才能形成合理的解决方案。

2. 态度端正，坚持原则

在协商过程中，双方当事人要互相体谅、勇于承担各自的责任。一方面不能一味地推卸责任，否则不利于纠纷的解决；另一方面，又不能一味地迁就对方，进行无原则的和解。

3. 尊重意愿，及时解决

如果当事人双方在协商过程中出现僵局，或者是一方当事人有故意违法行为时，就不应该继续坚持协商解决的办法，应当及时采取其他方法解决。

二、调解

调解是古代中国最具有文化代表性和富有文化韵味的司法途径，其源远流长。古代的调解形式有官府调解、官批民调、民间调解等,这些调解方式贯串"以和为贵""以让为贤"的传统文化与道德。官府调解,在古代最具权威性,官员在审理诉讼的过程中,力争做到当事人的和解,以达到无诉讼;官批民调,是指官府在接到案子后,根据情节轻重,来决定由当事人的邻居或亲戚从中调解劝和的一种制度,调解成功后,上报官府销案,如不成功再交予官府处理;民间调解比较常见,发生纠纷后,双方当事人通过比较有威望的中间人出面调解纠纷,没有固定程序。

随着社会的不断发展,调解变成了一种重要的非诉讼维权途径。通常认为,调解是在第三方的主持下,以国家法律、法规、政策制度及社会公德等为依据,对纠纷双方进行斡旋、劝说,提出建议,促使双方互相谅解,自愿达成协议,最终化解矛盾的活动。

(一)调解的分类

依调解纠纷的种类,可以分为人民调解、行政调解和司法调解。

1. 人民调解

人民调解是我国法律所确认的一种诉讼外的调解形式。2010年8月28日,中华人民共和国第十一届全国人民代表大会常务委员会第十六次会议通过了《中华人民共和国人民调解法》。人民调解是指在人民调解委员会的主持下,依照法律、政策及社会主义道德规范,对纠纷当事人进行说服、疏导,促使彼此互谅互让,在平等协商的基础上自愿达成调解协议,解决民间纠纷的活动。人民调解须遵循的工作原则有:在双方当事人自愿平等的基础上进行调解;不违背法律、法规和国家政策;尊重当事人权利,不得因未调解或者调解不成而阻止当事人依法通过仲裁、行政、司法等途径维护权利。

调解形式是指调解人员在调解纠纷的过程中所采用的具体方式。常用的调解方式有:单独调解、共同调解、直接调解、间接调解、公开调解、非公开调解、联合调解等。

(1) 单独调节

单独调解是调解委员会最常用的调解方式之一,是指由纠纷当事人所在地或纠纷发生地的调委会单独进行的调解。单独调解适用于调解委员会独任管辖的纠纷。这类纠纷不涉及其他地区、其他单位的关系人。调解组织对纠纷双方当事人都比较熟悉,通常会摸清纠纷发生、发展情况,针对当事人的心理特点,开展调解工作;便于督促调解协议的履行;便于解决当事人合理的实际困难,因此调解成功率较高。但是,单独调解应注意因人熟、地熟、情况熟而照顾情面或碍于一方势力所造成的不公正调解等弊端。

(2) 共同调解

共同调解是指由两个或两个以上的人民调解组织,对于跨地区、跨单位的民间纠纷,协调配合,一起进行的调解。跨地区、跨单位的民间纠纷指的是纠纷当事人属于不同地区或单位，或者纠纷当事人属于同一地区或单位而纠纷发生在其他地区或单位的。人民调解委员会在与其他地区或单位的人民调解委员会共同调解纠纷时应注意：

第一，共同调解是几个调解组织共同调解一起纠纷，因此须分清主次，以一个调解组织为主，其他调解组织协助。一般情况下，以先行受理民间纠纷的人民调解委员会为主，其他各方为协助调解方；有两个或两个以上有管辖权的人民调解委员会同时受理案件时，应本着有利于纠纷调解的原则确定调解委员会，其他各方协助调解。

第二，调解前要详细研究制订调解计划，明确分工；进行调解时，各调解组织要相互配合，协调一致。

第三，调解要以事实为依据，以法律为准绳，做到公平公正。

（3）直接调解

直接调解是指调解人员召集各方当事人，主持调解纠纷的方式。直接调解可以单独调解，也可共同调解。直接调解主要适用于以下情况：①情节比较简单的纠纷；②矛盾冲突只限于双方当事人之间的纠纷；③涉及当事人隐私或其他不宜扩散的纠纷。

（4）间接调解

间接调解是指调解人员借助纠纷当事人以外的第三方的力量进行调解。它经常适用于两种情况：一是对于某些积怨深、难度大的纠纷，可以借助当事人的亲属、朋友的力量，各方共同做好当事人的思想工作，这种情况下常结合直接调解结合运用或者二者交替使用；二是对于一些纠纷的当事人意志受别人控制、操纵的，可以先着重解决与纠纷当事人有关的第三方的思想认知问题，再利用人们对熟悉人员的信任心理，使该第三方的正确认知影响当事人，从而使调解获得新的转机。

（5）公开调解

公开调解是指人民调解委员会在调解纠纷时，向当地群众公布调解时间、地点、邀请当事人亲属或朋友参加，允许群众旁听的调解方式。公开调解一般用于涉及广、影响大、当事人一方或双方有严重过错的案件。通过这种方式调解可以对公众起到警示教育作用。采取公开调解的方式要注意：①纠纷选择要有典型意义，要使群众通过参与调解达到受到法律、政策及社会公德教育的效果；②纠纷不得涉及当事人的隐私；③方法应以说服教育为主，促成当事人之间和解。

（6）非公开调解

非公开调解是与公开调解相对而言的，是指人民调解委员会在只有当事人在场，无其他人参加的情况下进行的调解。它主要适用于涉及纠纷当事人隐私权的纠纷。

（7）联合调解

联合调解是指人民调解委员会同其他地区或部门的调解组织、群众团体、政府有关部门，甚至司法机关协同作战，解决纠纷的方式。联合调解既适用于跨地区、跨单位、跨行业的纠纷，久调不决或有激化可能的纠纷，涉及调解组织无力解决当事人合理的具体要求的纠纷，也适用于处理土地、山林、坟地、宗教信仰等引起的大型纠纷和群众性械斗和多发性、易激化纠纷及其他涉及面广、危害性大、后果严重的民间纠纷。

2. 行政机关的调解

行政调解是在国家行政机关的主持下，通过说服教育，由当事人自愿进行的调解。国家行政机关根据法律、行政法规的相关规定，对属于机关职权管辖范围内的平等主体之间的民事纠纷，通过说服教育，使纠纷的双方当事人互相体谅，在平等协商的基础上达成一致协议，从而合理地、彻底地解决纠纷矛盾。行政机关的调解包括行政机关的日常行政管理工作中附带性的调解活动，也包括为解决特点纠纷所设的专门纠纷解决机构。行政机关调解的优势在于行政机关具有一定的权威，对当事人影响较大。

3. 司法调解

司法调解一般指诉讼调解，也称法院调解，是指对民事案件在人民法院审判组织支持下，诉讼双方当事人平等协商，达成协议，经法院认可，以终结诉讼活动的一种结案方式。

一方面，法官作为中立的第三人介入调解过程，使调解达成的协议具有一定的强制力；另一方面，调解协议的产生又是双方当事人合意的结果，使调解协议有利于当事人的接受。同审判比较而言，调解具有其独特的司法救济价值。

（二）调解的特征

1. 必须有中立的第三方参与

担任调解人的可以是个人，也可以是国家机关、社会组织或者专门机构，但是这种中立第三方只能为纠纷当事人提供解决纠纷的选择方案，在调解过程中，调解人的作用不能超出中立第三方的立场，不应代替纠纷当事人做决策，更不能进行裁决。

2. 调解是以当事人主观意思为前提的纠纷解决方式

调解这种非诉讼维权处理方式，是在以当事人主观意思的前提下进行的，目的也是促成解决纠纷，在这一过程中，当事人的主观意思起到了决定性的作用。自愿、平等是调解必须遵守的原则。虽然调解人的身份、调解方式对当事人也会有一定的影响，但促成纠纷解决的决定性因素仍是当事人本身。

3. 调解没有非常明确的法律程序

当事人行为能力、失效、期限、举证责任等都不像诉讼那样有明确的法律依据,调解协议的达成在合法的基础上,还可以以各种有关的行为规范为依据和标准,同时在调解的过程中存在当事人互谅互让、和谐共处的因素,这些合情合法的因素,使调解程序充满灵活性和合理性。调解书经双方当事人签收后,即具有法律效力。

三、仲裁

仲裁是根据当事人的合意,把基于一定的法律关系而发生或将来可能发生的纠纷的处理,提交于第三者,由第三者对争议的是非曲直进行评判并做出裁决的一种解决争议的方法。仲裁包括经济仲裁,也包括劳动仲裁,此处主要阐述经济仲裁。

法条链接

《中华人民共和国劳动争议调解仲裁法》

《中华人民共和国劳动争议调解仲裁法》于2007年12月29日公布,自2008年5月1日起施行。该法适用于中华人民共和国境内的用人单位与劳动者产生的下列劳动争议:(一)因确认劳动关系发生的争议;(二)因订立、履行、变更、解除和终止劳动合同发生的争议;(三)因除名、辞退和辞职、离职发生的争议;(四)因工作时间、休息休假、社会保险、福利、培训以及劳动保护发生的争议;(五)因劳动报酬、工伤医疗费、经济补偿或者赔偿金等发生的争议;(六)法律法规规定的其他劳动争议。

劳动争议仲裁不收取费用,发生劳动争议,当事人可向劳动争议仲裁委员会提出仲裁申请。劳动争议仲裁申请的时效期间为一年,从当事人知道或者应当知道其权利被侵害之日起计算。所以当事人申请劳动仲裁,应注意时效。如果存在劳动仲裁时效中断或中止情形的,可根据有关情形计算。

仲裁异于诉讼和审判,需要双方自愿,一般是当事人根据双方签订的仲裁协议,自愿将其争议提交由非司法机构的仲裁员组成的仲裁庭进行裁判,并受该裁判约束的一种制度。《中华人民共和国仲裁法》于1995年9月1日生效,其中第二条明确规定:平等主体的公民、法人和其他组织之间发生的合同纠纷和其他财产权益纠纷,可以仲裁。第三条规定:下列纠纷不能仲裁:(一)婚姻、收养、监护、抚养、继承纠纷;(二)依法应当由行政机关处理的行政争议。第七十七条规定:劳动争议和农业集体经济组织内部的农业承包合同纠纷的仲裁,另行规定。

(一)仲裁的特征

1. 仲裁的启动必须以当事人事先的仲裁协议为前提

《中华人民共和国仲裁法》第五条规定:当事人达成仲裁协议,一方向人民法院起诉的，人民法院不予受理，但仲裁协议无效的除外。这里的仲裁协议可以为单独的仲裁合同，也可以为合同中的仲裁条款。仲裁的产生完成是基于当事人的合同，在当事人订立合同之时，可为未发生的纠纷进行约定，也可以包括纠纷发生之后，双方约定利用仲裁解决纠纷。此外，根据《中华人民共和国仲裁法》的规定，仲裁委员会由当事人协议选定，仲裁不实行级别管辖和地域管辖。

2. 程序的灵活性

仲裁充分体现了当事人的意思自治。仲裁法中规定的一些基本规定，在具体操作层面，给了当事人很大的灵活性，允许当事人自行决定，如将当事人陈述、辩论、举证结合，简化证据质证程序，以节省时间。

3. 仲裁裁决具有终局裁判的效力

仲裁虽然由当事人合意产生，但仲裁裁决具有与法院判决相同的法律效力。《中华人民共和国仲裁法》第九条规定：仲裁实行一裁终局的制度。裁决作出后，当事人就统一纠纷再申请仲裁或向人民法院起诉的，仲裁或者人民法院不予受理。仲裁实行一裁终局制，但如果裁决被人民法院裁定撤销或者不予执行，当事人可以就该纠纷向人民法院起诉。

（二）仲裁的程序

1. 受理

仲裁程序是以当事人向仲裁机构申请仲裁为起始。仲裁委员会在收到当事人提交的仲裁申请书之日起五日内向申请人发出受理通知书，同时向被申请人发出仲裁通知书及附件。双方当事人在收到受理通知书或仲裁通知书后，应当做好以下几项工作：

申请人须在规定的期限内预交仲裁费用，否则将视为申请人撤回仲裁申请；被申请人可在仲裁通知书规定的期限内向仲裁委员会提交书面答辩书；分别做好证据材料的核对及整理工作，必要时可提交补充证据；及时提交仲裁员选定书、法定代表人证明书、详细写明委托权限的授权委托书等有关材料；在被申请人下落不明的情况下，申请人应主动查找其下落，并向仲裁委员会提交被申请人的确切住所，否则将影响仲裁程序的进行；被申请人若要提出仲裁反请求，则必须在仲裁规则规定的期限内提出。

此外，双方当事人均有权向仲裁委员会申请财产保全和证据保全，有权委托律师和其他代理人进行仲裁活动。

2. 组成仲裁庭

仲裁庭是根据仲裁委员会受理仲裁申请后，按照当事人自愿选择的结果，采取两种组织形式组成的：一种是由三名仲裁员组成的合议庭；另一种是由一名仲裁员组成的独任制。合议庭中有一名仲裁员是首席仲裁员，首席仲裁员负责主持案件的仲裁。

双方当事人应当在规定的期限内约定仲裁庭的组成方式和选定仲裁员。若当事人在规定的期限内未能约定仲裁庭的组成方式或者选定仲裁员的，则由仲裁委员会主任指定。仲裁庭组成后，仲裁委员会向双方当事人发出组庭通知书。

当事人在收到组庭通知书后，对仲裁员的公正性有怀疑时，可以在首次开庭前提出回避申请，同时应当说明理由。若回避事由在首次开庭后知道的，可以在最后一次开庭终结前提出。因回避而重新选定或指定仲裁员后，当事人可以请求已进行的仲裁程序重新进行，是否准许，由仲裁庭决定。

3. 开庭审理

仲裁委员会应当在仲裁规则规定的期限内将开庭日期通知双方当事人。当事人在收到开庭通知书后，应当注意以下几个问题：

（1）当事人若确有困难，不能在所定的开庭日期到庭，可以在仲裁规则规定的期限内向仲裁庭提出延期开庭请求，是否准许，由仲裁庭决定。申请人经书面通知，无正当理由不到庭或未经仲裁庭许可中途退庭的，视为撤回仲裁申请。被申请人经书面通知，无正当理由不到庭或者未经仲裁庭许可中途退庭的，仲裁庭可以缺席裁决。

（2）在庭审过程中，当事人有进行辩论和表述最后意见的权利。

（3）双方当事人应当严格遵守开庭纪律。当事人申请仲裁后，有自行和解的权利。达成和解协议的，可以请求仲裁庭根据和解协议做出裁决书，也可撤回仲裁申请。在庭审过程中，若双方当事人自愿调解的，可在仲裁庭主持下先行调解。调解成功的，仲裁庭依据已达成的调解协议书制作调解书，当事人可以要求仲裁庭根据调解协议制作裁决书。调解不成的，则由仲裁庭及时做出裁决。仲裁庭对专门性问题认为需要鉴定的，可以交由当事人共同约定的鉴定部门鉴定，也可以由仲裁庭指定的鉴定部门鉴定，鉴定费用由当事人预交。

4. 裁决

仲裁庭在将争议事实调查清楚、宣布闭庭后，应进行仲裁庭评议，并按照评议中的多数仲裁员的意见做出裁决。若仲裁庭不能形成多数意见时，则按照首席仲裁员的意见做出裁决。在裁决阶段，双方当事人享有以下几项权利：

（1）有权根据实际情况，要求仲裁庭就事实已经清楚的部分先行裁决。

（2）在收到裁决书后的三十日内，当事人有权对裁决书中的文字、计算错误或者遗漏的事项申请仲裁庭补正。

双方当事人在收到裁决书后，应当自觉履行仲裁裁决。

四、社会监督

社会监督，是指社会依据宪法和法律赋予的权利，以法律和社会及职业道德规范为准绳，对执政党和政府的一切行为进行监督。

（一）社会监督的特点

1. 社会监督具有广泛性

社会监督虽然不具有国家监督所具有的运用国家权力的性质，但其在监督主体、客体、内容、范围和影响上的广泛性和普遍性，监督方式和途径上的灵活多样性，使其成为法律监督体系中不可缺少的重要组成部分。

2. 社会监督具有标志性

社会监督的广度、深度和完善程序，与一个国家民主、法治的发展和社会的进步成正比，往往标志着一个国家民主、法治的发展程度。

3. 社会监督具有启动性

社会监督虽然不具有国家监督所具有的国家强制性和直接的法律效力，但其积极、主动的监督方式却可能引发和启动国家监督机制的运行，导致带有国家强制性的监督手段的运用，甚至产生强制性的法律后果。

（二）社会监督的分类

1. 公众监督

公众监督主要是指公民通过批评、建议、检举、揭发、申诉、控告等基本方式对国家机关及其工作人员权力行使行为的合法性与合理性进行监督。不断扩大公众参与范围，方便社会公众了解情况、参与监督；引导加强内部监督，保障职工群众的监督权，鼓励职工群众监督举报各类隐患；注重推广有关地区和单位加强监督工作的经验做法，提高监督实效。

2. 社会团体监督

社会团体监督主要指各种社会组织和利益集团对国家机关和公职人员的监督。社会团体通过选举、请愿、对话、示威、舆论宣传等形式，构成了对政府管理活动的监督。充分发挥工会、共青团和妇联组织的作用。加强与各级工会、共青团、妇联组织的沟通与协调，依法维护和落实知情权、参与权和监督权，不断完善措施，加强管理，切实保障群众的利益和权益。

3. 法律监督

法律监督主要包括国家权力机关的监督、行政机关的监督、司法机关的监督、社会监督、党的监督。

4. 舆论监督

舆论监督是指社会利用各种传播媒介和采取多种形式，表达和传导有一定倾向的议论、意见及看法，以实现对政治权力运行中偏差行为的矫正和制约。建立完善舆论监督反馈机制。对新闻媒体有关的批评性报道，要本着有则改之、无则加勉的态度，实事求是地及时进行调查和处理，并在报道后的两周内，将整改结果或查处进展情况向有关部门和新闻媒体反馈。

舆论具有开放性、专业性、广泛性等特征，它传播快速、具有威慑力并且能起到很好的预防作用。

五、行政复议

行政复议对于监督和维护行政主体依法行使行政职权，保护相对人的合法权益等具有重要的意义和作用。

（一）行政复议的概念

行政复议，是指公民、法人或者其他组织认为行政主体的具体行政行为违法或不当侵犯其合法权益，依法向主管行政机关提出复查该具体行政行为的申请，行政复议机关依照法定程序对被申请的具体行政行为进行合法性、适当性审查，并做出行政复议决定的一种法律制度。

（二）行政复议的特征

1. 行政复议以行政争议为标的

我国行政复议法规定，凡是由具体的行政行为引起的行政争议，都可以通过行政复议的途径解决。

2. 行政复议以相对人提出申请为前提

行政复议是依据相对人申请而启动的法律救济机制。申请行政复议是一种法律保护的程序权利。行政复议机关对相对人提出的行政复议申请，负有依法处理并做出答复的义务。

3. 行政复议是居中裁决的法律机制

行政机关履行行政复议职责，面对的是行政争议的双方当事人，为了通过行政复议活动消除争议、定纷止争，行政复议机关必须像法官一样处于中立地位，与双方当事人保持等距离。

（三）行政复议的范围

根据《中华人民共和国行政复议法》规定，公民、法人或其他组织可以对下列情况申请复议：

（一）对行政机关做出的警告、罚款、没收违法所得、没收非法财物、责令停产停业、暂扣或者吊销许可证、暂扣或者吊销执照、行政拘留等行政处罚决定不服的。

（二）对行政机关做出的限制人身自由或者查封、扣押、冻结财产等行政强制措施决定不服的。

（三）对行政机关做出的有关许可证、执照、资质证、资格证等证书变更、中止、撤销的决定不服的。

（四）对行政机关做出的关于确认土地、矿藏、水流、森林、山岭、草原、荒地、滩涂、海域等自然资源的所有权或者使用权的决定不服的。

（五）认为行政机关侵犯合法的经营自主权的。

（六）认为行政机关变更或者废止农业承包合同，侵犯其合法权益的。

（七）认为行政机关违法集资、征收财物、摊派费用或者违法要求履行其他义务的。

（八）认为符合法定条件，申请行政机关颁发许可证、执照、资质证、资格证等证书，或者申请行政机关审批、登记有关事项，行政机关没有依法办理的。

（九）申请行政机关履行保护人身权利、财产权利、受教育权利的法定职责，行政机关没有依法履行的。

（十）申请行政机关依法发放抚恤金、社会保险金或者最低生活保障费，行政机关没有依法发放的。

（十一）认为行政机关的其他具体行政行为侵犯其合法权益的。

此外，公民、法人或者其他组织认为行政机关的具体行政行为所依据的下列规定不合法，在对具体行政行为申请行政复议时，可以一并向行政复议机关提出对该规定的审查申请：（一）国务院部门的规定；（二）县级以上地方各级人民政府及其工作部门的规定；（三）乡、镇人民政府的规定。

第二节　女性维权的诉讼途径

一、民事诉讼

（一）民事诉讼的概念

民事诉讼是诉讼的基本类型之一，是指法院、当事人及其他诉讼参与人，依据民事诉讼法和适用民事实体法等解决纠纷事件过程中所进行的各种诉讼活动及由此产生的各种诉讼法律关系的总和。

（二）民事诉讼的范围

《中华人民共和国民事诉讼法》（以下简称《民事诉讼法》）第三条规定：人民法院受理公民之间、法人之间、其他组织之间及他们相互之间因财产关系和人身关系提起的民事诉讼，适用本法的规定。

（三）民事诉讼的基本制度

民事诉讼是对人民法院的审判行为进行规范的基础性程序设置，是人民法院审判民事案件必须遵循的一般性程序规范。民事诉讼的基本制度有：合议制度、回避制度、公开审判制度和两审终审制度。

1. 合议制度

合议制度是指由三名以上单数的审判人员组成审判集体，代表人民法院行使审判权，对案件进行审理并做出裁判的诉讼制度。实行合议制度，就要依法组成合议庭。合议庭是实行合议制度的具体组织形式。

（1）第一审合议庭的组成

《中华人民共和国民事诉讼法》（简称《民事诉讼法》）第三十九条第一款规定：人民法院审理第一审民事案件，由审判员、陪审员共同组成合议庭或者由审判员组成合议庭。合议庭的成员人数，必须是单数。

（2）第二审合议庭的组成

《民事诉讼法》第四十条第一款规定：人民法院审理第二审民事案件，由审判员组成合议庭。合议庭的成员人数，必须是单数。

（3）重审合议庭的组成

《民事诉讼法》第四十条第二款规定：发回重审的案例，原审人民法院应当按照第一审程序另行组成合议庭。另行组成，是指原审时的审判人员不得参与重审的合议庭。

（4）再审案件合议庭的组成

《民事诉讼法》第四十条第三款规定：审理再审案件，原来是第一审的按照第一审程序另行组成合议庭；原来是第二审的或者是上级人民法院提审的，按照第二审程序另行组成合议庭。

2. 回避制度

回避制度，是指案件的审判人员及其他有关人员遇有法律规定的情形，可能影响公正审判时依法退出诉讼的一项机制。实行回避制度，可以防止审判人员和其他相关人员因与案件存在利害关系而影响审判的公正性，也可以提升审判的权威性和公信力。

（1）适用对象

根据我国《民事诉讼法》的规定，回避的适用对象是审判人员和其他人员；回避规定中明确将执行员纳入回避人员范围，规定执行员在执行过程中的回避制度，参照审判人员回避的有关内容执行。其中审判人员包括审判员、助理审判员和人民陪审员，以及有权参加案件讨论和做出处理决定的法院院长、副院长和审判委员会委员；其他人员有书记员、翻译人员、鉴定人、勘验人及占法院编制的工作人员。

（2）适用情形

根据《民事诉讼法》第四十四条的规定，回避对象有下列情形之一的，应当自行回避：

①是本案当事人或者当事人、诉讼代理人的近亲属的。当事人包括原告、被

告和第三方。近亲属是指与审判人员有夫妻、直系血亲、三代以内旁系血亲及近姻亲关系的亲属。

②与本案有利害关系的。这里的利害关系是指直接或间接的经济或人身利益，包括法律上的利害关系和事实上的利害关系。

③与本案当事人、诉讼代理人有其他关系，可能影响对案件公正审理的。所谓其他关系，是指除以上两种情形以外的社会关系，如朋友、恋人、邻居、仇人、同事等。

审判人员存在上诉情形没有自行回避的，当事人有权以口头或书面的形式申请他们回避。《民事诉讼法》第四十四条还规定，审判人员接受当事人、诉讼代理人请客送礼，或者违反规定会见当事人、诉讼代理人的，当事人有权要求他们回避。

为维护司法公正，回避制度对民事诉讼法规定的回避情形做了细化，具体为：

① 审判人员具有下列情形之一的，应当自行回避，当事人及其法定代理人有权以口头或者书面形式申请其回避：

第一，是本案的当事人或者与当事人有近亲属关系的。

第二，本人或者其近亲属与本案有利害关系的。

第三，担任过本案的证人、翻译人员、鉴定人、勘验人、诉讼代理人、辩护人的。

第四，与本案的诉讼代理人、辩护人有夫妻、父母、子女或者兄弟姐妹关系的。

第五，与本案当事人之间存在其他利害关系，可能影响案件公正审理的。

② 当事人及其法定代理人发现审判人员违反规定，具有下列情形之一的，有权申请其回避：

第一，私下会见本案一方当事人、诉讼代理人、辩护人的。

第二，为本案当事人推荐、介绍诉讼代理人、辩护人，或者为律师、其他人员介绍办理该案件的。

第三，索取、接受本案当事人、受托人的财务、其他利益，或者要求当事人及其受托人报销费用的。

第四，接受本案当事人及其受托人的宴请，或者参加由其支付费用的各项活动的。

第五，向本案当事人及其受托人借款，借用交通工具、通信工具、其他物品，或者索取、接受当事人及其受托人在购买商品、装修住房及其他方面给予好处的。

第六，有其他不正当行为，可能影响案件公正审理的。

③ 凡在一个审判程序中参与过本案审判工作的审判人员，不得再参加与该

案其他程序的审判。但是，经过第二审发回重审的案件，在一审法院做出裁判后又进入第二审程序的，原第二审程序汇总合议庭组成人员不受此限制。

此外，审判人员及法院其他工作人员从人民法院离任后两年内，不得以律师身份担任诉讼代理人或者辩护人。审判人员及法院其他工作人员从人民法院离任后，不得担任原任职法院所审理案件的诉讼代理人或者辩护人，但是作为当事人的监护人或者近亲属代理诉讼或者进行辩护的除外。

（3）回避的程序

① 回避的方式

根据法律规定，回避的方式有两种，即自行回避和申请回避。

第一，自行回避，是指案件的审判人员和其他人员遇有法定的回避情形，主动退出诉讼程序。

第二，申请回避，是指案件的当事人、诉讼代理人发现审判人员或其他有关人员具有法定的回避情形，用书面或口头形式申请其退出诉讼程序。

② 回避的提出

对于申请回避，当事人或其诉讼代理人应当在案件开始审理时提出，并且说明理由，如果回避事由在案件开始审理后知道的，也可以在法庭辩论终结前提出。被申请回避的人员在人民法院做出是否回避的决定前，应当暂停参与本案的工作，但案件需要采取紧急措施的除外。至于自行回避，法律未做出相关规定，按原则应当是有关人员发现自己存在法定回避情形时主动提出。

③ 回避的决定和救济

《民事诉讼法》第四十六条规定：院长担任审判长时的回避，由审判委员会决定；审判人员的回避，由院长决定；其他人员的回避，由审判长决定。

《民事诉讼法》第四十七条规定：人民法院对当事人提出的回避申请，应当在申请提出的三日内，以口头或者书面形式作出决定。申请人对决定不服的，可以在接到决定时申请复议一次。复议期间，被申请回避的人员，不停止参与本案的工作。人民法院对复议申请，应当在三日内做出复议决定，并通知复议申请人。

3. 公开审判制度

公开审判制度，是指人民法院对民事案件的审理过程和判决结果应当向社会公开的制度。公开审判是司法民主在民事诉讼中的重要体现，也是司法公正的体现，公开审判有利于加强审判人员依法办案的意识和责任感，督促人民法院审判人员规范审判行为；同时，增强了审判活动的透明度，增强了社会对法院的认可度。

虽然公开审判对司法公正有重要的意义，但也有一些案件不适合公开审判。我国法律规定了下列案件不公开审理：

(1) 法律规定不公开审理的案件

① 涉及国家秘密的案件。《中华人民共和国保守国家秘密法》第二条规定：国家秘密是关系国家的安全和利益，依照法定程序确定，在一定时间内只限一定范围内的人员知悉的事项。国家秘密还包括党和政府的秘密及军事秘密。

② 涉及个人隐私的案件。个人隐私是指公民个人私生活不愿向他人或者社会公开的内容。为了保护当事人的隐私权，以及为了避免审理这类案件可能对社会产生的不良影响，涉及个人隐私的案件不公开审理。

(2) 经当事人申请，法院可以决定不公开审理的案件

① 离婚案件。离婚案件往往涉及夫妻间感情纠葛和私生活，当事人申请不公开的，可以不公开审理。

② 涉及商业秘密的案件。涉及商业秘密的案件可能会给当事人造成经济损失，经当事人申请，可以不公开审理。

4. 两审终审制度

两审终审，是指一个案件经过两级人民法院的审判即告终结。

我国两审终审制度是与法院设置、级别管辖制度、再审制度相配套的审级设计，其主要内容有：

(1) 地方各级人民法院就诉讼案件做出的一审民事裁判，除小额诉讼案件外，当事人如果不服，都有权依法向上一级人民法院提起上诉，由上一级人民法院对案件进行二审。

(2) 二审法院做出的裁判为终审裁判，当事人不得再行上诉，也不得再行起诉。

(3) 最高人民法院作为我国最高审判机关，其做出的一审民事裁判即终身裁判。

(4) 两审终审制度对再审案件也适用。

(四) 民事诉讼的保障制度

1. 财产保全

财产保全，是指人民法院在案件受理前或者诉讼中，遇到与争议有关的财产可能被转移、隐匿或毁灭的情形，进而造成利害关系的权益受到损害，或者使人民法院将来的判决难以执行或不能执行，根据利害关系人的申请或人民法院的决定，对有关财产采取保护措施的制度。

《中华人民共和国民事诉讼法》以时间为标准将财产保全分为诉前财产保全和诉讼中财产保全。诉前财产保全，是指在利害关系人尚未起诉时实现的财产保全。《中华人民共和国民事诉讼法》第一百零一条第一款规定：利害关系人因情况紧急，不立即申请财产保全将会使其合法权益受到难以弥补的损害的，可以在

提起诉讼或者申请仲裁前向被保全财产所在地、被申请人住所地或者对案件有管辖的人民法院申请采取保全措施。诉讼中的财产保全，是指当事人已经起诉，人民法院受理案件后实行的财产保全。《中华人民共和国民事诉讼法》第一百条第一款规定：人民法院对于可能因当事人一方的行为或者其他原因，使判决难以执行或者造成当事人其他损害的案件，根据对方当事人的申请，可以裁定对其财产进行保全、责令其做出一定行为或者禁止其做出一定行为；当事人没有提出申请的，人民法院在必要时也可以裁定采取保全措施。

2. 行为保全

行为保全，是指人民法院在案件受理前或者诉讼中，为了避免利害关系人或者当事人的利益受到不应有的损害或进一步的损害，有权申请对相关当事人的行为采取的强制措施。

3. 先予执行

先予执行，是指人民法院在做出最终判决之前，为解决权利人生活或生产经营的急需，依法裁定义务人预先履行义务的制度。

《中华人民共和国民事诉讼法》第一百零六条规定了先予执行制度的适用范围，对下列案件，根据当事人的申请，可以裁定先予执行：

（1）索要赡养费、抚养费、抚育费、抚恤金、医疗费用的案件。

（2）索要劳动报酬的案件。

（3）因情况紧急，需要先予执行的案件。

4. 对妨害民事诉讼的强制措施

对妨害民事诉讼的强制措施，是指人民法院在民事诉讼中，为了维护正常的诉讼秩序，保证审判和执行活动的顺利进行，依法对妨害人所采取的各种强制手段。对妨害民事诉讼的强制措施的目的是保障民事诉讼活动的正常进行，其性质是一种排除妨害的强制性手段。

（五）民事诉讼程序

1. 起诉

《中华人民共和国民事诉讼法》规定，起诉须符合以下条件：原告是与本案有直接利害关系的公民、法人和其他组织；有明确的被告；有具体的诉讼请求、事实和理由；属于人民法院受理民事诉讼的范围和受诉人民法院管辖，以提交起诉状的形式提起诉讼。起诉状中应记明当事人的姓名、年龄、民族、职业、工作单位和住所，法人或其他组织的名称、住所和法定代表人或者主要负责人的姓名、职务；诉讼请求和所根据的事实和理由；证据和证据的来源、证人姓名和住所。

2. 受理

《中华人民共和国民事诉讼法》规定，法院收到起诉状，经审查后符合起诉条件的,应在 7 日内立案并通知当事人。认为不符合起诉条件的,应当在 7 日内裁定不予受理。原告对裁定不服的,可提起上诉。

3. 开庭审理

(1) 法庭调查,出示与案件有关的全部证据。调查顺序是:当事人陈诉—告知证人的权利义务,证人作证,宣读未到庭的证人证言—出示书证、物证、视听资料和电子数据—宣读鉴定意见—宣读勘验笔录。

(2) 法庭辩论,当事人和代理人在法庭上行使辩论权。此环节的目的是通过辩论对有争议的问题逐一审查和核实。

(3) 法庭笔录,书记员将法庭的审理活动记为笔录。

(4) 宣判,法庭辩论终结,应当依法做出判决。根据《中华人民共和国民事诉讼法》的规定,判决前能够调解的,可以进行调解。调解书经双方当事人签收后,即具有法律效力。调解不成的,法院应当及时判决。法院一律公开宣告判决,同时必须告知当事人上诉权利、上诉期限和上诉的法院。最高人民法院的判决、裁定,以及超过上诉期没有上诉的判决、裁定,是发生法律效力的判决、裁定。

二、刑事诉讼

刑事诉讼是以解决被追诉者是否对国家承担刑事责任为内容的诉讼形式。在我国,它是指国家专门机关在当事人和其他诉讼参与人的参加下,依照法定的程序和要求,解决被追诉者刑事责任问题的活动。

(一)刑事诉讼的基本原则

刑事诉讼基本原则贯串刑事诉讼全过程,体现了刑事诉讼的客观要求。

1. 侦查权、检察权、审判权由专门机关依法行使原则

《中华人民共和国刑事诉讼法》第三条规定:对刑事案件的侦查、拘留、执行逮捕、预审,由公安机关负责。检查、批准逮捕、检察机关直接受理的案件的侦查、提起公诉,由人民检察院负责。审判由人民法院负责。除法律特别规定的以外,其他任何机关、团体和个人都无权行使这些权利。人民法院、人民检察院和公安机关进行刑事诉讼,必须严格遵守本法和其他法律的有关规定。

2. 人民法院、人民检察院依法独立行使审判权、检察权原则

《中华人民共和国刑事诉讼法》第五条规定:人民法院依照法律规定独立行使审判权,人民检察院依照法律规定独立行使检察权,不受行政机关、社会团体和个人的干涉。人民法院、人民检察院依法独立行使职权过程中,必须接受中国共产党的领导,必须接受各级人民代表大会的监督并向其报告工作。

3. 依靠群众、以事实为依据、以法律为准绳原则

《中华人民共和国刑事诉讼法》第六条规定:人民法院、人民检察院和公安机关进行刑事诉讼，必须依靠群众，必须以事实为依据，以法律为准绳。

4. 专门机关分工负责、互相配合、互相制约原则

《中华人民共和国刑事诉讼法》第七条规定：人民法院、人民检察院和公安机关进行刑事诉讼，应当分工负责，互相配合，互相制约，以保证准确有效地执行法律。

5. 犯罪嫌疑人、被告人有权获得辩护原则

《中华人民共和国刑事诉讼法》第十一条规定：人民法院审判案件，除本法另有规定的以外，一律公开进行。被告人有权获得辩护，人民法院有义务保证被告人获得辩护。犯罪嫌疑人、被告人除自己行使辩护权外，还可以委托一至两人作为辩护人。被告人的辩护权，公诉案件自案件移送审查之日起行使，自诉案件的被告人可以随时委托辩护人。

6. 未经人民法院依法判决对任何人不得确定有罪原则

《中华人民共和国刑事诉讼法》第十二条规定：未经人民法院依法判决，对任何人都不得确定有罪。即确定被告人有罪的权力由人民法院统一行使。

7. 保障诉讼参与人的诉讼权利原则

《中华人民共和国刑事诉讼法》第十四条规定：人民法院、人民检察院和公安机关应当保障犯罪嫌疑人、被告人和其他诉讼参与人依法享有的辩护权和其他诉讼权利。诉讼参与人对于审判人员、检察人员和侦查人员侵犯公民诉讼权利和人身侮辱的行为，有权提出控告。

（二）刑事诉讼的管辖

我国刑事诉讼中的管辖，是指公安机关、人民检察院和人民法院及其他国家专门机关在直接受理刑事案件及人民法院系统内部审判第一审刑事案件方面的权限划分。管辖分为立案管辖和审判管辖。

1. 立案管辖

立案管辖又称职能管辖或部门管辖，是指公安机关、人民检察院、人民法院及其他国家专门机关之间在直接受理刑事案件上的权限划分。立案管辖主要依据国家专门机关在刑事诉讼中的不同职能及案件的性质、复杂程度等情况而确定。

第一，公安机关立案侦查的刑事案件

《中华人民共和国刑事诉讼法》第十八条规定：刑事案件的侦查由公安机关进行，法律另有规定的除外。这里的"法律另有规定"是指：（1）由人民检察院直接立案侦查的案件；（2）由国家安全机关立案侦查的危害国家安全的案件；（3）由军队保卫部门侦查的军队内部发生的案件；（4）由监狱侦查的罪犯在监狱内犯罪的案件；（5）由中国海警局侦查的海上发生的刑事案件；（6）不需要侦查而由人民法院直接受理的案件。

第二，人民检察院立案侦查的刑事案件

《中华人民共和国刑事诉讼法》第十九条第二款规定：人民检察院在对诉讼活动实行法律监督中发现的司法工作人员利用职权实施的非法拘禁、刑讯逼供、非法搜查等侵犯公民权利、损害司法公正的犯罪，可以由人民检察院立案侦查。对于公安机关管辖的国家机关工作人员利用职权实施的重大犯罪案件，需要由人民检察院直接受理的时候，经省级以上人民检察院决定，可以由人民检察院立案侦查。人民检察院直接立案侦查的案件有以下两类：

一是对诉讼活动实行法律监督中发现的司法工作人员利用职权实施的侵犯公民权利、损害司法公正的犯罪，具体包括：非法拘禁罪，非法搜查罪，刑讯逼供罪，暴力取证罪，虐待被监管人罪，滥用职权罪，玩忽职守罪，徇私枉法罪，民事、行政枉法裁判罪，执行判决、裁定失职罪，执行判决、裁定滥用职权罪，私放在押人员罪，失职致使在押人员逃脱罪，徇私舞弊减刑、假释、暂予监外执行罪。

二是省级以上人民检察院决定直接受理的重大犯罪案件。这类案件必须符合以下条件：（1）必须属于本来应由公安机关管辖的国家机关工作人员利用职权实施的犯罪；（2）属于重大犯罪案件；（3）需要由人民检察院直接受理；（4）经省级以上人民检察院决定。

第三，人民法院直接受理的案件

《中华人民共和国刑事诉讼法》第十九条第三款规定：自诉案件，由人民法院直接受理。自诉案件是指不经过侦查及人民检察院提起公诉，直接由被害人或其法定代理人、近亲属向人民法院提起诉讼的案件。自诉案件包括以下三类：

一是告诉才处理的案件。告诉才处理，是指被害人及其法定代理人向人民法院提出控告或起诉，人民法院才予受理。被害人及其法定代理人没有告诉或撤回告诉的，人民法院不予追究。如果被害人因收到强制、威吓而无法告诉的，人民检察院或被害人的近亲属也可以代为告诉。

二是被害人有证据证明的轻微刑事案件。这类案件有两点必须符合的条件：（1）属于法定的轻微刑事案件；（2）被害人有证据证明应当追究被告人的刑事责任。

三是被害人有证据证明对被告人侵犯自己人身、财产权利的行为应当依法追究刑事责任，而公安机关或人民检察院不予追究被告人刑事责任的案件，俗称"公诉转自诉案件"。这类案件必须符合以下条件：（1）被告人侵犯的是被害人的人身权利或财产权利；（2）被告人有证据证明应当依法追究被告人的刑事责任；（3）有证据证明曾经提出控告；（4）公安机关或人民检察院不予追究被告人的刑事责任。

2. 审判管辖

审判管辖是指各级人民法院之间、同级人民法院之间、普通人民法院与专门人民法院之间，以及专门人民法院之间在审判第一审刑事案件上的分工。审判管辖分为级别管辖、地区管辖、指定管辖和专门管辖。

第一，级别管辖，是指各级人民法院在审判第一审刑事案件上的分工。级别管辖的划分主要依据的是案件的性质和影响、罪行的轻重和可能判处刑罚的轻重，以及不同级别法院的工作重点和工作量的多少等因素。

《中华人民共和国刑事诉讼法》第二十条规定：基层人民法院管辖第一审普通刑事案件，但是依照本法由上级人民法院管辖的除外。第二十二条规定：高级人民法院管辖的第一审刑事案件，是全省（自治区、直辖市）性的重大刑事案件。第二十三条规定：最高人民法院管辖的第一审刑事案件，是全国性的重大刑事案件。

第二，地区管辖，是指同级人民法院之间在审判第一审刑事案件上的分工。

《中华人民共和国刑事诉讼法》第二十五条规定：刑事案件由犯罪地的人民法院管辖。如果由被告人居住地的人民法院审判更为适宜的，可以由被告人居住地的人民法院管辖。第二十六条规定：几个同级人民法院都有权管辖的案件，由最初受理的人民法院审判。在必要的时候，可以移送主要犯罪地的人民法院审判。

第三，指定管辖。

《中华人民共和国刑事诉讼法》第二十七条规定：上级人民法院可以指定下级人民法院审判管辖不明的案件，也可以指定下级人民法院将案件移送其他人民法院审判。

第四，专门管辖，是指专门人民法院与普通人民法院之间，以及专门人民法院之间在审判第一审刑事案件上的分工。我国刑事诉讼中的专门法院有军事法院和铁路运输法院等。

（三）刑事诉讼的回避制度

刑事诉讼中的回避是指侦查人员、检察人员、审判人员等因与案件存在法定利害关系或其他可能影响案件公正处理的关系，而不得参加该案件诉讼活动的一种诉讼制度。根据《中华人民共和国刑事诉讼法》的规定，适用回避的对象包括侦查人员、检察人员、审判人员，以及侦查、起诉、审判活动中的书记员、翻译人员和鉴定人。

根据《中华人民共和国刑事诉讼法》的规定，回避的原因有：（1）是本案的当事人或者是当事人的近亲属的；（2）本人或者他的近亲属和本案有利害关系的；（3）担任过本案的证人、鉴定人、辩护人、诉讼代理人的；（4）接受当事人及其委托人的请客送礼或者违法规定会见当事人及其委托人的；(5) 与本案当事人有其他关系，可能影响公正处理案件的。

(四) 刑事诉讼的程序

1. 立案

立案是指司法机关按照管辖范围，对刑事案件接受、审查和做出受理决定的诉讼活动。任何单位和个人发现有犯罪事实或者犯罪嫌疑人，有权也有义务向公安机关、人民检察院或人民法院报案或举报。被害人对于侵害其人身权或财产权的犯罪事实或犯罪嫌疑人，有权向公安机关、人民检察院或人民法院报案或控告。

2. 侦查

侦查是公安机关和人民检察院为查明案情、收集证据和查获犯罪嫌疑人而依法进行调查工作和采取有关强制措施的诉讼活动。通常会用到的侦查手段有：讯问犯罪嫌疑人、询问证人、勘验、检查、扣押物证书证、鉴定、通缉。

3. 起诉

起诉是指请求人民法院对被告人进行审判的诉讼活动。人民检察院代表国家进行的起诉，称为公诉。被害人本人或者他的法定代理人进行的起诉，称为自诉。

4. 审判

刑事诉讼中的审判，是人民法院对人民检察院提起公诉或者自诉人提起自诉的案件，依照法定程序，审查案件事实，并根据已经查明的事实、证据和有关的法律规定，做出被告人是否有罪、应否处罚的裁判活动。

(1) 第一审程序

第一审程序是指人民法院对第一审案件进行审判应当采取的方式、方法和应当遵循的顺序。公诉案件的开庭审判包括开庭准备，法庭调查，法庭辩论，被告人最后陈述，法庭评议、审判五个阶段。人民法院审理公诉案件，一般情况下，应当在受理后1个月以内宣判，至迟不得超过一个半月。

(2) 第二审程序

第二审程序，又称上诉审程序，是指第二审人民法院根据当事人的上诉或者检察院的抗诉，对第一审未生效的判决或裁定重新进行审理的程序。

刑事诉讼当事人、自诉人和他们的法定代理人，不服地方各级人民法院的第一审判决、裁定，有权用书面或口头形式，向上一级人民法院提起上诉。被告人的辩护人和近亲属，经被告人同意，可以提出上诉。被害人及其法定代理人不服地方各级人民法院的第一审判决的，自收到判决书后5日内，有权请求人民检察院提出抗诉。人民检察院自收到请求后，5日内应做出是否抗诉的决定，并答复请求人。

5. 执行

执行是指司法机关把人民法院已经生效的判决、裁定付诸实施的活动。根据《中华人民共和国刑事诉讼法》规定，人民法院执行死刑，同级人民检察院派员临场监督。执行死刑应当公布，不应示众。对于被判处死刑缓期二年执行、无期徒刑、有期徒刑或者拘役的罪犯，应当由交付执行的人民法院将执行通知书、判决书送达监督或者其他劳动改造场所执行。对于被判处徒刑缓刑的罪犯，由公安机关交所在单位或者基层组织予以考察。对于被假释的罪犯，在假释考验期限内，由公安机关予以监督。对于被判处管制、剥夺政治权利的罪犯，由公安机关执行。判处罚金、没收财产的，由人民法院执行；在必要的时候，可以会同公安机关执行。

对于被判处有期徒刑或者拘役的罪犯，有下列情形之一的，可以暂予监外执行：有严重疾病需要保外就医的；怀孕或者正在哺乳自己婴儿的妇女；生活不能自理，监外执行不致危害社会的。对于暂予监外执行的罪犯，由罪犯原住地的公安机关执行，基层组织或者原所在单位协助进行监督。

三、行政诉讼

行政诉讼是指公民、法人或其他组织认为行政机关或法律法规授权的其他组织或个人在刑事行政职权过程中侵犯了自己的合法权益，向国家审判机关提起诉讼，由国家审判机关行使行政审判权解决行政争议的司法活动。它的特征主要有以下几个方面：

第一，行政诉讼的一方当事人是行政主体。行政诉讼的一方当事人恒定是行政机关及法律法规规章授权的组织，而且根据我国目前行政诉讼法律的规定，行政主体仅可以作为被告。

第二，行政诉讼解决的是行政争议。行政争议是指产生于行政管理领域中的矛盾与冲突。

第三，行政诉讼的目的是为行政相对人提供行政法律救济，维护公民、法人和其他组织的合法权益，监督行政机关依法行政。《中华人民共和国行政诉讼法》第一条规定：为保证人民法院公正、及时审理行政案件，解决行政争议，保护公民、法人和其他组织的合法权益，监督行政机关依法行使职权，根据宪法，制定本法。

根据《中华人民共和国行政诉讼法》的规定，行政诉讼法要遵循如下原则，即人民法院独立行使行政审判权原则，以事实为根据、以法律为准绳原则，具体行政行为合法性审查原则，当事人法律地位平等原则，民族语言文字原则，当事人有权辩论原则和人民检察院实行法律监督原则等。

（一）行政诉讼的受案范围

《中华人民共和国行政诉讼法》第二章第十二条对受案范围进行了明确规定，人民法院受理公民、法人或其他组织提起的下列诉讼：

（一）对行政拘留、暂扣或者吊销许可证和执照、责令停产停业、没收违法所得、没收非法财物、罚款、警告等行政处罚不服的；

（二）对限制人身自由或者对财产的查封、扣押、冻结等行政强制措施和行政强制执行不服的；

（三）申请行政许可，行政机关拒绝或者在法定期限内不予答复，或者对行政机关作出的有关行政许可的其他决定不服的；

（四）对行政机关作出的关于确认土地、矿藏、水流、森林、山岭、草原、荒地、滩涂、海域等自然资源的所有权或者使用权的决定不服的；

（五）对征收、征用决定及其补偿决定不服的；

（六）申请行政机关履行保护人身权、财产权等合法权益的法定职责，行政机关拒绝履行或者不予答复的；

（七）认为行政机关侵犯其经营自主权或者农村土地承包经营权、农村土地经营权的；

（八）认为行政机关滥用行政权力排除或者限制竞争的；

（九）认为行政机关违法集资、摊派费用或者违法要求履行其他义务的；

（十）认为行政机关没有依法支付抚恤金、最低生活保障待遇或者社会保险待遇的；

（十一）认为行政机关不依法履行、未按照约定履行或者违法变更、解除政府特许经营协议、土地房屋征收补偿协议等协议的；

（十二）认为行政机关侵犯其他人身权、财产权等合法权益的。

除前款规定外，人民法院受理法律、法规规定可以提起诉讼的其他行政案件。

（二）行政诉讼的管辖

行政诉讼的管辖是法院系统内部各法院之间受理第一审行政案件的权限分工。其功能在于明确第一审行政案件的审判权所属的具体法院，即解决第一审行政案件具体应当由何级、何地法院受理的问题。

1. 行政诉讼的级别管辖

级别管辖是不同审计的人民法院之间审理第一审行政案件的权限划分。我国人民法院的设置分为四个审级：基层人民法院、中级人民法院、高级人民法院和最高人民法院。

① 基层人民法院管辖第一审行政案件是级别管辖的一般原则。这一原则意

味着行政案件的起审点定在基层法院，一般案件除中级人民法院、高级人民法院及最高人民法院管辖的特殊的第一审行政案件外，均由基层人民法院管辖。

② 根据《中华人民共和国行政诉讼法》的规定，中级人民法院对下列特殊的行政案件拥有一审管辖权：

- 对国务院部门或者县级以上地方人民政府做出的行政行为提起诉讼的案件。
- 海关处理的案件，由海关处理的纳税案件和有关因违反海关法被海关处罚的行政案件。
- 本辖区内的重大、复杂案件。
- 其他法律规定由中级人民法院管辖的案件。

③ 高级人民法院、最高人民法院的管辖

高级人民法院和最高人民法院管辖的都是本辖区内重大、复杂的第一审行政案件，但各自的辖区不同。高级人民法院的辖区是指在一个省、自治区、直辖市范围内的；而最高人民法院是全国范围内的。

2. 地域管辖

地域管辖是指同一审级的不同法院在受理行政案件上的权限分工，一般是根据法院的辖区和当事人所在地、诉讼标的所在地等来确定行政案件管辖。

① 一般地域管辖

一般地域管辖是指适用于一般行政案件、按照一般标准确定的管辖。一般标准是指行政案件原则上应该由最初做出行政行为的行政机关所在地人民法院管辖。

行政诉讼中的地域管辖是根据被告行政机关所在地来确定管辖。

公民、法人或其他组织应该向最初做出行政行为的行政机关所在地人民法院起诉。

② 特殊地域管辖

特殊地域管辖是指适用于特殊案件，按照特殊标准来确定的管辖。行政诉讼中的特殊地域管辖具体包括以下三种：

第一，《中华人民共和国行政诉讼法》第十八条规定：经复议的案件，也可以由复议机关所在地人民法院管辖。

第二，对限制人身自由的行政强制措施不服而提起诉讼的条件管辖。对限制人身自由的行政强制措施不服而提起诉讼的行政案件，可以由被告所在地法院管辖，也可以由原告所在地管辖，由原告选择确定。

第三，因不动产提起诉讼的专属管辖。因不动产提起诉讼的行政案件，由不动产所在地人民法院专属管辖。

3. 裁定管辖

裁定管辖是指根据人民法院做出的裁定或决定而不是法律的直接规定来确定行政案件的管辖。裁定管辖有三种：移送管辖、指定管辖和管辖权的转移。

第一，移送管辖，是指人民法院对受理的行政案件经审查后发现自己对该行政案件没有管辖权时，将该案件移送到自己认为有管辖权的法院。《中华人民共和国行政诉讼法》第二十二条规定：人民法院发现受理的案件不属于本院管辖的，应当移送有管辖权的人民法院，受移送的人民法院应当受理。受移送的人民法院认为受移送的案件按照规定不属于本院管辖的，应当报请上级人民法院指定管辖，不得再自行移送。

第二，指定管辖，是指上级法院决定将行政案件交由下级法院管辖的制度。包含两种情况：制定异地管辖，是指依照法律的规定，有管辖权的基层人民法院不适宜管辖的第一审行政案件，经原告申请、基层人民法院提请或中级人民法院决定，由中级人民法院将案件指定到本辖区内其他基层人民法院管辖审理；同级法院之间发生争议的，报请共同上一级法院决定管辖。

第三，管辖权的转移，是指经上级人民法院决定或者同意，将行政案件的管辖权由下级人民法院移交上级人民法院。适宜《中华人民共和国行政诉讼法》第二十四条规定管辖权转移的情形为：上级人民法院如果认为下级人民法院管辖的第一审行政案件适宜由自己管辖的，可以决定该案件的管辖权移至自身；下级人民法院如果认为自己管辖的第一审行政案件需要由上级人民法院审判的或者指定管辖的，可以报请上级人民法院转移管辖权，是否转移，由上级人民法院决定。

第三节　法律援助与司法救助

一、法律援助

（一）什么是法律援助

法律援助，是国家建立的为经济困难公民和符合法定条件的其他当事人无偿提供法律咨询、代理、刑事辩护等法律服务的制度。其具有以下几点特征：

第一，法律援助是国家的责任、政府的行为，由政府设立的法律援助机构组织实施。它体现了国家和政府对公民应尽的义务。

第二，法律援助是法律化、制度化的行为，是公共法律服务体系的组成部分。

第三，受援对象主要为经济困难者或者符合规定的刑事案件的犯罪嫌疑人、被告人。

> **知识链接**
>
> 《中华人民共和国法律援助法》于 2021 年 8 月 20 日，第十三届全国人民代表大会常务委员会第三十次会议表决通过，并于 2022 年 1 月 1 日起施行。

（二）法律援助机构

法律援助机构是负责组织、指导、协调、监督及实施本地区法律援助工作的机构。根据《中华人民共和国法律援助法》规定，县级以上人民政府司法行政部门应当设立法律援助机构，负责组织实施法律援助工作，受理、审查法律援助申请，指派律师、基层法律服务工作者、法律援助志愿者等法律援助人提供法律援助，支付法律援助补贴。

（三）法律援助的适用范围

根据《中华人民共和国法律援助法》，法律援助的范围主要包括以下几类：

1. 符合条件的刑事案件的犯罪嫌疑人、被告人

刑事案件的犯罪嫌疑人、被告人属于下列人员之一，没有委托辩护人的，人民法院、人民检察院、公安机关应当通知法律援助机构指派律师担任辩护人：（一）未成年人；（二）视力、听力、言语残疾人；（三）不能完全辨认自己行为的成年人；（四）可能被判处无期徒刑、死刑的人；（五）申请法律援助的死刑复核案件被告人；（六）缺席审判案件的被告人；（七）法律法规规定的其他人员。其他适用普通程序审理的刑事案件，被告人没有委托辩护人的，人民法院可以通知援助机构指派律师担任辩护人。

刑事案件的犯罪嫌疑人、被告人因经济困难或者其他原因没有委托辩护人的，本人及其近亲属可以向法院援助机构申请法律援助。

刑事公诉案件的被害人及其法定代理人或者近亲属，刑事自诉案件的自诉人及其法定代理人，刑事附带民事诉讼案件的原告人及其法定代理人，因经济困难没有委托诉讼代理人的，可以向法律援助机构申请法律援助。

2. 符合条件的强制医疗案件的被申请人或者被告人

《中华人民共和国法律援助法》第二十八条规定：强制医疗案件的被申请人或者被告人没有委托诉讼代理人的，人民法院应当通知法律援助机构指派律师为其提供法律援助。

3. 符合条件的因经济困难没有委托诉讼代理人的当事人

《中华人民共和国法律援助法》第三十一条规定，下列事项的当事人，因经济困难没有委托代理人的，可以向法院援助机构申请法律援助：（一）依法请求国家赔偿;(二)请求给予社会保险待遇或者社会救助;(三)请求发给抚恤金;(四)请求给付赡养费、抚养费、扶养费;(五)请求确认劳动关系或者支付劳动报酬;(六)请求认定公民无民事行为能力或者限制民事行为能力;(七)请求工伤事故、交通事故、食品药品安全事故、医疗事故人身损害赔偿;(八)请求环境污染、生态破坏损害赔偿;(九)法律、法规、规章规定的其他情形。

4. 符合条件的特殊案件的当事人

《中华人民共和国法律援助法》第三十二条规定,有下列情形之一,当事人申请法律援助的,不受经济困难条件的限制:(一)英雄烈士近亲属为维护英雄烈士的人格权益;(二)因见义勇为行为主张相关民事权益;(三)再审改判无罪请求国家赔偿;(四)遭受虐待、遗弃或者家庭暴力的受害人主张相关权益;(五)法律、法规、规章规定的其他情形。

(四)法律援助的形式

法律援助机构可以组织法律援助人员依法提供下列形式的法律援助服务:(一)法律咨询;(二)代拟法律文书;(三)刑事辩护与代理;(四)民事案件、行政案件、国家赔偿案件的诉讼代理及非诉讼代理;(五)值班律师法律帮助;(六)劳动争议调解与仲裁代理;(七)法律、法规、规章规定的其他形式。

(五)法律援助的费用保障

根据《中华人民共和国法律援助法》的规定,法律援助机构应当依照有关规定及时向法律援助人员支付法律援助补贴,法律援助补贴免征增值税和个人所得税,补贴的标准由各省、自治区、直辖市人民政府司法行政部门会同同级财政部门,根据当地的经济发展水平和法律援助的服务类型、承办成本、基本劳务费用等确定,并实行动态调整。人民法院应当根据实际情况对受援人员缓收减收或免收诉讼费用,对法律援助人员复制相关材料等费用予以免收或减收。公证机构、司法鉴定机构应当对受援人员减收或者免收公证费、鉴定费。

二、司法救助

(一)司法救助的含义

司法救助,又称诉讼救助,是指人民法院在民事、行政诉讼汇总,对交纳诉讼费用有困难的当事人实行缓交、减交和免交诉讼费用的法律制度。早在20世纪80年代,最高人民法院制定的《人民法院诉讼收费办法》中就有这方面的规定。2000年7月12日,最高人民法院又公布了《关于对经济确有困难的当事人予以司法救济的规定》,进一步加强和完善了我国的司法救助制度。在2007年4月1日起施行的《诉讼费用交纳办法》中,更是对司法救助做了专项规定。在2015年《关于建立完善国家司法救助制度的意见(试行)》中,进一步明确了以下人群申请司法救助，应当予以救助：

1. 刑事案件被害人受到犯罪侵害，致使重伤或严重残疾，因案件无法侦破造成生活困难的；或者因加害人死亡或没有赔偿能力，无法经过诉讼获得赔偿，造成生活困难的。

2. 刑事案件被害人受到犯罪侵害危及生命，急需救治，无力承担医疗救治费用的。

3. 刑事案件被害人受到犯罪侵害而死亡，因案件无法侦破造成依靠其收入为主要生活来源的近亲属生活困难的；或者因加害人死亡或没有赔偿能力，依靠被害人收入为主要生活来源的近亲属无法经过诉讼获得赔偿，造成生活困难的。

4. 刑事案件被害人受到犯罪侵害，致使财产遭受重大损失，因案件无法侦破造成生活困难的；或者因加害人死亡或没有赔偿能力，无法经过诉讼获得赔偿，造成生活困难的。

5. 举报人、证人、鉴定人因举报、作证、鉴定受到打击报复，致使人身受到伤害或财产受到重大损失，无法经过诉讼获得赔偿，造成生活困难的。

6. 追索赡养费、扶养费、抚育费等，因被执行人没有履行能力，造成申请执行人生活困难的。

7. 对于道路交通事故等民事侵权行为造成人身伤害，无法经过诉讼获得赔偿，造成生活困难的。

8. 党委政法委和政法各单位根据实际情况，认为需要救助的其他人员。

（二）司法救助的条件与形式

根据《诉讼费用交纳办法》的规定，司法救助的适用范围包括两个方面：一是享有司法救助权利的主体，包括自然人、法人和其他组织，但可以申请免交诉讼费用的对象仅限于自然人。二是可适用司法救助的法定情形，即允许缓交、减交和免交诉讼费用适用的具体案件类别及各种情况。

1. 人民法院应当准予免交诉讼费用的情形

（1）残疾人无固定生活来源的。

（2）追索赡养费、抚养费、抚育费、抚恤金的。

（3）最低生活保障对象、农村特困定期救济对象、农村五保供养对象或者领取失业保险金人员，无其他收入的。

（4）因见义勇为或者为保护社会公共利益致使自身合法权益受到损害，本人或者其近亲属请求赔偿或者补偿的。

（5）确定需要免交的其他情形。

2. 人民法院应当准予减交诉讼费用的情形

（1）因自然灾害等不可抗力造成生活困难，正在接受社会救济，或者家庭生产难以为继的。

（2）属于国家规定的优抚、安置对象的。

（3）社会福利机构和救助管理站。

（4）确实需要减交的其他情形。

人民法院准予减交诉讼费用的，减交比例不得低于30%。

3. 人民法院应当准予缓交诉讼费用的情形

（1）追索社会保险金、经济补偿金的。

（2）海上事故、交通事故、医疗事故、工伤事故、产品质量事故或者其他人身伤害事故的受害人请求赔偿的。

（3）当事人正在接受有关部门法律援助的。

（4）确实需要缓交的其他情形。

（三）司法救助的申请

司法救助程序是指人民法院、司法救助承办人和受援人在实施司法救助和接受司法救助过程中所应当遵循的制度上的法律规定。总之，司法救助程序对保护一切被救助对象依法享有接受救助的权利、保证人民法院正确适用有关司法救助的法律规定，查明情况，审查条件，及时做出是否给予救助的决断及有效防止司法救助的法律关系主体对司法救助权力的滥用具有积极的作用。它应包括以下四个步骤：

1. 司法救助的申请

关于申请，一般情况下都包括书面和口头两种形式，我国的法律援助制度根据各地的不同实践亦采用了书面和口头形式。具体到司法救助，作者认为应当采用书面申请这种形式，因为人民法院是国家的审判机关，是权力机关，由其实施的救助应当具有严肃性和严格性，并应符合节约人民法院人力资源的原则。当事人符合司法救助条件，请求人民法院予以司法救助时，除了应当提交书面申请并写明申请理由外，还应提供相关证明，其中因生活困难或者追索基本生活费用申请司法救助的，应当提供本人及其家庭经济状况符合当地政府有关部门规定的公民经济困难标准的证明，此证明应由县级以上民政部门出具。

2. 司法救助的审查

人民法院对当事人司法救助的请求，由受理该案的审判人员负责审查，既要审查申请人申请救助的理由是否成立，属不属于应当给予救助的范围，又要审查申请人符不符合救助的经济条件和诉讼能力条件，且有没有法定证明机关的证明文件。经过审查，符合救助条件的，由审判人员提出同意意见，经庭长审核同意后，报主管副院长审批，其中申请减、缓、免交诉讼费，数额较大的，报院长审批。对申请不符合条件的，发出不予司法救助通知书。

3. 司法救助的实施

人民法院对当事人司法救助的申请经审查符合条件的，应根据其申请救助的内容采取不同的救助措施。具体办法是，由受理申请的审判人员在审查同意后，根据当事人的请求内容制作或者减、缓、免交诉讼费的通知，或者是指定承担法律援助义务的律师事务所指派律师担任辩护人或诉讼代理人的通知，或者是建议公安机关调查取证的通知，经主管领导审核同意后，申请救助的当事人持该通知到相应部门办理救助事项。

4. 司法救助被拒绝的申诉

当事人接到不予司法救助的通知后，可以申诉。申诉应当向同一人民法院提出。原因是，司法救助的条件一般比较明确，审判人员经审查后，大多都能做出正确判断。但也有少数审判人员可能因其他原因导致误断。在此情形下，应给予当事人一次补救的机会，这样也有利于当事人快速解决问题。

参 考 文 献

[1] 董彦菊，宋冬梅，孙彩虹. 农村女性权益保障［M］. 石家庄：方圆电子音像出版社，2015.

[2] 春之霖. 图解法律常识一本全［M］. 北京：中国华侨出版社，2020.

[3] 汪敏. 中华人民共和国劳动合同法配套解读与实例［M］. 北京：法律出版社，2019.

[4] 财政部会计资格评价中心. 经济法基础［M］. 北京：经济科学出版社，2020.

[5] 中国注册会计师协会. 经济法［M］. 北京：中国财政经济出版社，2020.

[6] 王荣华，袁晓波. 大学生创新创业法律风险的识别与防范［J］. 黑龙江教育（高教研究与评估），2018（6）：71-73.

[7] 高志宏. 大学生创新创业法律风险防范能力提升及其教育路径研究［J］. 江苏高教，2018（4）：95-97.

[8] 黄艳葵. 大学生创新创业法律风险防范意识培养的问题与对策［J］. 法制与经济，2017（4）：17-19.

[9] 孙存良. 把社会主义民主政治优势和特点充分发挥出来［J］. 理论学习，2017（12）：80-83.

[10] 蒋月. 婚姻家庭法前沿导论（第二版）［M］. 北京：法律出版社，2016.

[11] 复吟兰，薛宁兰. 民法典之婚姻家庭编立法研究［M］. 北京：北京大学出版社，2016.

[12] 李明舜，林建军. 妇女法研究［M］. 北京：法律出版社，2015.

[13] 湛中乐，等. 公民生育权与社会抚养费制度研究［M］. 北京：法律出版社，2011.

[14] 吴宁，岳昌智. 女性权利的法律保护［M］. 上海：同济大学出版社，2010.

[15] 董维忠，何叶. 每天学点爱情法［M］. 汕头：汕头大学出版社，2010.

[16] 陈淑华. 理性女性：女性与法律［M］. 北京：中国劳动社会保障出版社，2008.

[17] 杨大文，龙翼飞，夏吟兰. 婚姻家庭法学（第二版）[M]. 北京：中国人民大学出版社，2007.

[18] 陈桂蓉. 和谐社会与女性发展 [M]. 北京：社会科学文献出版社，2007.

[19] 谭琳，姜秀花. 社会性别平等与法律：研究和对策 [M]. 北京：社会科学文献出版社，2007.

[20] 顾秀莲. 妇女权益保障法学习读本 [M]. 北京：中国法制出版社，2005.

[21] 陈明侠，夏吟兰，李明舜，等. 家庭暴力防治法基础性建构研究 [M]. 北京：中国社会科学出版社，2005.

[22] 刘伯红. 女性权利：《聚焦婚姻法》[M]. 北京：当代中国出版社，2002.

[23] 杨大文，郭建梅. 当代中国妇女权益保障的理论与实践 [M]. 北京：中国工人出版社，2001.

[24] 于晶. 单身女性生育权问题探讨 [J]. 中国政法大学学报，2021（1）：25-36.

[25] 耿英. 独身女性生育权法律保护研究 [J]. 河北农机，2020（11）：122-123.

[26] 金晓洁. 生育权问题研究：女性在婚姻中的生育权保障问题 [J]. 法制与社会，2019（16）：218-219.

[27] 王歌雅.《民法典·婚姻家庭编》的编纂策略与制度走向 [J]. 法律科学，2019（6）：83-96.

[28] 杨立新. 对修订民法典婚姻家庭编 30 个问题的立法建议 [J]. 财经法学，2017（6）：5-24.

[29] 张志峰，陈彦松. 论可撤销婚姻 [J]. 法制与社会，2016（20）：38-39.

[30] 冯江丽，陈玺名. 加强大学生婚恋法制教育 [J]. 经济研究导刊，2016（25）：144-146.

[31] 宋智敏，曾君之. 在校大学生婚恋现状调查与分析 [J]. 当代教育理论与实践，2014（10）：137-139.

[32] 刘余香. 我国无效婚姻和可撤销婚姻制度的缺陷及其完善 [J]. 求索，2011（4）：154-156.

[33] 武兰芳. 从适用角度检析我国婚姻法中无效与撤销制度的缺陷 [J]. 河北法学，2010（1）：116-119.

[34] 陈玉玲. 论生育权的权利属性及其侵权责任 [J]. 上海政法学院学报：（法治论丛），2009（6）：19-25.

［35］桂南岭. 论生育权的性质及其法律保护［J］. 湖南工业大学学报（社会科学版），2008（6）：53-56.

［36］王歌雅. 生育权的理性探究［J］. 求是学刊，2007（6）：113-117.

［37］梁慧星. 民法总论（第五版）［M］. 北京：法律出版社，2017.

［38］张俊浩. 民法学原理［M］. 北京：中国政治大学出版社，2000.

［39］江平. 民法学（第四版）［M］. 北京：中国政法大学出版社，2019.

［40］魏振瀛. 民法（第四版）［M］. 北京：北京大学出版社，2000.

［41］李明舜，林建军. 妇女人权的理论与实践［M］. 长春：吉林人民出版社，2005.

［42］张启泉，张雅维. 妇女法教程［M］. 北京：北京大学出版社，2010.

［43］班文战，夏吟兰. 人权知识妇女权利读本［M］. 长沙：湖南大学出版社，2012.

［44］张雅维，于晓丽. 女性与法律［M］. 北京：科学出版社，2014.

［45］黄薇. 中华人民共和国民法典释义及适用指南［M］. 北京：中国民主法制出版社，2020.

［46］中国法律出版社. 中华人民共和国民法典（实用版）［M］. 北京：中国法律出版社，2020.

［47］张永兵. 一本书读懂民法典［M］. 北京：法律出版社，2021.

［48］［美］詹姆斯·布坎南. 财产与自由［M］. 韩旭，译. 北京：中国社会科学出版社，2002.

［49］吴汉东. 知识产权"入典"与民法典"财产权总则"［J］. 法制与社会发展，2015（4）：58-66.

［50］郜风涛. 行政复议法教程［M］. 北京：中国法制出版社，2011.

［51］洪冬英. 民事诉讼法学通论［M］. 北京：北京大学出版社，2013.

［52］孙长永. 刑事诉讼法学［M］. 北京：法律出版社，2019.

［53］马怀德. 行政诉讼法学［M］. 北京：北京大学出版社，2004.

［54］王琦. 非诉讼纠纷解决机制原理与实务［M］. 北京：法律出版社，2014.

［55］乔欣. 和谐文化理念视野下的中国仲裁制度研究［M］. 厦门：厦门大学出版社，2011.

［56］何兵. 现代社会的纠纷解决［M］. 北京：法律出版社，2003.